Inhalt

LAND & LEUTE

Land der dreitausend Seen

Masuren – eine Zeitreise	12
Steckbrief: der Nordosten Polens	13
Landschaften und Naturräume	14
Geografische Regionen	14
Von Gletschern, Seen und Moränenhügeln	14
Grüne Lunge Polens	14
Elche und Tarpane – Fauna Masurens	15
Gefahren und Chancen: Industrie und Tourismus	16
Thema: Nationalparks	17
Geschichte im Überblick	18
Frühzeit – Heidnische Prußen	18
Christianisierung – Deutschordensritter	18
Herzogtum und Königliches Preußen	19
Die Preußischen Provinzen Ost- und Westpreußen	20
Der Zweite Weltkrieg und danach	21

Kultur und Leben

Völker Masurens: Prußen und Masuren, Deutsche und Polen	24
Thema: Zweimal Tannenbergschlacht	25
Thema: Ein Überbleibsel des Realsozialismus – die PGR	26
Wo die Kirchen noch brechend voll sind – Katholizismus	30
Kunst und Kultur	32
Nicht nur Backsteingotik – Kunstgeschichte	32
Burgen und Kirchen des Deutschordenslandes	32
Masuren in der Literatur	35
Auf der Suche nach einem verlorenen Land	35
Essen und Trinken	38
Thema: Nationalgerichte – Bigos und Chłodnik	42

Inhalt

Tipps für ihren Urlaub

Masuren als Reiseziel	46
Reisezeit und Kleidung	47
Rundreisetipp – Höhepunkte Masurens	48
Aktivurlaub zu Wasser oder mit dem Drahtesel	49
Fahrradfahren	49
Reiten	50
Wassersport	51
Wandern	52
Masurische Camping- und Zeltplätze	53

UNTERWEGS IM NORDOSTEN POLENS

Die Oberländische Seenplatte

Elbląg (Elbing)	58
Thema: Elbing oder Danzig – Die polnische Denkmalpflege am Scheideweg	60
Oberländischer Kanal	64
Am Frischen Haff	65
Thema: Deutscher oder Pole – Der Astronom Nikolaus Kopernikus	66
Frombork (Frauenburg)	67
Braniewo (Braunsberg)	72
Von Pasłęk (Preussisch Holland) nach Ostróda (Osterode)	73
Iława (Deutsch Eylau)	75
Kamieniec (Finckenstein)	77

Olsztyn und das Ermland

Das Ermland	80
Olsztyn (Allenstein)	81
Thema: Dem Verfall nahe – Schlösser in West- und Ostpreußen	82
Gietrzwałd (Dietrichswalde)	89

Inhalt

Olsztynek (Hohenstein) und Umgebung	90
Nidzica (Neidenburg)	92
Barczewo (Wartenburg)	94
Dobre Miasto (Guttstadt) und Lidzbark Warmiński (Heilsberg i. E.)	95
Bartoszyce (Bartenstein) und Liski (Liesken)	98
Orneta (Wormditt)	99

Giżycko und die nördlichen Masurischen Seen

Die Masurischen Seen	102
Giżycko (Lötzen)	103
Kętrzyn (Rastenburg) und die Wolfsschanze	106
Święta Lipka (Heiligelinde) und Reszel (Rössel)	108
Thema: Ein allgegenwärtiger Begleiter – Der Weißstorch	110
Drogosze (Dönhoffstädt) und Barciany (Barten)	112
Thema: Das Problem der Namensgebung – Ein Beispiel aus Siegfried Lenz' ›Heimatmuseum‹	114
Sztynort (Steinort) und Węgorzewo (Angerburg)	116
Rund um Gołdap (Goldap)	119

Der Süden Masurens – rund um Mikołajki (Nikolaiken)

Die südlichen Masurischen Seen	126
Mrągowo (Sensburg)	127
Sorkwity (Sorquitten)	128
Mikołajki (Nikolaiken) und der Śniardwy-(Spirding-)See	130
Thema: Tarpane – Eine rückgezüchtete Wildpferdrasse	132
Durch die Johannisburger Heide	135
Thema: Die Altgläubigen in Wojnowo	136
Thema: Woher die Masuren kommen	140
Pisz (Johannisburg)	143
Ełk (Lyck) und der Biebrzański-Nationalpark	144

Im Nordosten Polens – rund um Suwałki

Der Nordosten Polens	150
Suwałki	151
Von Szwajcaria nach Puńsk	152

Inhalt

Wigry-Nationalpark	155
Augustów und Umgebung	158
Thema: Die kurze Laufbahn des Architekten Maciej Nowicki	159

Ein Abstecher nach Danzig (Gdańsk) und Marienburg (Malbork)

Gdańsk (Danzig)	164
Die Rechtstadt	164
Am Langen Markt (Długi Targ)	167
Am Mottlau-(Motława-)Kai	173
Marienkirche und Krantor	174
Rund um die Dominikanerkirche	176
Altstadt	177
Thema: Lenin-Werft und ›Solidarność‹ – Das Ende des Kommunismus	180
Die Umgebung Danzigs	183
Oliwa (Oliva)	183
Sopot (Zoppot)	184
Malbork (Marienburg)	186

REISEINFOS VON A BIS Z

Übersicht	192
Sprachführer	207
Register	211

MASUREN-ATLAS 219

Abbildungs- und Quellennachweis/Impressum	228

LAND & LEUTE

»Im Süden Ostpreußens, zwischen Torfmooren und sandiger Öde, zwischen verborgenen Seen und Kiefernwäldern waren wir Masuren zu Hause – eine Mischung aus pruzzischen Elementen und polnischen, aus brandenburgischen, salzburgischen und russischen.«

Siegfried Lenz,
›So zärtlich war Suleyken‹
(1955)

Heuernte bei Krutyń

Land der dreitausend Seen

Im Wigry-Nationalpark

Land der dreitausend Seen

MASUREN – EINE ZEITREISE

Eine liebliche Landschaft, in der hügelige Äcker, blaue Seen und dunkelgrüne Wälder dicht nebeneinander liegen, breitet sich aus. Die weiten Spiegel der Seen mit den weißen Farbtupfern der Segelboote und einsame Forsthäuser am Waldrand sorgen für romantische Stimmung. Unvergesslich der Sonnenuntergang an Deck einer Jacht, wo nur die Kormorane die Stille stören. Getreidefelder werden von Bauern bestellt, die mit der Sense und den Zugpferden arbeiten, im Frühjahr leuchten die Rapsfelder goldgelb. Wunderschöne, kopfsteingepflasterte Alleen, auf denen ein Panje-Wagen nur langsam dahinzockelt. Dörfer wie aus fernen Kindheitserinnerungen, mit gackerndem Geflügel und hochmütigen Störchen in ihren Nestern. An den kleinen Häuschen wenden sich die Sonnenblumen dem Licht zu; die Gartenzäune sind von bunten Wicken umrankt. Am Rande der Kornfelder der in anderen Breiten längst vergessene Anblick von Kornblumen, Klatschmohn und wilden Margeriten. Gerade diese Bilder machen die Attraktivität Masurens aus. Man fühlt sich in der Zeit zurückversetzt – die Gegenwart hält hier nur langsam Einzug.

Seit der Wende 1989 ist das Land Polen näher gerückt, weder Visumpflicht noch sozialistische Unannehmlichkeiten in den Hotels und Gaststätten hindern den Besucher. Viele möchten das Land der Deutschordensritter und Störche, von Lenz und Grass sehen, vielleicht auch »das Land der dunklen Wälder und kristallnen Seen«, aus dem die Großmutter stammte. Wo ist die Natur noch in einem so ursprünglichen Zustand? Wo kann man Pilze sammelnd durch den Wald wandern, ohne eine Menschenseele zu treffen, oder auf dem Fahrrad die Landstraßen entlangstrampeln, ohne von Autos belästigt zu werden? Inzwischen haben viele Masuren lieb gewonnen und freuen sich alljährlich auf ein Wiedersehen. Und tatsächlich macht vieles die Reise lohnenswert. Die faszinierende, oft sehr bewegte, gar blutige Geschichte hinterließ Zeugnisse, die ihresgleichen suchen. Wenn man in Masuren weilt, liegen zwei Schmuckstücke nahe: die majestätische Marienburg (Malbork) und Danzig (Gdańsk) mit seiner Architektur von Weltrang, die nach dem letzten Krieg mit Fingerspitzengefühl aus den Trümmern zum Leben erweckt wurde. Weiter östlich liegen Frombork (Frauenburg) und Lidzbark Warmiński (Heilsberg im Ermland), die man nicht versäumen sollte, und ... sehr, sehr viel Natur.

Auch die Begegnung mit den Menschen macht die Reise faszinierend. Immerhin ist man in dem nach Frankreich zweitgrößten Nachbarland Deutschlands, zu dem ein kompliziertes Verhältnis besteht. Erstaunlich aber, wie schnell in den letzten Jahren hierin Normalität eingekehrt ist. Und schließlich ist man in dem Land, das sich die Gastfreundschaft auf seine Fahnen geschrieben hat. *Witamy w Polsce,* »Willkommen in Polen!«

STECKBRIEF: DER NORDOSTEN POLENS

Geografische Abgrenzung: Die Nordgrenze unseres schwer zu definierenden Gebietes zieht sich entlang der Ostsee und der schnurgeraden polnisch-russischen Grenze, die Ostgrenze entlang der heutigen polnisch-litauischen und polnisch-weißrussischen Grenze. Im Süden und Westen macht unsere Beschreibung ungefähr halt an der ehemaligen Grenze Ostpreußens zu Polen (mit Nowogród und Biebrzański Park Narodowy als Ausnahme) und zur Provinz Westpreußen (Ausnahmen sind die westpreußischen Städte Elbląg/Elbing, Gdańsk/Danzig und Malbork/Marienburg).

Größte Erhebungen: Góra Dylewska (Kernsdorfer Höhen) 313 m, Szeska Góra (Seesker Höhen) 309 m. **Größte Seen:** jezioro Śniardwy (Spirding-See) ca. 114 km^2, Mamry (Mauer-See) 104 km^2, Jeziorak (Geserich-See) 35 km^2 und Wigry 22 km^2. **Längste Flüsse:** Weichsel (Wisła) 1047 km, Łyna (Alle) 289 km, davon 224 km in Polen, Pasłęka (Passarge) 211 km, Biebrza 164 km und Krutynia (Kruttinna) 94 km.

Bevölkerung: Polen zählt 38,23 Mio. Einw.; die durchschnittliche Bevölkerungsdichte liegt bei 122 Personen/km^2, in den Woiwodschaften Warmia i Mazury (Ermland und Masuren) sowie Podlasie (Podlachien) bei knapp der Hälfte. Im Nordosten Polens ist die ›Dreistadt‹ (Danzig, Sopot/Zoppot und Gdynia/Gdingen) mit etwa 760 000 Einw. die einzige Großstadt, mit großem Abstand gefolgt von Olsztyn (Allenstein; 170 000 Einw.), Elbląg (Elbing; 130 000 Einw.), Suwałki (55 000 Einw.), Malbork (Marienburg; 38 000 Einw.) und Ostróda (Osterode; 32 000 Einw.). Die größten masurischen Städte zählen knapp 30 000 Einw. (Mrągowo/Sensburg, Ełk/Lyck, Giżycko/Lötzen).

Politik und Verwaltung: Polen ist seit der Ausrufung der ›Dritten Republik‹ 1990 eine parlamentarische Demokratie mit einem alle fünf Jahre vom Volk gewählten Präsidenten (z. Zt. Aleksander Kwaśniewski), der nach der 1997 verabschiedeten Verfassung das Vetorecht für die Beschlüsse des Sejm (gesetzgebende untere Kammer des Parlaments) hat. Seit den Wahlen 2001 regiert als eine Minderheitsregierung eine Koalition aus dem Bündnis der demokratischen Linken (SLD), einer weiteren linken Partei (UP), geführt von Premierminister Leszek Miller.

Die Verwaltungsreform ließ aus der bisherigen Aufteilung des Landes in 49 Woiwodschaften 16 größere Einheiten entstehen. Im Nordosten gibt es seit 1999 eine Woiwodschaft Pommerellen (Pomorze Wschodnie) mit den Zentren in Danzig und Słupsk (Stolp), eine Woiwodschaft Ermland und Masuren (Warmia-Mazury) mit Olsztyn (Allenstein) und Elbląg (Elbing) sowie Podlachien (Podlasie) mit Białystok und Suwałki.

LANDSCHAFTEN UND NATURRÄUME

Geografische Regionen

Das Ermland, Oberland, Masuren, der Süden des alten Ostpreußen, der Nordosten Polens – wie man das weder geografisch noch historisch abgrenzbare Gebiet auch nennen mag, es ist geografisch gesehen ein Teil des Baltischen Höhenrückens. Hier, in diesem stark gewellten Moränengebiet mit bis zu 300 m Höhe, befinden sich die wasserreichsten Seengebiete Polens – die Große Masurische Seenplatte (Wielkie Jeziora Mazurskie), die Oberländische Seenplatte (pojezierze Iławskie) und die Suwałki-Seenplatte (pojezierze Suwalskie). Im Süden geht die hügelige Landschaft in die flache Masowische Tiefebene (Nizina Mazowiecka) über.

Von Gletschern, Seen und Moränenhügeln

Der Ursprung dieser Landschaft, die sich von Schleswig-Holstein bis zum Baltikum erstreckt, liegt in der Eiszeit. Während der drei großen Eiszeitperioden, vor 500 000 bis etwa 30 000 Jahren, waren Nord- und Zentraleuropa bis zu den Mittelgebirgen hin fast ständig von hundert Meter dicken Gletschermassen bedeckt. Diese Gletscher schleppten Massen von lockerem Gestein und Erde mit sich. In den Randzonen lagerten sich Gesteinsbruchstücke und Geröll ab und formten lang gestreckte Züge und Hügelketten, die Endmoränen. Im südlichen Vorland der Gletscher brachen gewaltige Schmelzwassermassen mit mitgerissenem Sand hervor und ließen schwach geneigte Sander-(Schotter- und Sand-)flächen entstehen, beispielsweise dort, wo heute die Johannisburger Heide (Puszcza Piska) wächst.

Wie viele Seen es in Masuren gibt, weiß niemand. Ungefähr 3000 zählte man in allen polnischen Seenplatten östlich der Weichsel (Wisła). Die Entscheidung, ob mancher Tümpel oder stark verlandete See dazu zählt, ist gewiss sehr schwierig. Die Geografen unterscheiden einige Kategorien von Seen – große Flachseen, die in einer Grundmoräne entstanden sind, Staueisseen, wo Schuttmassen den Abfluss des Wassers nach Süden blockierten, tiefe, schmale und sehr lange Rinnenseen und schließlich die Toteisseen, die an der Stelle eines geschmolzenen Eisblocks entstanden sind. In den wissenschaftlichen Erörterungen findet man freilich selten einen Hinweis darauf, dass gerade diese kleinen, tiefen, runden Seen landschaftlich besonders reizvoll sind. Sie erwecken den Eindruck, als ob Giganten in der Landschaft glänzende Perlen verstreut hätten.

Grüne Lunge Polens

Masuren und die umliegenden Landschaften sind ein Paradies für Biologen. Von den vier wichtigsten Waldge-

Landschaften und Naturräume

Masurische Landschaft

bieten, die etwa ein Viertel des Gebietes bedecken, zählen zwei (Johannisburger und Augustów-Heide) mit ihren über 100 km² zu den größten des Landes. Sie gehören auch zu jenen 21 % der polnischen Wälder, die als gesund eingestuft werden. Hier gibt es keine Monokulturen wie die Fichtenwälder Südpolens, sondern einen resistenteren Mischwald mit Eichen, Kiefern und Fichten. Erlen, Birken und Eschen wachsen in den sumpfigen Niederungen. Das Unterholz bilden Wacholder, Eberesche und Haselstrauch. Zwischen Erdbeeren und Blaubeeren blühen Leberblümchen und Anemonen. In den Naturschutzgebieten sind viele Orchideenarten, z. B. Frauenschuh anzutreffen. Unter jenen Pflanzen, die in Masuren endemisch (d. h. nur hier) vorkommen, ist vor allem ein Relikt der Eiszeit zu erwähnen, die Lappländische Weide, die im Reservat Spytkowo bei Giżycko beheimatet ist.

Die Wasserflächen der Seen sind von Teichrosen bedeckt, während an den Ufern Rohrkolben und Kalmus das Wasser erobern. Auf verlandenden Gewässern tauchen zuerst die ›Triebkämpe‹ auf, durch verknäulte Wurzeln gebildete schwimmende Inseln, anschließend Wollgras, Sonnentau, Moosbeere und Sumpfporst, ein Heidekrautgewächs.

Elche und Tarpane – Fauna Masurens

In dieser reich wuchernden Vegetation leben ein großer Teil aller 3500 polnische Elche und die Mehrheit der etwa 100 000 Hirsche und Wildschweine, auch ein gewichtiger Teil der einer Million Hasen und halben Million Rehe. Zu den seltenen Säugetieren gehören Luchse in der Puszcza Borecka und in den Biebrza-Sümpfen. Auch Tarpane und Wisente wurden in der Puszcza Borecka in die Wildnis entlassen. Die Population der Wölfe ist in den letzten Jahren angewachsen und zählt vermutlich etwa 100 Exemplare. Unter den kleineren Raubtieren gibt es Füchse, Dachse und einen russischen Import, den erst in den letzten Jahren von Osten zugewanderten Marderhund.

Land der dreitausend Seen

Adler

ten leben. Am seltensten anzutreffen sind die majestätischen Seeadler, gefolgt von ihren kleineren, häufiger auftretenden Verwandten aus der Greifvogel-Familie: Schrei- und Fischadler, Rot- und Schwarzmilane. Wenn man durch die Wälder wandert oder an einem Seeufer steht, erblickt man häufig einen Hauben- oder Rothalstaucher, einen der hier mit vielen Arten vertretenen Spechte oder vielleicht auch Steinkäuze, Uhus und Rohrdommeln.

Neben den gängigen Reptilien lebt hier noch eine absolute Seltenheit, die Sumpfschildkröte. Anders als sie ist der Biber nicht mehr gefährdet. Nach dem Zweiten Weltkrieg in freier Wildbahn fast ausgestorben, wurden in der Forschungsstation Popielno gezüchtete Biber ausgesetzt und vermehrten sich anschließend dermaßen, dass ihn manche sogar aus der Liste der geschützten Arten streichen wollen.

Masuren, die Suwałki-Region und die Biebrza-Sümpfe sind ein Paradies für Vögel, von denen hier etwa 300 Arten leben.

Gefahren und Chancen: Industrie und Tourismus

Der Nordosten Polens ist aufgrund der geringeren Bevölkerungsdichte und der kaum vorhandenen Industrie naturbelassener als der Süden. Bis auf Elbląg mit seinen Werften, die Reifenfabrik in Olsztyn sowie kleinere Betriebe in Ełk oder Suwałki sucht man zum Glück vergebens nach Industrieanlagen und qualmenden Schornsteinen.

Größte Chance und Gefahr zugleich ist der Tourismus. Er sorgt einerseits für Geldzufluss in dieser armen Gegend mit ihrer bankrotten Landwirtschaft. Andererseits birgt er aber auch Risiken, da sanfter Tourismus hier für viele noch ein Fremdwort ist. Heute, wo die Seen immer noch sauber sind, nach dem Bau von Kläranlagen sogar sauberer als noch vor ein paar Jahren, und wo bis auf ein Hotel in Mikołajki keine die Landschaft verschandelnden Betonbettenbunker gebaut wurden, ist Masuren immer noch ein Land, wo Natur großgeschrieben wird.

Biber

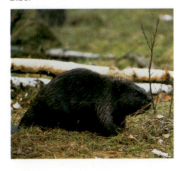

NATIONALPARKS

22 Nationalparks gibt es In Polen. Dazu zählen die flächenmäßig größten Parks in den Karpaten und Sudeten (Karkonoski Park Narodowy im Riesengebirge, Tatrzański PN in der Hohen Tatra), in denen solche Tiere wie Luchse, Wildkatzen und Braunbären geschützt werden, Parks im polnischen Flachland (z. B. Kampinoski PN bei Warschau mit einer großen Elchkolonie oder der Wielkopolski PN bei Posen mit seiner Seenlandschaft) oder die Nationalparks an der Ostsee: Woliński mit seiner Steilküste und Słowiński, in dem die einmaligen Wanderdünen geschützt werden.

Vier Nationalparks befinden sich im Nordosten Polens: Białowieski (Białowieża), Narwiański, Wigierski und Biebrzański Park Narodowy. Der letzte gehört neben Kampinos bei Warschau und der Hohen Tatra zu den drei flächenmäßig größten Parks des Landes. Er umfasst die Biebrza-Sümpfe – dieses der Fläche nach größte Sumpfgebiet in Europa (die GUS-Staaten ausgenommen), erstreckt sich beiderseits des gleichnamigen Flusses, der in seiner vollen Länge von 164 km der einzige naturbelassene Wildfluss des Kontinents ist. Rund 250 der 280 Brutvogelarten Europas leben hier. Nicht nur Vogelfreunde haben ihre Freude, wenn die bunten Kampfläufer im Frühling ihre aufwändigen Balztänze vorführen.

Außer den genannten Nationalparks gehören zu den wichtigsten unter den kleineren Reservaten der jezioro Łuknajno (Lucknainen-See) mit der größten europäischen Höckerschwankolonie, Jezioro Dobskie (Doben-See) mit den schwarzen Kormoranen, jezioro Oświn (Nordenburger-See) mit etlichen Vogelarten, u. a. Schwarzstörchen und Kranichen, und schließlich das Reservat Mokre bei Sztynort (Steinort), wo ein über hundertjähriger Eichenwald in einem sumpfigen Gelände geschützt ist.

Seit etwa 20 Jahren wird die Errichtung des Masurischen Nationalparks angekündigt, dessen Etablierung aber auf erhebliche Schwierigkeiten stößt. Während in anderen Gebieten Polens ein Nationalpark nach dem anderen per Dekret zu schaffen ist, gibt es hier inzwischen eine Tourismuslobby, die sich den Plänen heftig widersetzt. Deren Vertreter argumentieren, dass die wertvollsten Teile Masurens bereits in elf Reservaten geschützt sind und dass der Rest der Landschaft ohnehin bereits dermaßen von Menschen verändert wurde, dass weitere Hotels sozusagen auch nichts mehr kaputtmachen könnten. Die Johannisburger Heide (Puszcza Piska), die er umfassen soll, ist tatsächlich bereits mehrmals in der Geschichte gerodet worden und jedesmal neu zugewachsen. Trotzdem muss diese Landschaft, Flora und Fauna, schnellstens gesetzlich geschützt werden.

Der Kampf zwischen den Anhängern des Ökotourismus und jenen, die um jeden Preis den Massentourismus in diese unterentwickelte Gegend locken möchten, geht weiter. Dabei ist der Hauptleidtragende die Natur des hoffentlich noch nicht ad acta gelegten Masurischen Nationalparks selbst.

Land der dreitausend Seen

GESCHICHTE IM ÜBERBLICK

Frühzeit – Heidnische Prußen

Steinzeit Im südlichen Ostseeraum leben unterschiedliche Völker, u. a. die germanischen Goten und Gepiden, die vom 4. Jh. an nach Westen auswandern. Ab dem 2. Jh. n. Chr. siedeln Prußen an der Küste östlich von Danzig; die weiten Gebiete westlich und südlich davon sind ab dem 5. Jh. von Slawen bevölkert.

997 Der Prager Bischof Adalbert (Wojciech) unternimmt von ›urbs Gyddanyzc‹ eine Missionsreise zu den Prußen im Auftrag des ersten polnischen Königs Bolesław des Tapferen und erleidet bei Elbing oder im Samland den Märtyrertod.

Der hl. Adalbert erhält den Bischofsstab, Domtür in Gniezno, 12. Jh.

Christianisierung – Deutschordensritter

1230 Der Deutsche Ritterorden beginnt auf die Veranlassung Konrads I., Herzog von Masowien (des Gebiets um das spätere Warschau), die Eroberung des Prußenlandes. Nach der Kruschwitzer Urkunde schenkt er dem Orden das Kulmerland (nördlich von Toruń/Thorn). Sowohl Kaiser Friedrich II. als auch Papst Gregor IX. ermächtigen den Orden, das ›Niemandsland‹, wie damals nichtchristliche Gebiete genannt werden, zu erobern.

1283 Die Eroberung des Prußenlandes gilt als abgeschlossen. Der Deutsche Orden geht zum planmäßigen Aufbau seines Staates über, der das Gebiet der Provinzen West- und Ostpreußen des 19. Jh. umfasste. Etwa 100 Städte und 1000 Dörfer werden in der folgenden Zeit gegründet und häufig mit deutschen Siedlern besetzt. Die politische, wirtschaftliche und religiöse Macht lag bei der dünnen, in der Blütezeit des Ordens etwa 2000 Deutschordensritter zählenden Oberschicht.

1308–09 Siegfried von Feuchtwangen, Hochmeister des Deutschen Ordens, verlegt seinen Sitz von Venedig in die Marienburg, die zum Machtzentrum des Staates wird. Die Deutschordensritter besetzen das 1294 polnisch gewordene Danzig und vertreiben die Brandenburger, die die Burg und die Stadt belagern – ein Bruch in den bisher freundschaftlichen Beziehungen zu Polen.

1352–82 Das Ordensland erlebt unter dem Hochmeister Winrich von Kniprode seine Blütezeit. Nur an den östlichen Rändern geht der Krieg gegen Litauen weiter, dessen Eroberung und Christianisierung die offizielle Daseinsberechtigung für den Ordensstaat darstellt. Erste zaghafte Versuche werden unternommen, das spätere Masuren, die ›Große Wildnis‹, zu erschließen.

1386 Jagiełło, der Fürst von Litauen, lässt sich in Krakau taufen, heiratet die polnische Königin Hedwig von Anjou (Jadwiga Andegaweńska) und öffnet sein Land der christlichen Missionierung.

1409–11 Der ›Große Krieg‹ zwischen dem Deutschordensland Preußen und Polen-Litauen, in dessen Verlauf der Orden in der Tannenbergschlacht (Grunwald, 1410) eine vernichtende Niederlage erleidet. Danzig, Thorn, Elbing und Königsberg huldigen dem polnischen König. Heinrich von Plauen, der spätere Hochmeister, rettet den Staat vor dem Zusammenbruch, indem er die Marienburg geschickt verteidigt.

1454–66 Die andauernde Finanzkrise im Ordensstaat und die Emanzipationsbestrebungen der Hansestädte führen zu einem Aufstand der im ›Preußischen Bund‹ vereinigten Ritter und Patrizier, die zuvor um die Aufnahme Preußens in die polnisch-litauische Monarchie gebeten hatten (›Dreizehnjähriger Krieg‹ oder ›Städtekrieg‹). Im Zweiten Thorner Frieden wird das spätere Westpreußen mit Danzig, Elbing und Thorn sowie das Bistum Ermland als autonomes Gebiet (›Preußen des Königlichen Anteils‹, meist Königliches Preußen/Prusy Królewskie genannt) polnisch.

Herzogtum und Königliches Preußen

1525 Der preußische Ordensstaat wird aufgelöst. Albrecht von Brandenburg-Ansbach säkularisiert den Staat, der fortan ein protestantisches Herzogtum unter polnischem Lehen (Herzogtum Preußen) wird.

Land der dreitausend Seen

Jan Matejko, ›Grunwald-Schlacht‹, Gemälde, 1878, Nationalmuseum Warschau

1569	Der Reichstag zu Lublin schafft die Autonomie von Königlich Preußen innerhalb des polnischen Staates ab. Theoretische Autonomie genießen Thorn und Elbing, praktisch nur Danzig, das auch von der zunehmenden Polonisierung und Rekatholisierung des Landes kaum betroffen ist.
1655–60	Im ersten Nordischen Krieg wird das Herzogtum Preußen unter dem Großen Kurfürsten Friedrich Wilhelm von Brandenburg-Preußen von Polen unabhängig.
1701	Trotz der Proteste der im Reich tätigen Deutschordensbrüder wird Kurfürst Friedrich III. von Brandenburg als Friedrich I. zum ›König *in* Preußen‹ gekrönt.

Die Preußischen Provinzen Ost- und Westpreußen

1772, 1793	In der Ersten Teilung Polens kommen das Königliche Preußen und das Ermland zum Staat Friedrichs des Großen. 20 Jahre später werden auch Thorn und Danzig Preußen einverleibt.
1807–15	Napoleon Bonaparte besetzt nach den Schlachten von Preußisch Eylau und Friedland Preußen; Danzig wird Freie Stadt. Befreiungskämpfe unter dem preußischen General von Yorck.
1871	Die Provinzen West- und Ostpreußen erleben nach der Reichsgründung einen wirtschaftlichen Aufschwung. Die französischen Reparationen nach dem Krieg von 1870 werden überwiegend für die Entwicklung Preußens, vor allem für den Bau des Eisenbahnnetzes, verwendet.
1920	Der polnische Staat wird wieder hergestellt. Im Versailler Vertrag bekommt der neue Staat einen schmalen Zugang zur Ostsee (Polnischer Korridor). In Westpreußen (Marienwerder, Marienburg) und

im gesamten Süden Ostpreußens werden Abstimmungen abgehalten, die in gewaltiger Mehrheit zugunsten Deutschlands ausfallen (92,5 % in Westpreußen; 98 % in Ostpreußen). Danzig wird zur Freien Stadt innerhalb des polnischen Zollgebiets.

Der Zweite Weltkrieg und danach

1939–45 Der Zweite Weltkrieg beginnt mit dem deutschen Angriff auf das polnische Munitionsdepot Westerplatte in Danzig. In Westpreußen wird die ›Liquidierung des polnischen Volkstums‹ durchgeführt, was bedeutet, dass Tausende von Menschen, vorwiegend Intellektuelle, ermordet oder in KZs inhaftiert werden. Am Ende des Krieges schlägt das Pendel der Gewalt zurück: Tausende Zivilisten werden bei der Flucht und kurz nach dem Einmarsch der Roten Armee zu Opfern. Anschließende Vertreibung der deutschen Bevölkerung aus dem nun dem polnischen Staat einverleibten Süden Ostpreußens und aus Danzig (bis auf Nachkommen der slawischen Masuren und Ermländer).

1956 Entstalinisierung (›Tauwetter‹): Die Kollektivierung der Landwirtschaft wird gestoppt. Tausende Einwohner von Masuren (›Autochthone‹) verlassen das Land.

1980–81 Die friedliche Revolution der Gewerkschaft ›Solidarność‹, die in Danzig beginnt, untergräbt die Macht des kommunistischen Staates, der auf die Forderungen der Danziger Werftarbeiter eingehen muss. Der Demokratisierungsprozess wird unterbrochen durch die Ausrufung des Kriegsrechts am 13. Dezember 1981 durch General Wojciech Jaruzelski, der Tausende von Gewerkschaftsaktivisten und Intellektuellen internieren lässt.

1989 Bei den ›Gespräche am runden Tisch‹ vereinbaren Vertreter des Regimes, der Kirche und der Untergrund-›Solidarność‹ den stufenweisen Abbau des Machtmonopols der kommunistischen Partei. Tadeusz Mazowiecki kommt als erster nichtkommunistischer Ministerpräsident in einem Ostblockland an die Macht.

1990–91 Unterzeichnung der Verträge über die Anerkennung der bestehenden Grenzen und über die friedliche Zusammenarbeit zwischen dem wiedervereinigten Deutschland und der Republik Polen.

1999 Mit dem NATO-Beitritt feiert die polnische Außenpolitik einen Erfolg. Erklärtes Ziel ist die für 2004 angestrebte EU-Mitgliedschaft.

2004 Nach den zähen Verhandlungen im Dezember 2002 in Kopenhagen tritt Polen im Mai 2004 in die EU ein und hofft in den nächsten Jahren auf die Einführung des Euro und den Abbau der Grenzkontrollen nach Westen und Süden.

Kultur und Leben

Im Innenhof der Domkapitelburg zu Allenstein werden häufig kulturelle Veranstaltungen organisiert.

Kultur und Leben

VÖLKER MASURENS : PRUSSEN UND MASUREN, DEUTSCHE UND POLEN

Heute leben in Ostmitteleuropa die Völker klar getrennt. Östlich der Oder bis hin zur nächsten politischen Grenze hört man eigentlich nur die polnische Sprache. Lediglich die Slowinzerhütten in Kluki bei Łeba, die Sonntagsmessen der Kaschuben in Kartuzy bei Danzig, das Haus der deutschen Minderheit in Olsztyn (Allenstein) oder die Synagoge in Sejny lassen unerwartet das Bild einer bunten Völkermischung auferstehen. Sie sind die Überbleibsel der einstigen ethnischen Vielfalt, die bestand, bevor die totalitären Systeme des 20. Jh. hier *tabula rasa* gemacht haben.

Seit dem frühen Mittelalter war das Gebiet am Südrand der Ostsee westlich der Weichsel von Slawen und östlich von ihr von Prußen, auch Pruzzen oder Preußen genannt, besiedelt. Von dieser verschwundenen Nation zeugen nur ein paar Ortsnamen und der Landesname Preußen. Fasst man alle spärlichen mittelalterlichen Informationen zusammen, entsteht von den Prußen das Bild einer Gemeinschaft von elf Stämmen, die ca. 170 000 Menschen zählten. Sie lebten dort, wo später Ostpreußen entstand. Es waren freie Bauern sowie reiche ›kunigas‹ (Könige) oder ›nobiles‹, die die Anfänge einer sich gerade bildenden Adelsschicht darstellten. Die Naturgewalten, vor allem Sonne und Mond, stellten für die Prußen göttliche Mächte dar. Aufgrund ihres Geisterglaubens verehrten sie heilige Haine, was für Bischof Adalbert im Jahr 997 tragisch endete. Er betrat vermutlich einen solchen Hain und wurde mit Speeren getötet.

Das Ende der Prußen besiegelte die Ankunft des straff organisierten Deutschen Ordens 1230, der in alljährlichen Kreuzzügen das Prußenland eroberte. In diesem über 50 Jahre dauernden Kampf kannte man – im Namen Gottes – kein Pardon. 1283 siegten die besser organisierten und ausgerüsteten

Prußische Statue im Museum in Olsztyn

ZWEIMAL TANNENBERGSCHLACHT

Am 10. Juli 1410, einem heißen Sommertag, stellten sich etwa 25 000 Ritter unter der Führung des Deutschen Ordens der etwa 33 000 Soldaten zählenden Armee des polnisch-litauischen Königs Władysław (Ladislaus) III. Jagiełło. Als mit der Dämmerung der Kampf entschieden war, lagen zwei Drittel aller Beteiligten tot auf dem Feld, darunter die gesamte Elite des Ordensstaates mit dem Hochmeister Ulrich von Jungingen. Mit ihnen starb der Mythos des unbesiegbaren Ordens.

Seit den Teilungszeiten in Polen zum ›nationalen Sieg‹ erklärt, spielt diese Schlacht im polnischen Bewußtsein eine nicht zu unterschätzende Rolle. Als Gedächtnisstütze diente die Kunst: das gigantische Gemälde ›Grunwald-Schlacht‹ des Historienmalers Jan Matejko (Nationalmuseum Warschau, 426 x 987 cm) sowie der Roman des Quo-Vadis-Autoren Henryk Sienkiewicz ›Kreuzritter‹ (1900), dessen Verfilmung aus den 60er Jahren immer noch der unschlagbare Kassenhit des polnischen Kinos ist.

Im Film gibt es eine Szene, die bereits die mittelalterlichen Chronisten wiedergaben. Ein Herold des Deutschen Ordens überbrachte vor der Schlacht dem polnischen König zwei nackte Schwerter. Dieser bedankte sich mit dem Hinweis, dass sie zwar genügend Waffen hätten, aber auch für diese zwei Verwendung finden würden. Der anschließende polnisch-litauische Sieg hatte freilich nichts mit diesen zwei Schwertern zu tun, sie wurden aber im Laufe der Jahrhunderte zur Legende. Als die preußischen Beamten im 19. Jh. den Kindern in Posen den Religionsunterricht in polnischer Sprache verboten und als die NS-Besatzung das Land mit Grauen überzog, erinnerte man sich wieder an jene Schwerter, die zum Symbol des deutschen Machtstrebens und der deutschen Arroganz aufstiegen. Alle Hinrichtungsstellen aus dem Zweiten Weltkrieg wurden mit dem Symbol dieser Schwerter markiert.

Im anderen Extrem wurde in Deutschland nach der Reichsgründung 1871 nach einem Symbol gesucht, das den damaligen Nationalitätenkampf geschichtlich erklären sollte. So machte man den Deutschen Orden zum Träger der gesamten kulturellen Entwicklung an der Ostsee unter den ›kulturarmen‹ Slawen und Balten. Der große Sieg über die Russen von 1914 in der Nähe von Hohenstein wurde auf Vorschlag des kommandierenden preußischen Generals Erich Ludendorff ›Tannenbergschlacht‹ getauft, obwohl er relativ weit vom mittelalterlichen Schlachtfeld stattgefunden hatte.

Die Glorifizierung des Deutschen Ordens erreichte in der NS-Zeit ihren Höhepunkt mit der Errichtung von Erziehungsstätten für Jugendliche, den sogenannten Ordensburgen. Ein Paradoxon war es allerdings, dass diese Vergöttlichung des Ordens mit seiner gleichzeitigen Auflösung durch Hitler einherging. Zu friedlich war dieser mit karitativen Aufgaben betraute Orden, zu wenig passte er in das zu vermittelnde martialische Bild.

Kultur und Leben

EIN ÜBERBLEIBSEL DES REALSOZIALISMUS – DIE PGR

Als Polen 1945 kommunistisch wurde, beschlossen die neuen Machthaber natürlich, dass das Land den Bauern gehören sollte, also zu kollektivieren sei. Die verbliebenen polnischen Großgrundbesitzer wurden verjagt, viele von ihnen waren ohnehin schon von den beiden Besatzerarmeen ermordet worden. Ebenso war es in den ostdeutschen, nun Polen zugefallenen Gebieten, wo die Einwohner, einschließlich des Landadels, geflüchtet waren oder vertrieben wurden.

Die Kollektivierung dauerte bis 1953. Sie wurde nur langsam vorangetrieben, da die Bauern nicht in die PGR (Państwowe Gospodarstwa Rolne), vergleichbar mit den sowjetischen Kolchosen oder den Landwirtschaftlichen Produktionsgenossenschaften der DDR, eintreten wollten. Der passive Widerstand wuchs von Jahr zu Jahr: Die Felder lagen brach, die Ernteerträge wurden nicht an die Verkaufsstellen abgeliefert und das Vieh lieber geschlachtet als an die Genossenschaften abgegeben. Mit Stalins Tod 1953 und dem ›Tauwetter‹ war es dann soweit: Die Kollektivierung wurde gestoppt, teilweise sogar zurückgenommen. Polen behielt – ein absoluter Einzelfall unter den Ostblockländern – eine zu 70 % private Landwirtschaft. Diese ist aber mit ihren kleinen, weit auseinander liegenden Parzellen schon lange nicht mehr zeitgemäß. Von den 2,1 Mio. Bauernhöfen ist die Hälfte kleiner als 5 ha. Eine Million Pferde ersetzen noch immer die Traktoren.

Daher erweist sich die private Landwirtschaft nicht als Segen, wie die antikommunistische Opposition meinte, sondern eher als Handicap. Mit Schaudern

Bei der Heuernte

Ein Überbleibsel des Realsozialismus – die PGR

Auf kleinen Feldern benutzt man noch einen einfachen Pflug

wird bei der Diskussion um den EU-Beitritt das Stichwort ›polnische Landwirtschaft‹ genannt. 27 % der Bevölkerung leben von der Landwirtschaft (in Deutschland oder Frankreich weit unter 10 %). Auch als Mitglied der EU kann Polen – selbst überflutet mit eigenen Lebensmitteln – kaum seine landwirtschaftlichen Produkte in den Westen absetzen. Blickt man nach Osten, so ist dort zwar die Nachfrage vorhanden, aber häufig kaum harte Währung, um die Produkte bezahlen zu können. Notwendige Reformen, die die Zahl der Landwirte langfristig reduzieren sollen, stoßen bei der mächtigen Bauernpartei auf Widerstand. Es ist noch schwer zu sagen, welche Chancen die polnische Landwirtschaft nach dem EU-Beitritt hat. Vielleicht liegt ihre Stärke im Bereich der Ökoprodukte, da die technologische Verspätung auch Positives, so z. B. die weniger intensive Nutzung von Düngemitteln, mit sich brachte.

In Masuren ist der Reisende häufig mit traurigen Bildern konfrontiert. Misswirtschaft, heruntergekommene Gebäude, Armut, die den mißtrauischen Menschen ins Gesicht geschrieben steht. Schon immer defizitär, bekamen die PGR mit der Wende den letzten Schlag: Der Staat hörte auf, sie zu subventionieren. Unfähig, sich selbst zu versorgen und marktwirtschaftlich zu agieren, gingen sie eine nach der anderen pleite. Die ehemaligen Landarbeiter leben von der kargen Arbeitslosenhilfe: Die PGR sind nicht gerade der Ort, wo ein tatkräftiger Jungunternehmer nach neuen Angestellten Ausschau hält, auch wegen des oft hohen Alkoholkonsums. Die wenigsten der ehemaligen PGR-Arbeiter werden selbst den Boden bebauen, Arbeit im Fremdenverkehr finden oder in die Stadt ziehen.

Nach einem polnischen Sprichwort aus dem 16. Jh. ist das Land für den Adel und die Juden das Paradies, für das Bürgertum das Fegefeuer und für die Bauern die Hölle. Viele Landbewohner werden dem auch heute noch beipflichten.

Kultur und Leben

Ordensritter. Die dezimierten Prußen assimilierten sich nach und nach, und spätestens seit der großen Pest in Masuren zu Anfang des 18. Jh. gab es dieses Volk nicht mehr.

Westlich der Weichsel (Wisła) lebten seit dem 5. Jh. die Slawen (von *slowo*, ›Wort‹). Übrigens werden Deutsche in fast allen slawischen Sprachen *niemcy* oder ähnlich genannt, was so viel wie ›die Stummen‹ bedeutet. Wahrscheinlich war die Kommunikation mit ihnen mühsam. An der Ostseeküste siedelten die ›Pomoranen‹, deren Teilstämme später als Slowinzer und Kaschuben bezeichnet wurden. 200 000 Kaschuben mit ihrer dem Polnischen sehr ähnlichen, aber doch eigenständigen Sprache waren westlich von Danzig beheimatet. Seit 1466, als das Land an der unteren Weichsel polnisch wurde, siedelten hier die Polen, die im 19. Jh. in der preußischen Provinz Westpreußen immerhin etwa die Hälfte der Bevölkerung ausmachten.

Die ›Stummen‹, also die Deutschen, traten schon im Frühmittelalter als Siedler in den Häfen der Ostsee auf, in größerer Anzahl wurden sie erst bei der planmäßigen Erschließung des Prußenlandes durch die Deutschordensritter angeworben. Aufgrund der

Auf dem rechten Flügel der berühmten Bronzetür (12. Jh.) von Gnesen (Gniezno) bei Posen gibt es die extrem seltenen Darstellungen des geheimnisvollen Volkes der Prußen. Unten rechts wird der spätere hl. Adalbert von den Prußen erschlagen.

Völker Masurens

dort gebotenen wirtschaftlichen Privilegien zogen im 13. und 14. Jh. Bauern und Bürger aus Hessen, Westfalen, dem Rheinland, Franken oder Sachsen in die neu gegründeten Dörfer und Städte. Auch Nachkommen von Siedlern, die sich einige Generationen zuvor in Böhmen oder Schlesien niedergelassen hatten, machten sich auf den Weg nach Osten. Die deutsche Ostsiedlung versickerte mit der Schwarzen Pest um 1350.

Größere erneute Siedlungswellen deutsch oder niederdeutsch sprechender Bevölkerung hat es erst im 16.–18. Jh. gegeben. Bei den Niederländern handelte es sich meist um geschickte Bauern, die im Weichselwerder dem Meer neue Anbauflächen entrissen. Unter ihnen waren auch oft Religionsflüchtlinge – Baptisten, Antitrinitarier, Pfingstler oder Mennoniten.

Am Anfang des 20. Jh. präsentierten sich die Bewohner Ostpreußens als »eine Mischung aus pruzzischen Elementen und polnischen, aus brandenburgischen, salzburgischen und russischen« (Lenz). Die Städte waren seit dem Mittelalter in großer Mehrheit von Deutschen bewohnt, ebenfalls die Dörfer um Königsberg, in Barten, Natangen und im Samland, ebenfalls im Norden des Ermlands. Anders war die Situation im Süden der Provinz, wo noch Ende des 19. Jh. die Mehrheit der Bevölkerung – die Masuren – polnischer Muttersprache war, wenn auch nicht polnischer nationaler Identität. Es waren die Nachkommen der Polen aus Masowien, die seit dem 14. Jh. nach Preußen auswanderten und sich im Süden des Landes, im Bereich der ›Großen Wildnis‹, niederließen.

Nach 1871, als Deutsch in allen Schulen als ausschließliche Unterrichtssprache eingeführt wurde, ging die Anzahl der polnisch sprechenden Masuren rapide zurück. Nach einer Volkszählung im Jahr 1910 machten sie nur in fünf Kreisen über 50 % der Bevölkerung aus, 15 Jahre später in den gleichen Kreisen nur noch zwischen 10 und 30 %. Die Sprache spielte bei der Frage nach einer etwaigen propolnischen Einstellung keine Rolle; nur knapp 1% der Masuren entschied sich 1920 in einem Plebiszit, in dem über die Zugehörigkeit des südlichen Ostpreußens entschieden werden sollte, für Polen. Als 1945 alle masurischen Gebiete dem polnischen Staat einverleibt wurden, durften etwa 80 000 Einheimische (›Autochthone‹) im Land bleiben.

Aber die Hoffnung der neuen Machthaber, dass sich diese Masuren, die oft willkürlich zu solchen erklärt worden waren und deren Identität häufig deutsch war, bald als Polen fühlen würden, erwies sich als Trugschluss. Schon die erste Begegnung verstärkte das bereits vorhandene Unbehagen. Die Plünderungen, das Misstrauen der neuen katholischen Nachbarn, die Willkür der Behörden, die die Kollektivierung der Landwirtschaft mit Zwang durchsetzten, ließ die Menschen seit 1956 aus Polen auswandern. Heute beträgt ihre Zahl kaum mehr als 10 000. Die Nachkommen der Masuren im Lande verbinden mit dem Thema Polen meist nur Negatives und erinnern sich ungern ihrer slawischen Herkunft. Sie verstehen sich heute als deutsche Minderheit in Masuren.

Kultur und Leben

WO DIE KIRCHEN NOCH BRECHEND VOLL SIND - KATHOLIZISMUS

Das ermländische Stoczek Klasztorny (Springborn) bei Lidzbark Warmiński (Heilsberg im Ermland) steht für einen verlorenen Kampf der weltlichen Macht gegen die Institution der katholischen Kirche. In diesem barocken Kloster war 1953–54 der Primas von Polen, Kardinal Stefan Wyszyński (1901–81), inhaftiert. Diese Aktion stellte den Höhepunkt des offenen Kampfes des kommunistischen Regimes gegen die Kirche dar, später griff man zu subtileren Methoden der Spaltung und Unterwanderung. Kardinal Wyszyński, der als großer Realpolitiker in die Geschichte eingegangen ist, äußerte damals angesichts der tausendjährigen Geschichte der polnischen Kirche, dass die leidigen paar Jahre der kommunistischen Herrschaft zu ertragen sein würden. Die Wende von 1989 bewies, wie weitsichtig seine Einschätzung von der Vorläufigkeit der kommunistischen Welt war.

Ein paar Zahlen, die die Macht der polnischen katholischen Kirche illustrieren: 95 % der Bevölkerung bezeichnen sich als katholisch und in den ländlichen Gegenden gehen 85 % regelmäßig zur Messe (in den größeren Städten beträgt diese Zahl etwa 70 %). Jährlich werden 600 000 Kinder getauft, und fast jedes Kind nimmt an dem nach der Wende wieder eingeführten Religionsunterricht teil. Dieser ist zwar freiwillig, aber die Alternative – das Fach ›Ethik‹ – wählen für ihre Sprösslinge nur die allerwenigsten Eltern, zum Teil aus Furcht vor sozialer Ausgrenzung. Mit weit über 20 000 ausgebildeten Priestern deckt das Land nicht nur seinen eigenen Bedarf, sondern ›exportiert‹ darüber hinaus seine Priester, die beispielsweise Gemeinden in Österreich betreuen. Zu den schon bestehenden weit über 10 000 Gotteshäusern gesellten sich in den 1980er Jahren fast 2000 neue Kirchen. Interessanter als ihre häufig unschöne, moderne Form ist der geschichtliche Kontext, in dem sie entstanden sind: Das Regime kaufte sich mit der Genehmigung zur Errichtung unzähliger Kirchen gleichsam die Neutralität des Klerus im Kampf gegen das eigene Volk unter dem Kriegsrecht 1981–83.

Ausländische Reisende sind nach wie vor erstaunt über die allgegenwärtige Frömmigkeit. An Sonntagen werden im Schnitt fünf bis sieben Messen pro Kirche abgehalten, und alle sind gut besucht. Diese starke Bindung an die katholische Kirche wurzelt in der Geschichte. Drei Beispiele, warum Polen als ›Vormauer‹ des Christentums gilt: Die Christianisierung Litauens (1386), des letzten heidnischen Staates Europas, wurde von Krakau aus unternommen; den letzten Versuch, Konstantinopel vor den Osmanen zu retten, beendete der Tod des polnisch-ungarischen Königs Władysław III. des Jagiellonen (Warneńczyk) in der Schlacht

Katholizismus

bei Warna (1444) und drittens der Entsatz von Wien durch den Sieg der polnisch-österreichisch-bayrischen Armee unter König Jan III. Sobieski auf dem Kahlenberg über die Türken (1683).

Bis zum 17. Jh. jedoch hatte dieses Christentum keine fanatischen Züge. Diese Situation änderte die Gegenreformation, die mit der Errichtung des Jesuitenkollegs in Braniewo (Braunsberg) im Ermland begann. Im 18. Jh. wurde das ganze Land katholisch und anderen Konfessionen gegenüber zunehmend intolerant. Die Teilungszeit im 19. Jh. stärkte zusätzlich die Position der Kirche, da sie angesichts des protestantischen Preußen und des orthodoxen Russland eine Symbiose mit dem nationalen Kampf einging. Später wurden die Vertreter der Kirche als Personifizierung des Polentums von den Nationalsozialisten gehasst, 2600 Priester wurden ermordet.

Die Nachkriegszeit war durch den Kampf des atheistischen Staates gegen die Kirche gekennzeichnet. Aus all dem ging der Katholizismus eher gestärkt als geschwächt hervor. Es scheint allerdings, dass Demokratie und Verwestlichung der Gesellschaft langfristig zu einer Schwächung des Katholizismus führen werden. Viele nehmen der Kirche übel, dass sie sich zu sehr in die Politik einmischt, andere stört ihre doppelte Moral. Die polnischen Scheidungs- und Abtreibungsraten weichen trotz der Mahnungen des hierzulande zur Ikone stilisierten polnischen Papstes Johannes Pauls II. (eigentl. Karol Wojtyła, seit 1978) ohnehin nicht wesentlich von denen in westlichen Ländern ab. Dies ändert nichts an der landesweiten Verehrung für den Papst, in der sich patriotische Gefühle mit religiösen Motiven vermischen.

Die Position der katholischen Kirche, die nach außen hin unverändert durch brechend volle Kirchen gekennzeichnet ist, muss überdacht werden. Zweimal ließ sich die katholische Kirche nach der Wende in die Unterstützung bestimmter Parteien bzw. Kandidaten (Lech Wałęsa) hineinmanövrieren … und zweimal erlitt sie eine Schlappe. Wahrscheinlich wird sie sich von der Politik jetzt eher fernhalten und, um die Worte Wyszyńskis erneut zu gebrauchen, hoffen, dass sie auch diese Periode im Leben der Nation schadlos übersteht.

Allgegenwärtig: die katholische Kirche

KUNST UND KULTUR

Nicht nur Backsteingotik – Kunstgeschichte

Womit assoziiert man den heutigen Nordosten Polens? Geschichtlich Bewanderte denken sofort an die roten Kuben der Deutschordensburgen, allen voran an die traumhaft mächtige Marienburg. Oder an die Bürgerhäuser Danzigs und die Marienkirche. Weiter östlich, in Masuren, sieht man vor seinem inneren Auge zwar viel Wasser, Wälder und einige interessante Vögel, aber weit und breit nichts Kunstgeschichtliches von Rang. Stimmen diese Klischees? Im Prinzip ja!

Der Westen des Deutschordenslandes und das spätere Königliche Preußen waren reicher, bedeutender und intellektuell reger als der Südosten des Landes, das arme Masuren. Anders steht es mit dem Ermland, in dem den Reisenden wichtige Architekturdenkmäler erwarten. Außerdem gibt es Kunstwerke, wie die Kirche in Sorkwity oder das Nonnenkloster in Wojnowo, die – mögen sie auch noch so bescheiden sein – das Herz höher schlagen lassen als manche hochkarätigen Sehenswürdigkeiten, wo man nur eine Nummer im Gedränge der sich gegenseitig auf die Füße tretenden Touristen ist.

> ### Niederländische Kunst an der Ostsee
>
> Eigentlich nicht die Backsteingotik, sondern die nächste wichtige künstlerische Epoche prägte Danzig: der ›niederländische Manierismus‹. Die hohen Giebeldächer, das Beschlagwerk und die zum Teil seltsamen Proportionen dieses Baustils sind so weit von den Bauten Italiens entfernt, dass der Ausdruck Renaissance hier kaum passt, auch wenn gelegentlich von der nordischen bzw. holländischen Renaissance gesprochen wird. Es war die Zeit, als Holland seine Architekten und Künstler exportierte: Anthonis van Opbergen, die Familie van den Blocke und Hans Vredemann de Vries gehörten zu den größten unter ihnen.

Burgen und Kirchen des Deutschordenslandes

Es gibt zwei Kunstepochen, die für das Land prägend waren. Zuerst die Backsteingotik: Sie datiert in die Zeit zwischen dem Jahr 1250, als die Wehrmauer in Toruń (Thorn) entstand, und dem 16. Jh., als die letzten verspäteten Dorfkirchen noch im gotischen Stil gebaut wurden. Diese Bauweise überzog das Prußenland mit einem engmaschi-

Blick über die wiederaufgebauten Häuser an der Mottlau auf die Marienkirche.

Kunst und Kultur

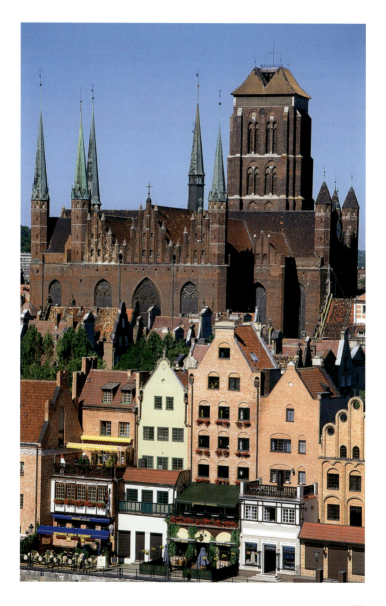

Kultur und Leben

> ## Lesetipp – »augenzwinkernde Liebeserklärungen an Masuren"
>
> Die humorvolle, leichte Art des Erzählungsbandes ›So zärtlich war Suleyken‹ (1955) stellt, wie Lenz selbst schreibt, »keinen schwermütigen Sehnsuchtsgesang« dar. Diese heiteren, schwankhaften Anekdoten sind »eine aufgeräumte Huldigung an die Leute von Masuren«. Schon die absichtlich unbeholfene Sprache mit ihrer oft slawischen Satzstellung und den unendlich vielen Verkleinerungsformen erzeugt Komik. Mal rührend geduldig, mal etwas schwerfällig, sind uns diese Masuren sympathisch, zumal der Autor nie die unsichtbare Grenze überschreitet, ab der die Charakterisierung der Holzarbeiter, Bauern, Fischer und Besenbinder zur Karikatur würde. Das Buch ist bei einer Masurenreise ein Muss.

gen Netz von Kirchen, Burgen, Stadtmauern und Rathäusern. Eine Bauaktion, die ihresgleichen sucht, und die nur im streng verwalteten Ordensstaat möglich war. Es war der Orden selbst, der in fast jedem Dorf des Kulmerlandes, der Wiege des Staates, eine Backsteinkirche errichten ließ. Der Orden als Mäzen setzte vermutlich häufig eigene Vorstellungen durch, so die Verwendung von glasierten Backsteinen (grün, gelb, schwarz) oder die Anbringung von Schriftfriesen, wie in der Jakobikirche in Toruń (Thorn). Der Orden baute mehr als hundert Burgen, die von den mächtigen Anlagen in Marienburg sowie den weitgehend zerstörten in Königsberg, Elbing und Danzig über etwa 30 Komturburgen und Vogt- und Pflegerburgen bis hin zu kleinen städtischen Residenzen oder ›Wildämtern‹, wie in Kętrzyn (Rastenburg) variierten.

Ebenfalls mannigfaltig ist die Welt der Sakralarchitektur. Eine regionale Spezialität entwickelte sich im Ermland, wo als Kirchentypus vorherrschend eine chorlose Halle auftritt. In jenen Kirchen ließ man bei den Gewölben der Phantasie freien Lauf. Nicht das schlichte Kreuzrippengewölbe, sondern das dekorative Sterngewölbe beherrscht die Decken. Diese Mode stammte aus England, mit dem Handelsbeziehungen bestanden. Vor allem im Ermland erfuhr das Sterngewölbe eine Weiterbildung und verschiedene neue Gewölbearten tauchten auf: Nicht nur ein Stern wird durch Rippen in einem Joch gebildet, sondern gleich vier davon (Reszel/Rössel, Braniewo/Braunsberg); die Rippen führen palmenartig von einer Stütze zu den Seiten (Radialgewölbe; Marienburg, der Sommerremter); sie überziehen das ganze Kircheninnere mit einem engmaschigen Gebilde (Netzgewölbe; Olsztyn, Jakobikirche); schließlich schafft man die Rippen gänzlich ab und formt die Wölbung um in eine Anzahl von an geschliffenes Kristallglas erinnernden Feldern (Zellengewölbe; Kętrzyn/Rastenburg, Olsztyn, Burg).

Später ist in diesem Teil Europas wenig Nennenswertes entstanden. Zwar steht inmitten der masurischen Wälder ein Juwel der barocken Architektur, Heiligelinde (Święta Lipka), aber der Bau ist eher ein einsamer Import des polnisch-litauischen Barock, dessen Schöpfer ein sein Leben lang in Wilna (Vilnius) tätiger Südtiroler war. Auch die bei Olsztyn und Augustów erwähnten Erich Mendelsohn und Maciej Nowicki waren Architekten, die ihre besten Werke weit entfernt von hier entworfen haben.

Zur Kunstgeschichte gehört mittlerweile der Wiederaufbau Danzigs nach 1945, über den die ersten wissenschaftlichen Abhandlungen entstehen. Dagegen zählen die seelenlosen Betonblöcke der kommunistischen Ära glücklicherweise noch nicht zu den Forschungsaufgaben eines Kunsthistorikers.

Masuren in der Literatur

Man kann nicht behaupten, dass es vor dem 20. Jh. in Masuren, dem Ermland oder Danzig keine Literatur gegeben habe. Martin Opitz (1597–1639), der Meister der deutschen barocken Dichtung, verbrachte in Danzig seinen Lebensabend, es gab die religiöse Literatur des Deutschen Ordens und seit dem 16. Jh. das kaschubische Schrifttum. Von hier stammten *Johann Gottfried Herder* (s. S. 74) und *Arthur Schopenhauer,* deren weltbekannten philosophischen Abhandlungen aber wenig mit ihren Herkunftsorten zu tun haben. Ähnliches gilt für *Ignacy Krasicki* (1735–1801), den größten polnischen Aufklärer, der zwar Fürstbischof im ermländischen Heilsberg war, aber eher gesamtpolnische als regionaltypische Missstände anprangerte. Der wohl bekannteste Schriftsteller der ersten Hälfte des 20. Jh., der über Masuren schrieb, war *Ernst Wiechert,* der mitten in diesem Land in einem Forsthaus geboren wurde (s. S. 138).

Auf der Suche nach einem verlorenen Land

Aber erst die Katastrophe des Jahres 1945 brachte deutschen Schriftstellern östlicher Herkunft ein gemeinsames Thema: das Heraufbeschwören eines Landes, das es nicht mehr gibt, die Suche nach Umbrüchen und Kontinuitäten in der Landesgeschichte, die Frage nach Ursachen und Folgen.

Siegfried Lenz, 1926 in Lyck (Ełk) geboren, »einer Kleinstadt zwischen zwei Seen, von der die Lycker behaupten, sie sei die Perle Masurens«, ist derjenige, dessen Werke man am häufigsten im Reisegepäck hat. Er ist auch der wichtigste Schriftsteller, der sich in der Nachkriegszeit mit Masuren bzw. Ostpreußen befasste. Wie er selbst bekannte, war sein wichtigster Antrieb zum Schreiben der Wunsch, die verlorene Heimat Masuren in der Literatur zu vergegenwärtigen, ihre Landschaft, ihre Seen, die Wälder, den Menschenschlag und die Sprache.

Der Roman ›Heimatmuseum‹ (1978) wiegt schwer. Er ist eine Abrechnung mit Ostpreußen samt einer Analyse der Wege, die zum Desaster führten. Lenz malt ein Panorama Masurens vor und

Kultur und Leben

Günter Grass, Aufnahme 1992   Siegfried Lenz, Aufnahme 1999   Marion Gräfin Dönhoff (1909-2002)

nach dem Krieg, mit seinen Helden und Rattenfängern und mit all den kleinen Menschen, Eigenbrötlern und Sonderlingen, die zu Zeugen einer geschichtlichen Katastrophe wurden. Er nimmt gleichzeitig Partei für die Millionen Heimatvertriebenen, aber ohne jeglichen Revisionismus und mit einem Appell für den Ausgleich mit den östlichen Nachbarn Deutschlands; ein Plädoyer, das er in journalistischer Form bereits 1971 mit dem Titel ›Verlorenes Land – Gewonnene Nachbarschaft‹ vorwegnahm. Und was Masuren betrifft, so ist das ›Heimatmuseum‹ ein Werk sowohl über den Verlust der Heimat als auch über ihr Wiederfinden (s. S. 114 f.).

Hier gibt es Parallelen zu *Günter Grass,* der 1927 als Sohn eines Kolonialwarenhändlers in Danzig-Langfuhr geboren wurde. »Der Kaschube, der das Kaschubische verlernt hat«, wie er sich etwas kokettierend vorstellt, wurde mit der 1959 verfassten ›Blechtrommel‹ über Nacht international bekannt. Bis 1963 schrieb er weitere Romane – ›Katz und Maus‹ und ›Hundejahre‹ –, die zur Danziger Trilogie gehören. Sein Protagonist Oskar

Matzerath hört als Kind auf eigenen Wunsch auf zu wachsen, eine Metapher für einen Menschen, der sich nicht mit der Herrenmenschen-Ideologie identifizieren möchte. Er ist Zeuge des Machtantritts der Nationalsozialisten in Danzig, der erfolglosen Verteidigung des Postgebäudes 1939 durch die Polen, der Bombardements 1942 und 1944, des sowjetischen Einmarsches und der anschließenden Vertreibung. Es ist ein tiefbewegendes Werk, trotz oder gerade wegen seiner grotesken Züge und skurrilen Phantasie. Die Beschreibung der Vorgänge von 1945, in der, gelinde gesagt, die Rote Armee nicht besonders gut abschneidet, ließen das Werk jahrelang auf seine Veröffentlichung in Polen warten, auch der gleichnamige Film Volker Schlöndorffs (1979) durfte erst in der ›Solidarność‹-Ära 1980–81, und auch dann nur in geschlossenen Veranstaltungen, gezeigt werden. Inzwischen ist Günter Grass als Ehrenbürger von Danzig ein häufiger und hoch geschätzter Gast.

In die Fußspuren von Grass tritt in Polen eine neue Generation Danziger

Schriftsteller, unter ihnen *Stefan Chwin* (Jg. 1949) und *Paweł Huelle* (Jg. 1957). Ihre Werke ›Heineman‹ und ›Weiser Davidek‹ liegen auf deutsch vor und wurden von der Kritik sehr positiv aufgenommen. Wir erleben hier eine mühsame Suche nach den Wurzeln in einer verstümmelten Stadt, den Versuch, nach Überbleibseln einer untergegangenen Welt zu fahnden und die Sehnsucht nach Kontinuität in einer flüchtigen Realität. Wenn auch beide Autoren Begeisterung für Grass erklären, so sind ihre Werke doch eigenständig.

Neben Grass und Lenz gibt es eine Reihe von Schriftstellern, die sich mit den alten Ostprovinzen Deutschlands befassen. Eine beinahe volkstümliche Popularität in den Reisebussen der Heimattouristen genießt *Arno Surminski*, geboren 1934 in Masuren und heute ein Hamburger. Seine ›Geschichten aus Kalischken‹, ›Jokehnen oder wie lange fährt man von Ostpreußen nach Deutschland‹, ›Polinken oder eine deutsche Liebe‹ und ›Die Reise nach Nikolaiken‹ besitzen einen sentimental-nostalgischen Beigeschmack, sind aber gleichwohl eine dankbare Reiselektüre.

Eigene Erfahrungen schildert *Hans Graf von Lehndorff* in seinem ›Ostpreußischen Tagebuch‹, 1961 zuerst erschienen. Ebenfalls *Christian Graf von Krockow,* der einer pommerschen Adelsfamilie entstammt und sich vor seinem Tode 2002 wieder oft im Schloss Krokowa westlich von Danzig aufhielt. So wie einst gehört das zu Hotel und Begegnungsstätte umfunktionierte Schloss heute einem Zweig seiner Familie. Sein Buch ›Annäherungen an Ostpreußen‹ (1993) ist eigentlich eine Essaysammlung zu etlichen Aspekten Ostpreußens, verbunden durch einen Bericht über die eigene Reise dorthin. Neue Facetten eröffnet ein in der Form analoges Buch des politisch eher links orientierten *Ralph Giordano* (›Ostpreußen ade‹, 1994), der – wie er schreibt – durch eine Fotografie seit seiner Kindheit stets von Ostpreußen fasziniert war. In den politisch konservativen Werken nostalgischer Art fehlen seine Themen oft, beispielsweise die NS-Herrschaft und das ostpreußische Judentum, so dass sich das Bild mit diesem Buch vervollständigt. Und hier sei schließlich ein drittes Buch dieser Feuilleton-ähnlichen Gattung als eine informative Reiselektüre empfohlen: ›Fernes nahes Land, Begegnungen in Ostpreußen‹ von *Klaus Bednarz* (1995).

Beinahe zu den ostpreußischen Klassikern gehören Bücher wie ›Kindheit in Ostpreußen‹ und ›Namen, die keiner mehr nennt‹ von *Marion Gräfin Dönhoff*. 1909 in dem prächtigen Schloss Friedrichstein (nicht erhalten, heute im russischen Kaliningrader Gebiet) geboren, schildert sie das Leben dort und in anderen Adelshäusern, so in Steinort (Sztynort), wo sie als Kind oft zu Besuch war. Die Lebensbeschreibungen des preußischen Adels aus eigener Erfahrung lesen sich wie ein ausgezeichneter Roman, der vor allem gleichzeitig Tatsachenbericht ist. Faszinierend ist der Weg der ›Zeit‹-Herausgeberin von einer Betroffenen, die die Anerkennung der Oder-Neiße-Grenze ablehnte, zu einer der größten Befürworterinnen der Aussöhnung Deutschlands mit Polen und Russland.

Kultur und Leben

ESSEN UND TRINKEN

Was ist masurisch an der masurischen Küche?

Zuerst sollte man klar stellen: Trotz der Beteuerungen einiger Reiseführer und den phantasiereichen Bezeichnungen auf einigen Speisekarten gibt es so gut wie keine eigenständige masurische Küche. Und mehr noch: es hat sie nie gegeben. Zwar existieren natürlich eigene ostpreußische Gerichte (Königsberger Klopse, Königsberger Fleck etc.), aber hier im Süden der alten Provinz herrschte viel zu große Armut, um eine besondere Speisekarte zu pflegen. Sie bekommen also in den Restaurants alle typischen polnischen Gerichte, bei denen nach den Umwälzungen des Zweiten Weltkriegs keine großen regionalen Unterschiede gemacht werden.

Den Erwartungen der Gäste entgegenkommend, serviert man freilich gerne Fisch. Angepriesen wird die Kleine Maräne (Sielawa), eine Fischart, die in den sauberen und tiefen Gewässern Masurens (auch Schleswig-Holsteins) zu Hause ist und gebraten auf den Tisch kommt. Forellen, Zander, Barsch, Aale, Schleien, Karpfen, an der Ostseeküste auch Flunder und Heringe werden bevorzugt. Eine Spezialität, die nicht in jedem Restaurant zu haben ist, wird in Deutschland unter dem Namen ›Karpfen auf polnische Art‹, in Polen dafür als ›Karpfen auf jüdische Art‹ *(karp po żydowsku)* angepriesen. Oft als Weihnachtsgericht serviert, wird dieser Karpfen in Gelee süß mit Mandeln und Rosinen zubereitet. ›Masurisch‹ ist noch der Reichtum an Pilzen, die hier im Spätsommer in Hülle und Fülle aus dem Boden schießen. Steinpilze, Pfifferlinge, Butterpilze und – gebratene – Parasolpilze (Schirmlinge) sind entweder eigenständige Gerichte oder werden als Beilage gereicht.

Im Land der Suppenesser

Die Polen sind eindeutige Europameister im Suppen-Essen. Mit 78 l pro Kopf im Jahr führen sie die Rangliste an, die die Griechen mit lediglich einem Liter beschließen. Und was für eine Auswahl: Gurken-, Tomaten-, Sauerampfersuppe *(szczawiowa)*, Brühe mit Fleischtaschen *(rosół z kołdunami)*, Brennessel- *(pokrzywowa)*, Bier- *(piwna)*, Erbsensuppe *(grochówka)*, Suppe aus Sauerkraut *(kapuśniak)*, Pilz- *(grzybowa)* oder Zwiebelsuppe *(cebulowa)* gehören noch zu den in Deutschland bekannten oder zumindest nachvollziehbaren Suppennamen. Schwieriger wird es mit *krupnik,* einer Brühe mit Grütze oder mit *żurek,* einer Sauermehlsuppe mit Wurst und Ei, der oberschlesischen Spezialität schlechthin. Allein an Borschtschsorten (diese Rote-Bete-Suppe heißt auf polnisch *barszcz)* gibt es etliche: mit Fleischtaschen *(barszcz z uszkami)*, mit Rote-Bete-Grün *(botwinka* bzw. *barszcz ukraiński)*, klar mit Fleischkrokette *(z pasztecikiem),* mit grünen Bohnen, speziell zum Heiligen Abend, oder in der kalten Ausführung. Nicht jeder wird zum Liebhaber zweier spezieller polnischer Suppen, der seltenen *czernina* und der allgegenwärtigen *flaki. Czernina* ist die Gänseblutsuppe, bekannt durch den seit dem Mittelalter existierenden kulturhistorischen Kontext. Bekommt ein Heiratswilliger von den Eltern der Auserwählten ausgerechnet dieses Süppchen, bedeutet das eine Abfuhr, und er kann es sich ersparen, die Frage explizit zu stellen.

Überall in Polen sieht man Menschen, die anscheinend mit Appetit eine braune Flüssigkeit mit merkwürdig anmutenden Zusätzen verzehren. Hierbei handelt es sich um *flaki,* was soviel wie Gedärme bedeutet. Es ist eine Kuttelsuppe, allerdings anders zubereitet als in den Mittelmeerländern. Nachdem man sie auf den Tisch bekommen hat, würzt man sie mit Salz, Pfeffer, Maggi und Paprika so stark nach, daß die Suppe im Mund brennt und nur mit einer gehörigen Portion Brot aufgegessen werden kann.

Kulinarisches auf dem Weg

Noch einige allgemeine Hinweise zur polnischen Küche. In der Zusammenstellung erinnert sie an die fast untergegangene deutsche traditionelle Küche. Das Mittagessen besteht aus einer Suppe, dann meist einem Fleischgericht mit Kartoffeln und Gemüse; später folgen Kuchen und Trinkkompott. Zahlreiche Fleischgerichte, u. a. das *schabowy,* eine Art Wiener Schnitzel, aber mit einem obligatorischen Knochen, oder *golonka,* was nichts anderes als Eisbein ist, erinnern an deutsche Spezialitäten. Es ist ohnehin eine sehr eklektische Küche, da sie die Einflüsse vieler Völker, die die alte polnische Republik bewohnten, aufnahm und vermischte. Russisch bzw. ukrainisch sind beispielsweise die Borschtsch-Suppen, auch wenn viele für ihre polnische Herkunft plädieren. Deutsche, Litauer, Juden, Ungarn, Armenier und Italiener brachten eigene Rezepte mit, die fortan im Lande blieben. Die polnische Küche erfuhr auch einen Demokratisierungsprozess: erlesene Wildfleischgerichte serviert man heutzutage beispielsweise mit Buchweizengrütze oder *pierogi* (Mehltaschen gefüllt mit Fleisch, Kohl, Pilzen oder Käse), die einst Merkmal der bäuerlichen Küche waren. Zum Trinken gibt es Tee *(herbata)* oder Kaffee auf türkisch *(kawa po turecku),* wo Sie aufpassen müssen, nicht zu viel Kaffeesatz zu schlucken. Mit etwas Zucker sinkt der Satz brav ab auf den Boden des Glases, in dem man traditionell den Kaffee serviert. Allerdings setzen sich inzwischen Formen der Kaffeezubereitung durch, die für ›zivilisatorisch entwickelter‹ gehalten werden, so dass Sie nur noch in einem Provinzrestaurant der oben genannten Freuden teilhaftig werden können.

Es sterben übrigens auch die traditionellen Glastheken aus, hinter denen man das Sortiment der Vorspeisen vorgeführt bekam: Tatar mit einem Eigelb in der Mitte, Hering in Sahne und etliche Sülzesorten. Sentimentale Seufzer

Kultur und Leben

helfen hier wenig: Im Vormarsch sind Pizzerien, China-Restaurants und Gyros-Buden, vom EU-Mittelmaß diktiert.

Vom Wässerchen und Piwo

Was allerdings die Polen leider Gottes vom EU-Durchschnitt deutlich unterscheidet, ist der Wodkakonsum. Sie trinken nicht einmal so viel: Auch unter Berücksichtigung der geschätzten Zahlen des selbstgebrannten und geschmuggelten Alkohols liegt das Land mit einem Verzehr von reinem Alkohol von etwa 9 l pro Jahr und Kopf wesentlich hinter Deutschland, das mit 12,5 l der europäische Rekordhalter ist. Aber man trinkt anders. Weniger Bier, noch weniger Wein, statt dessen Wodka, und dann so, dass man schnell das selige Gefühl des Betrunkenseins spürt. Auf den Geschmack kommt es nicht an. Diese Trinkweise führt zu verheerenden sozialen Folgen. Bei allen Kampfansagen gegen den Alkoholkonsum ist zu bedenken, dass der Staat als Monopolist für härtere Alkoholika mächtig mitverdient. Gleichwohl sollten Sie etwas von den landesspezifischen Getränken probieren.

Der beste Wodka ist der klare Weizenwodka *wyborowa* oder *żubrówka* (Grasowka) mit einem Grashalm in der Flasche. Als Mitbringsel bietet sich

Oft dabei: polnischer Wodka

der ›Chopin-Wodka‹ an, mit einer schmucken Flasche, wo das Konterfei des Komponisten durch die Flasche hindurch auf der Rückseite des Etiketts sichtbar ist. Die Verbindung des berühmtesten polnischen Komponisten mit einer Wodkasorte entrüstet allerdings viele, und es gibt Bemühungen, ein gerichtliches Verbot dieser Marke durchzusetzen. Auch wenn das gelingen sollte, werden genügend andere Sorten übrigbleiben, da nach der Wende die Anzahl der verschiedenen Wodkasorten so in die Höhe schnellte, dass einem von den unterschiedlichen farbigen Etiketten in einem Spirituosengeschäft *(sklep monopolowy)* die Augen schmerzen. Eine erstaunliche Entwicklung, denn der Wodka gehört nicht einmal zur polnischen Tradition. Vor mehreren hundert Jahren noch kannten die polnischen Adligen ihn nicht. Das Hauptgetränk war Met, auch Trinkhonig genannt *(miód pitny),* dessen Sorten nach dem Mengenverhältnis von Wasser und Alkohol (*dwójniak* ist am stärksten) definiert werden. Der Met wird warm oder kalt serviert.

Unter den anderen alkoholischen Getränken herrscht nicht der Wein vor, der importiert und teuer ist, sondern das Bier, dessen Verkaufszahlen in den letzten Jahren rapide ansteigen. Die polnischen Sorten schmecken etwas milder als das deutsche Bier. Die bekanntesten Marken, die aus dem harten Konkurrenzkampf mit Hilfe ausländischer Investoren wie Tuborg, Carlsberg und Heineken allmählich als Sieger hervorgehen, heißen: Żywiec, Okocim (beide in Kleinpolen), Tyskie (in Oberschlesien) und das Posener Lech. Dafür genügten zwei wenig geschmackvolle Werbespots, um den Marktführer, das in Elbląg und Braniewo hergestellte EB-Bier, aus dem Rennen zu werfen.

Also *smacznego* (Guten Appetit) und *na zdrowie* (nicht zu verwechseln mit dem russischen Trinkspruch, den man n*a sdarowje* aussprechen sollte). Der Spruch heißt übrigens übersetzt ›für die Gesundheit‹, was wegen des oben Gesagten vielleicht etwas doppelsinnig, aber gewiss wünschenswert ist.

Creme de la Crème – Wo isst man in Danzig und Masuren am besten.

Am besten isst man in Danzig. Sei es beim Lachs in dem gleichnamigen Restaurant oder bei der polnischen Ente mit Äpfeln in der ›Tawerna‹, hier werden die anspruchsvollsten Gaumen zufrieden gestellt (s. S. 182). Je weiter nach Osten es geht, desto mehr ist der Reisende auf sein Gespür angewiesen: Eine festes Netz von Restaurants hat sich noch nicht ganz entwickelt, häufige Besitzerwechsel führen zu Qualitätsschwankungen. Sicherlich in Erinnerung bleiben wird ein Abendessen in Restauracja ›Zamkowa‹ auf dem Gelände der Marienburger Vorburg, ebenso die köstlichen Mahlzeiten in dem ›Młyn Klekotki‹ oder das mit Buchweizengrütze gefüllte Spanferkel im ›Mrongovia‹ in Mragowo alias Sensburg (s. S. 128).

Kultur und Leben

NATIONALGERICHTE – BIGOS UND CHŁODNIK

Polnisches Nationalgericht par excellence ist Bigos. Ihm widmete schon Adam Mickiewicz, ›der polnische Goethe‹, einige Verse. Diese finden sich in ›Pan Tadeusz‹, einem Sehnsuchtsgesang an das untergegangene Adelsleben aus dem Jahr 1834, dem polnischen Epos schlechthin: »In Kesseln kocht man Bigos. Wie aber stellt man dar, / Wie Bigos schmeckt und aussieht und duftet wunderbar? / Es hört den Klang der Worte, der Reime im Gedicht, / Um Lithauer Lieder und Speisen zu würd'gen, dazu gehören / Drei Dinge: Landluft, Gesundsein und von der Jagd Heimkehren.«

Der **Bigos** ist eben ein Jagdgericht, das immer wieder erwärmt und über mehrere Tage serviert werden kann. Er soll ohnehin am zweiten und dritten Tag am besten schmecken. Eigentlich ein Kohleintopf, ist er von seiner simplen Ausführung in Bars bis zu noblen Versionen mit Rotwein, Wildfleisch und Steinpilzen in den besten Restaurants in mannigfacher Form vertreten. Jede Hausfrau in Polen hat ihr eigenes Rezept, eine Erkenntnis, die Wolfram Siebeck schmerzhaft erfahren musste, als er über mehrere Folgen im ZEIT-Magazin mit dem Nachkochen von verschiedenen zugesandten Rezepten kämpfte und mit seiner Absicht, ein allgemeingültiges Bigos-Rezept zu schaffen, schließlich Schiffbruch erlitt. So ist das folgende Rezept für 6 Personen nur eine der vielen möglichen Bigos-Varianten.

1 kg Sauerkraut
250 g fein geschnittener Weißkohl
150 g fein gehackte Zwiebeln
250 g Schweinefleisch
250 g Rindfleisch
250 g geräucherte Wurst (Krakauer)
50 g getrocknete Pilze
2 EL Pflanzenöl
5 Pimentkörner
4 Lorbeerblätter
10 getrocknete Pflaumen
2 Karotten
1 Knoblauchzehe
Salz, Pfeffer, Tomatenmark

Sauerkraut und Weißkohl separat kochen, bis sie gar sind. Das grob gewürfelte Fleisch mit den Zwiebeln in Öl anbraten. Die zuvor in Wasser eingeweichten Pilze werden gekocht und dann fein gehackt. Das alles wird in eine große Kasserolle gegeben, dazu die in kleine Stücke geschnittene Wurst. Den Eintopf mit Salz, Pfeffer, Pflaumen, Karotten, der zerquetschten Knoblauchzehe, Pimentkörnern, Lorbeerblättern (nach 20 Min. entfernen) und ein wenig Tomatenmark würzen. Die

Essen und Trinken

Kasserolle fest zudecken und bei schwacher Hitze 90 Min. garen lassen. Am besten schmeckt der Bigos nach dem Aufwärmen am nächsten Tag. Der Dichtermund drückt es so aus (Adam Mickiewicz in ›Pan Tadeusz‹): »Doch ohne die Würzen ist Bigos auch so verächtlich nicht, / Ist ein aus guten Gemüsen gar künstlich gebildet Gericht; / Es wird dazu gehacktes Sauerkraut genommen, / Das, laut dem Sprichwort, von selbst kommt in den Mund geschwommen; / Im Kessel verschlossen, bedeckt's mit seinem feuchten Schooß / Die besten Stücke von Fleisch, das selbst schon tadellos. / Man prägelt es, bis die Glut, was es an Säften besitzt, / Auspresst, dass über die Ränder das siedende Wasser spritzt, / Und rings herum in die Lüfte sich der Duft ergießt.«

Unter vielen Suppen, auf die die polnische Küche stolz ist, gibt es eine Kaltschale, die geradezu ideal ist für einen heißen Tag der Masuren-Reise. **Chłodnik** ist eine Borschtsch-Sorte, die man mit Kefir oder Sahne, Schnittlauch, hart gekochtem Ei und Schinken zubereitet. Das folgende Rezept ist für 2 Personen geeignet.

1 l Sauermilch oder Kefir
4 gekochte rote Rüben (oder Rote Bete aus dem Glas)
2 Gurken
4 hartgekochte Eier
1 Bund Dill
Salz, Pfeffer

Eier, Gurken und Rote Rüben würfeln. Den Dill fein hacken. Alles mit Kefir bzw. Sauermilch verrühren und nach Geschmack würzen. Kalt servieren. *Smacznego!*

Bigos – ein traditionelles Jagdgericht

Chłodnik – ideal für heiße Sommertage

Tipps für Ihren Urlaub

In Mikołajki schossen in den letzten
Jahren Hotels und Pensionen wie Pilze
aus dem Boden

Tipps für Ihren Urlaub

MASUREN ALS REISEZIEL

Masuren zieht seit geraumer Zeit die Besucher an wie ein Magnet. Sie reisen mit dem eigenen Wagen, in komfortablen Reisebussen oder schlicht mit Rucksack und ausgestrecktem Daumen per Anhalter. Alle sind sich in einem Punkt einig: der ganze Reiz Masurens entfaltet sich erst, wenn man Auto oder Bus verlassen hat und sich zu Fuß oder auf dem Fahrrad fortbewegt. Denn Masuren machen nicht die einzelnen Kulturdenkmäler aus, auch nicht die Wunder der Natur, sondern die scheinbar endlose Weite der hügeligen Felder, in denen Kraniche und Störche bunte Tupfer setzen, Dörfer wie aus dem Bilderbuch und die unzähligen Seen, wo man noch mutterseelenallein (aber in dieser grandiosen Natur nicht einsam) sein kann. Daher ist es ein schwieriges Unterfangen, allgemeingültige Tipps für Ihren Urlaub zu geben, jeder muss seine eigenen Wege in diesem Land erkunden. Dennoch folgen hier einige Anmerkungen, angefangen mit Informationen zum Klima,

Freilichtmuseum von Olsztynek

Masuren als Reiseziel

dann Ratschläge zu Sehenswürdigkeiten, zu Freizeitaktivitäten und schließlich Übernachtungstipps.

Reisezeit und Kleidung

Der polnische Nordosten mit Masuren liegt in der Übergangszone zwischen dem ozeanischen Klima Westeuropas und dem Kontinentalklima Osteuropas. Daher ist das Wetter beständiger als beispielsweise in Hamburg, wobei das Risiko plötzlicher Wetterumschwünge kleiner wird, je weiter man sich von Danzig nach Osten bewegt.

Allerdings gibt es auch im Sommer in Masuren keine Sonnengarantie. In der Regel beginnt der masurische Sommer Ende Mai. Anders als der durch häufige Gewitter gekennzeichnete Juli ist der August meist sonnig; auch das Wasser in den Seen wärmt sich zunehmend auf und lädt zum Baden ein. Als Geheimtipp für die Ferien in dem Land der Dreitausend Seen gilt der September, in denen der Herbst die Wälder in die Palette eines impressionistischen Malers verwandelt und die lärmenden Kinder wieder in die Schule müssen. Die masurischen Winter sind schneereicher und kälter als im polnischen Tiefland, in der Nähe von Suwałki blieb schon einmal 58 Tage im Jahr das Thermometer unter Null, und der polnische Minustemperaturrekord wurde mit -37°C bei Olecko gemessen. Schlitten, Schlittschuhe, Langlaufski... und nicht zuletzt leere Hotels lassen den Besucher zu dieser Zeit Masuren aus einem neuen Blickwinkel erleben.

Mit eigenem Auto oder Mietwagen unterwegs

Ist die Zeit begrenzt und der Wunsch groß, möglichst viel von Masuren zu sehen, ist das Auto das beste Fortbewegungsmittel. Günstiger ist der eigene Wagen, allerdings sollte man mit einem neueren Modell von Mercedes, BMW oder Audi, aber auch mit einem VW-Golf wegen der Diebstahlsgefahr Vorsicht walten lassen (s. Sicherheit). Gefahren lauern vor allem in den größeren Städten, allen voran in Warschau und Danzig, während das ländliche Polen mit einem älteren Automodell, sei es japanischer oder französischer Produktion, eigentlich unbedenklich zu bereisen ist. Entscheidet man sich für einen Leihwagen, so mietet man ihn am besten in Warschau, Danzig oder Allenstein (s. Unterwegs in Masuren ...mit dem Auto).

Autovermietungen in Warschau: Orbis-Hertz, ul. Nowogrodzka 27, Tel. 022/621 13 60

...in Danzig: Avis, Podwale Grodzkie 9 (im Holiday Inn), Tel. 058/300 60 05, Tel./Fax 348 12 89; Europcar, Flughafen, Tel. 341 98 43; Hertz, ul. Brygitki 14b, Tel. 301 40 45.

...in Allenstein: Ford, ul. Jagiellończyka 38, Tel. 089/535 53 98, Hertz im Orbis-Büro, ul. Dąbrowszczaków 1, Tel. 527 57 93.

Tipps für Ihren Urlaub

Rundreisetipp – Höhepunkte Masurens

Eine Reise nach Masuren ist primär dem Naturerlebnis und der Erholung inmitten einer reizvollen Landschaft gewidmet, erst in zweiter Linie folgen die von Menschen geschaffenen Werke, die immer wieder als Ausflugsziele in das Programm eingeflochten werden können (wobei sie aber als zufällige Schlechtwetter-Platzhalter einfach zu schade sind). Dazu kommt hinzu, dass an den Grenzen der Region Kulturgüter europäischen Formats zu bewundern sind – die alte Hansestadt Danzig und die auf die UNESCO-Liste des Welterbes aufgenommene Residenz der Hochmeister des Deutschen Ordens in der Marienburg. So empfiehlt es sich, eine Reise nach Masuren von Norden aus über Szczecin (Stettin) und Gdańsk (Danzig), das zum Verweilen einlädt, zu beginnen. Die nächsten Etappen heißen Malbork (Marienburg) und Elbląg (Elbing). Dann geht es das Haff entlang bis nach Frombork (Frauenburg), dessen Kathedrale keinen westeuropäischen Vergleich zu scheuen braucht. Einen Grenzgänger zwischen Kultur, Technik und Natur bildet unterwegs der Oberländische Kanal mit ausgeklügelten, 150 Jahre zählenden Einrichtungen, die die Schiffe übers Land rollen lassen. Seit 2004 ist ein Verfahren im Gange, dieses Werk in die UNESCO-Liste des Welterbe aufzunehmen.

Weiter führt der Weg an den ermländischen Highlights vorbei, die Bischofsburg in Lidzbark Warmiński (Heilsberg) allen voran, bis nach Olsztyn (Allenstein), wo für einige Tage das Lager aufgeschlagen werden kann, um die reizvolle Umgebung zu erkunden. Neben der Natur locken die Reisenden hier Zeugnisse des mächtigen Staates der Deutschordensritter: Burgen in Olsztyn (Allenstein), Reszel (Rössel) oder Nidzica (Neidenburg) sowie die eleganten und durch ihre mannigfaltigen Gewölben bestechenden Kirchen in Braniewo (Braunsberg), Elbląg (Elbing), Orneta (Wormditt) und Dobre Miasto (Guttstadt).

Es folgt die Reise ins eigentliche Masuren, in dem es genügt, einen Übernachtungsort, am besten Giżycko (Lötzen), Mikołajki (Nikolaiken) oder Mrągowo (Sensburg), zu wählen und von dort aus Ausflüge zu unternehmen. Wenn nicht gesegelt, gewandert, geradelt, gebadet oder sich gesonnt wird, kommt man bestimmt auf die Idee, sich auf den Weg zu der barocken Wallfahrtskirche in Święta Lipka (Heiligelinde), den aus der Literatur bekannten Schlössern des preußischen Adels oder der bäuerlichen Holzarchitektur im Freilichtmuseum in Olsztynek (Hohenstein) zu machen. Eine schwierigere Begegnung mit der Geschichte bietet sich im Führerhauptquartier bei Kętrzyn (Rastenburg). Zu den unvermeidlichen Programmpunkten einer Masurenreise gehören schließlich eine Schifffahrt, beispielsweise zwischen Mikołajki und Ruciane-Nida, die Suche nach den Tarpanen in Popielno und den Zeugnissen der Kultur der Altgläubigen in Wojnowo, das Bewundern der Landschaft von einer Brücke bei Sztynort (Steinort), ferner das Eintauchen in die Wildnis der Johannisburger Heide

Masuren als Reiseziel

mit der Perle Masurens, dem jez. Nidzkie alias Niedersee und dem Borkener Wald, und schließlich – gewissermaßen als Kontrastprogramm – der Einkaufsbummel in Nikolaiken.

Etwas abseits vom Hauptstrom der Touristen ist man in der Gegend von Suwałki, in dem neben wertvollen Baudenkmälern (Sejny, Wigry) bis heute ein spannendes Bevölkerungsgemisch aus Polen, Litauern, altgläubigen Russen und Weißrussen existiert und die Natur in dem Wigierski-Nationalpark ihresgleichen sucht. Für Vogelbeobachter sind die Biebrza-Sümpfe östlich von Ełk (Lyck) ein Paradies.

Eine Rückreise aus dem Land der 3000-Seen führt am besten über Ostróda (Osterode) und Iława (Deutsch Eylau), und weiter an der Perle der Weichsel, dem UNESCO-Kulturdenkmal Toruń (Thorn), an Gniezno (Gnesen) und Poznań (Posen) mit ihren wertvollen Kathedralen vorbei bis nach Frankfurt an der Oder.

Aktivurlaub zu Wasser oder mit dem Drahtesel

Fahrradfahren

Die schmalen, mit Bäumen gesäumten Asphaltstraßen, auf denen Autos nur jede Stunde einmal vorbeifahren, sind ein Eldorado für jeden Radler. Eigentlich kann man in der Gegend von Mrągowo, Giżycko und Mikołajki alle

Asphalt, Steinpflaster oder Feldwege – die Radler in ihrem Element, hier bei Sztynort.

Tipps für Ihren Urlaub

Edle Rösser in Kadyny

Nebenstraßen zum Radfahren nutzen; fragen Sie aber vorsichtshalber im Hotel, ob es dort nicht zu viel Sand bzw. Kopfsteinpflaster gibt. Die Hauptverkehrsstraßen sowie die Städte sollte man tunlichst meiden, da man dort in Todesangst und von Auspuffemissionen begast vor sich hin strampelt. Das Moränengebiet Masuren ist bekanntlich voller Hügel, so dass scheinbar läppische 20 km/h gelegentlich eine richtige Anstrengung bedeuten. Trotzdem benötigen Sie ein normales Tourenfahrrad eher als ein Mountain-Bike.

Bis auf die Eurocity-Züge und einige wenige Expresszüge können Fahrräder mit dem Zug befördert werden, entweder im Gang oder bei längeren Strecken im Gepäckwagen (erkundigen Sie sich beim Fahrkartenkauf, da gelegentlich eine Extragebühr zu entrichten ist). Das Flickzeug sollte man auf die Reise unbedingt mitnehmen, und auch ein gutes Schloss, da Fahrräder gerne gestohlen werden (abends aufs Hotelzimmer mitnehmen oder zumindest an der Rezeption fragen, wohin mit dem guten Stück).

Reiten

Der Reitsport ist in Polen gut organisiert und es gibt zahlreiche Gestüte; die wichtigsten im Nordosten heißen Kadyny und Liski, wo Trakehner oder eng verwandte Rassen gezüchtet werden. Informationen erteilen das Polnische Fremdenverkehrsamt in Berlin sowie die Warschauer Touristeninformation (s. Reiseinfos von A bis Z), aber v. a. der Polnische Reiterverband (Polski

Masuren als Reiseziel

Związek Jeździecki, ul. Cegłowska 68/70, 01809 Warszawa, Tel. 022/834 73 21, 834 26 83, Fax 834 52 28). An die zwei größten Hotels in Masuren – Mrongovia in Mrągowo und Gołębiewski in Mikołajki – sind kleine Gestüte angeschlossen, die Ausritte und Kutschfahrten anbieten. Auch in Olsztyn gibt es einen Betrieb, der »alles um das Pferd« organisiert (Kojrys, Tel. 089/ 523 88 02).

Wassersport

Er stellt für viele den wichtigsten Grund dar, nach Masuren zu kommen. Segeln, Kanufahren und Rudern kann hier auf Hunderten von Seen praktiziert werden. Auch Windsurfen, Motorbootfahren und Wasserski haben ihre eingeschworenen Fans.

Die Segler reizt die Möglichkeit, knappe 100 km über die miteinander verbundenen Seen zurücklegen zu können, d. h. zwischen Węgorzewo (Angerburg) im Norden sowie Ruciane-Nida und Pisz (Johannisburg) am anderen Ende der Seenkette. Auch die Gegend von Iława (Deutsch Eylau) ist unter Seglern sehr beliebt. Die in schier unendlicher Zahl vorhandenen Segelboote gehören Vereinen und Privatpersonen, v. a. aus Warschau, von wo aus man in zwei Stunden anreisen kann. Vielerorts gibt es Anlegestellen mit Stromanschluss, Reparaturwerkstatt und Batterieauflademöglichkeiten am Kai (so in Ruciane, am Guzianka-See, in Mikołajki, Giżycko und Węgorzewo), wo auch Segelboote gemietet werden können. Es wird im Juli/Aug. extrem schwierig sein, ein Segelboot zu mie-

Kanuten auf dem Drewenz-See

Tipps für Ihren Urlaub

Übernachtung in stimmungsvollen Adelsschlössern

Auch wenn die Qualitätsstufe der spanischen Paradores nicht in allen Fällen erreicht wurde, kommt in den letzten Jahren in Polen das Nächtigen in historischem Ambiente nach und nach immer mehr in Mode. Das Flair vergangener Epochen vermitteln das Hohenzollernsche Schloss Kadinen (Hotel Kadyny-Country Club (Tel. 055/231 61 20, Fax 231 62 00; s. S. 67) und das neugotische Schloss der Familie von Albedyhll in Karnity (Karnitten; 1856 erbaut; bei Osterode, Tel. 089/647 34 65, Fax 647 34 64; s. S. 75). Nach und nach mausern sich auch ehemalige Betriebsheime zu eleganten Etablissements, beispielsweise das bereits teilweise sanierte Schloss der von Mirbach-Familie in Sorkwity (Sorquittten; Tel./Fax 089/742 81 89; s. S. 130).

ten; im Juni und Sept. scheint es dagegen kein großes Problem zu sein. Bevor man mietet, überprüft man eventuelle Mängel des Boots, damit sie einem später nicht zur Last gelegt werden. Kochutensilien, ein dicker Schlafsack, Regenzeug und eine Taschenlampe sind ein Muss.

Für die Fahrt ist auch eine gute Karte (s. Karten) unbedingt notwendig, um seichte Gewässer und Steine unter der Wasseroberfläche meiden zu können.

Die Idylle trügt: Plötzliche Wetterumschwünge und hohe Wellen können die Seen sehr gefährlich machen – berüchtigt sind hier vor allem der Śniardwy (Spirdingsee) und der jez. Dobskie (Dobensee). Informationen erteilt der Polnische Seglerverband (Polski Związek Żeglarski), ul. Chocimska 14, 00791 Warszawa, Tel. 022/8 48 04 83, Fax 848 04 82, www.pya.org.pl.

Großer Beliebtheit erfreut sich das Paddeln. Mit Kajaks oder Kanus sind die schönsten Strecken in mehreren Tagesetappen zu bewältigen: Entlang der Krutynia (Kruttinna) von Sorkwity bis zur Mündung in den Bełdan-See sowie entlang der Czarna Hańcza. Genaue Routenvorschläge erfragt man am besten beim Polnischen Kanutenverband (Polski Związek Kajakowy), ul. Ks. Józefa 74a, 30205 Kraków, Tel. 012/427 10 81.

Wandern

Mit einer vor Ort erstandenen Karte (am besten die zweisprachige ›Große Masurische Seen‹ 1:100 000, PPWK Warszawa) können Wanderungen unternommen werden. Masuren durchkreuzen einige markierte Wanderwege, die auch stückweise zurückgelegt werden können. Landschaftlich liegen die schönsten Abschnitte zwischen Krutyń und Pranie (gelbe Markierungen), Sztynort und Giżycko (rot), Mikołajki und Ruciane (rot) sowie an dem gelb markierten Wanderweg von Gołdap an den Seesker Höhen (Wzgórza Szeskie) vorbei, durch den Borkener Wald (Puszcza Borecka) bis nach Wroni an der

Masuren als Reiseziel

Straße Giżycko-Olecko. In der Umgebung von Allenstein ist der schwarz markierte Wanderweg zu empfehlen. Er führt vom Vorort Dajtki den Ukiel- (Okul-)See mit seinen schönen Badestellen entlang über die Dörfer Łupstych und Gutkowo und kehrt nach 18 km zur Stadt zurück. Auch in den beiden östlich Masurens gelegenen Nationalparks (Wanderkarten nicht vergessen!) gibt es reizvolle Wanderwege: Im Wigierski Nationalpark führt der grün markierte, 50 km lange Weg um den ganzen 22 km^2 großen See herum, und im Biebrzański Nationalpark erlaubt der rote Wanderweg von 18 km Länge, ins Herz des Roten Moors (Czerwone Bagno) vorzudringen und sich an der größten Elchkolonie im östlichen Mitteleuropa sowie an Rohrdommel, Löffelente und Doppelschnepfe zu ergötzen.

Masurische Camping- und Zeltplätze

Die Campingplätze sind in drei Klassen gestaffelt; die beste ist Klasse eins, wo mit Restaurants, Sportanlagen etc. zu rechnen ist. Der Preis liegt für einen Tag pro Person mit Zelt und Auto unter 10 €. Auf solchen Campingplätzen locken auch Bungalows zum Übernachten, wenn weit und breit alles nass ist. Neben den Campingplätzen gibt es in Masuren eine Anzahl von Zeltplätzen (miejsca biwakowe), die oft malerisch an Seeufern gelegen sind, aber an zivilisatorischen Errungenschaften wenig mehr als ein Plumpsklo zu bieten haben. Wild zelten sollte man erst, wenn der Grundstücksbesitzer oder der Förster um Erlaubnis gefragt worden ist (meistens mit einer kleinen Geldspende problemlos; s. Campingplätze, S. 205.

In den letzten Jahren sind weitere Gutshöfe zu Pensionen umfunktioniert worden. Genannt seien das noch aus dem 17. Jh. stammende Gutshaus der Familie von der Groeben in Ponary (Ponarien, 12 km östlich von Mohrungen; Dworek Hajda, Ponary 15, 14305 Boguchwały, Tel. 089/757 27 69), der 1731 entstandenen ehemaligen Witwensitz der Fürsten zu Dohna-Schlobitten in Davids, heute Dawidy (Tel. 055/248 60 05; s. S. 73), das Schloss Hermenhagen (Biały Książe, 11200 Osieka 3, Tel. 089/762 12 16; s. S. 99) bei Bartenstein, ferner ein Anwesen vom Beginn des 20. Jh. in Wojciechy (Gartenpungel; 9 km östlich von Miłakowo, bei Włodowo, Tel. 089/619 98 50) oder schließlich das 1998-1999 praktisch neu errichtete Landhaus in Bieniasze (Banners, 4 km nordöstlich von Miłakowo, Tel. 758 71 84).

Empfindet der Reisende mehr ein Faible für das Mittelalter, empfiehlt sich eine stimmungsvolle Übernachtung im Hotel Gregorovius in der Deutschordensburg in Nidzica (Neidenburg: Tel. 089/625 51 93) oder in der Bischofsburg in Reszel (Rössel: Kreativ, Tel. 089/755 02 16; s. S. 112), in denen Künstler nach Musen und Eingebung suchen. Eine Attraktion eigener Art ist eine Nacht in den ehemaligen Einsiedeleien des Kamaldulenserklosters in Wigry, inmitten des Wigierski Nationalparks (Tel. 087/516 42 49; s. S. 158).

UNTERWEGS
IM NORDOSTEN POLENS

Ein Leitfaden für Ihre Masuren-Reise mit vielen Tipps für unterwegs.

Anschauliche Beschreibungen von Städten, Dörfern und Burgen, landschaftlichen Attraktionen und Ausflugszielen.

Masuren erleben: Ausgesuchte Hotels, Landgasthöfe und Restaurants, sportliche Aktivitäten und Freizeitvergnügen.

Kleine Anlegestelle am Mauersee inmitten einer zauberhaften Landschaft

Die Ober-
ländische
Seenplatte

Die Nikolai-
kirche in Elbląg

Masuren-Atlas S. 220, B/3-4, S. 224, B C/1

Die Oberländische Seenplatte

Atlas: S. 220, 224

DIE OBERLÄNDISCHE SEENPLATTE

Elbląg (Elbing) mit seiner wieder aufgebauten Altstadt ist ein idealer Ausgangspunkt zur Erkundung des Westteils der großen Seengebiete. Von hier aus kann man zu einer der größten Attraktionen aufbrechen, der Fahrt auf dem Oberländischen Kanal. Weiter im Süden, dem ›Oberland‹, gilt es, Herders Geburtsstadt Morąg (Mohrungen) zu entdecken und die Schönheit der Seenlandschaft bei Ostróda (Osterode) und Iława (Deutsch Eylau) zu genießen.

Elbląg (Elbing)

Masuren-Atlas: S. 220, B 3

In der Nähe dieses Ort soll der Prager Bischof Adalbert (poln. Wojciech), später der wichtigste polnische und böhmische Heilige, im Jahr 997 mit der Axt erschlagen worden sein. Allerdings liegt vieles im Dunkel der Geschichte. Einige Historiker wollen den Ort des Märtyrertods im Samland sehen und nicht an dem nahe Elbląg gelegenen See Druzno (Drausen-See).

Sicher ist immerhin, dass die jetzige Stadt Elbląg eine Gründung lübeckischer Kaufleute aus dem Jahr 1237 ist. Sie wurde als Hafenstadt am Fluss Elbing angelegt, mit Straßenzügen quer zum Kai, auf den sich die Stadttore öffneten. Der Zugang zum offenen Meer war allerdings beschwerlich; er führte über den Fluss Elbing, das Frische Haff und die Tiefen der Nehrung, die im Mittelalter häufig ihre Lage wechselten. Kein Wunder also, dass das leichter zugängliche Danzig in der Frühneuzeit mehr Handelsschiffe an sich zog und wirtschaftlich attraktiver wurde.

Elbing wurde im 14. Jh. zu der neben Toruń (Thorn) und Danzig reichsten Stadt des Ordenslandes Preußen. Als Hansestadt bedacht auf ihre Autonomie, war sie aber auch gleichzeitig die Wiege der Opposition gegen die Deutschordensritter: 1454 stürmten die Bürger die Ordensburg und ordneten sich der Herrschaft eines weniger restriktiven Landesherrn, des polnisch-litauischen Königs, unter.

Im Laufe der folgenden Jahrzehnte verblasste allmählich der Glanz der Stadt – sie verlor den Konkurrenzkampf gegen Danzig, und 1569 beschnitten die Polen ihre Autonomierechte empfindlich. Schon der polnische König August II. der Starke wollte 1698 die Stadt an Preußen übergeben, tatsächlich preußisch wurde sie aber erst 1772. Die 1837 gegründete Schichau-Werft, das große Lokomotivwerk und die in

Stadtplan: S. 62

Elbląg (Elbing)

ganz Deutschland berühmte Tabakfabrik Loeser & Wolff waren die wirtschaftlichen Vorzeigebetriebe in einer Stadt, die nach der Reichsgründung 1871 einen großen Aufschwung erlebte und in der Zwischenkriegszeit die zweitgrößte Stadt der Provinz Ostpreußen (wenn auch historisch in Westpreußen gelegen) war.

Das Inferno des Jahres 1945 traf also eine elegante Großstadt. Die Kriegshandlungen und die Brände nach dem Einmarsch der Roten Armee überdauerten aber nichts als kümmerliche Ruinen. Die neuen Machthaber verschifften die Trümmer nach Danzig und Warschau. Dort rekonstruierte man die Altstädte, hier in Elbląg wurde der Stadtkern zur grünen Wiese. Erst seit dem Ende der 80er Jahre wird die Altstadt planmäßig wieder aufgebaut (s. S. 60 f.). 1975–98 war Elbląg Woiwodschaftshauptstadt, verlor diese Stellung aber infolge der Verwaltungsreform, bei der die Stadt der Großwoiwodschaft ›Ermland und Masuren‹ zugeschlagen wurde.

Als Hafenstadt ist Elbląg heute nur in sehr eingeschränktem Sinne zu bezeichnen: Die einzige Fahrrinne durch die Nehrung verläuft direkt in der Nähe des russischen Militärhafens Baltijsk (Pillau), was für jedes Transitschiff hohe Zollgebühren und langwierige Formalitäten bedeutet. Die Pläne, eine Fahrrinne durch den polnischen Teil der Frischen Nehrung zu graben, werden wohl noch lange brauchen, um konkretere Formen anzunehmen. Und so wird sich bis auf weiteres die Karriere Elbląg als Hafenstadt auf gelegentliche Tagesfahrten von Tragflächenbooten nach Königsberg (Kaliningrad) beschränken.

Stadtrundgang

Den optischen Mittelpunkt der Stadt und gleichzeitig den Beginn eines kleinen Rundgangs bildet die **Nikolaikirche** 1 (kościół św. Mikołaja) mit ihrem markanten, 95 m hohen Glockenturm, auf den man Ende des 16. Jh. noch eine manieristische Haube setzte. Die große Hallenkirche wurde in mehreren Phasen von ca. 1240 bis zum Ende des 15. Jh. erbaut. 1945 verlor der Kirchenraum sein Gewölbe, das durch eine schlichte Betonschale ersetzt wurde.

Hier bezeugen mehrere spätgotische und frühneuzeitliche *Altäre* aus den zerstörten Kirchen Elblągs das

Bronzetaufbecken in der Nikolaikirche

Die Oberländische Seenplatte

ELBING ODER DANZIG
DIE POLNISCHE DENKMALPFLEGE AM SCHEIDEWEG

Die polnische Denkmalpflege ist aus der Not entstanden. 1945 waren die meisten polnischen und die Polen zugeschlagenen ostdeutschen Städte Trümmerfelder. Der Wiederaufbau in ihrer ursprünglichen Form sollte das Gefühl von historischer Kontinuität vermitteln. Diese war durch die gewaltsame Einpflanzung des verhassten sowjetischen Gesellschaftssystems, bedingt durch den weitgehenden Verlust der von den Nationalsozialisten und Stalinisten gleichermaßen dezimierten Eliten des Landes sowie durch die ungewollte Verschiebung des Staates von Ost nach West arg strapaziert.

An sich waren die polnischen Kunsthistoriker und Denkmalschützer fleißige Schüler des Wieners Alois Riegl, der eine Rekonstruktion nur im äußersten Fall vorsah. Der oberste polnische Denkmalschützer Jan Zachwatowicz konstatierte aber eine Ausnahmesituation, und so begann man Ende der 40er Jahre mit der Rekonstruktion von Warschau, in den 50er Jahren folgten Lublin, Gdańsk (Danzig), Poznań (Posen) und – unvollendet – Wrocław (Breslau).

Der Fall Danzig gibt Auskunft über die Herangehensweise. Existierten genaue Inventarisierungen aus der Vorkriegszeit, so wurde der entsprechende Bau minutiös rekonstruiert. Die Innenräume wurden modernisiert, um in den einstigen Patrizierhäusern Platz für Arbeiterwohnungen zu schaffen. Bei ganzen Straßenzügen fehlte jegliche Dokumentation. Dort entstanden Häuser mit quasibarocken bzw. quasi-Renaissance-Formen, wohl um jene Periode hervorzuheben, in denen die Stadt zu Polen gehörte. Einige sehen das als Geschichtsklitterung, andere schlicht als Bezug auf die Blütezeit der Stadt. Das Ergebnis kann sich jedenfalls sehen lassen.

In den 60er Jahren wurden die ›Werkstätten für Denkmalpflege‹ (PKZ) gegründet, die sich zu einem Industriezweig mit unzähligen Niederlassungen entwickelten. In eigenen Werkstätten ließen sich baukünstlerische Details, Gips- und Stuckteile, schmiedeeiserne Gitter und Balustraden, Zimmermanns- und Schnitzereiarbeiten restaurieren oder rekonstruieren.

Für Nachwuchs sorgte die hoch geschätzte Denkmalpflegerausbildung an der Thorner Universität sowie an den Technischen Hochschulen Warschaus und Krakaus. Polnische Denkmalpfleger arbeiteten häufig in Deutschland (so an der Münchner Residenz, in Sanssouci, in Quedlinburg und Brühl), aber auch in entfernteren Gefilden wie Kambodscha (Bayon in Angkor Thom) und Ägypten (Hatschepsut-Tempel in Theben). Die Wende brachte eine neue Situation. Aus den staatlichen Betrieben wurde eine private Firma; außerdem nutzten viele den

Polnische Denkmalpflege

guten Ruf dieses Berufs und gründeten private Firmen für Denkmalpflege, die nicht immer über das nötige Know-how verfügten. Der Ruhm verblasste schnell.

Für viele der mittelgroßen Städte, die die kommunistische Nachkriegszeit in einem Zustand überdauerten, als ob der Krieg gestern zu Ende gegangen wäre, machte eine Rekonstruktion à la Danzig angesichts der fehlenden Dokumentatio-

Auf altem Grundriss im postmodernen Stil neu erbaut: Häuser in Elbląg

nen, des großen zeitlichen Abstands sowie der neuen marktwirtschaftlichen Realitäten wenig Sinn. So kam man in Elbląg (Elbing) auf die Idee, solchen Städten ihre Stadtkerne wiederzugeben, aber in ganz neuen Formen.

Seit dem Ende der 80er Jahre wird in Elbląg ein Häuserblock nach dem anderen – nach genauen archäologischen Voruntersuchungen – wieder hergestellt. Der Bebauungsplan der Altstadt sieht vor, neben zwölf zum Teil erhaltenen und 50 zu rekonstruierenden Häusern alle weiteren Gebäude in einem der historischen Bebauung nachempfundenen Stil zu errichten. Das Ergebnis mit etlichen Erkerchen, Fachwerkelementen oder geschwungenen Giebeln ist nicht immer gelungen, den gängigen Betonblöcken jedenfalls vorzuziehen.

Elbląg machte Schule: ›neue Altstädte‹ bekommen Kołobrzeg (Kolberg), Głogów (Glogau) und Szczecin (Stettin). Die Einwohner sind glücklich, da sie endlich ein echtes Stadtzentrum zum Flanieren haben, die Fachleute schütteln die Köpfe und die Denkmalpflege ... sie hat hier eigentlich wenig zu suchen. Die wahren Aufgaben liegen in der Provinz, wo Tausende von Schlössern und Gutshäusern – oft in katastrophalem Zustand – auf neue finanzkräftige Besitzer und eine ihnen gerecht werdende Restaurierung warten.

Die Oberländische Seenplatte

Atlas: S. 220, 224

hoch stehende künstlerische Leben, v. a. der ›Malzbräuer-Altar‹ von 1520 in der Kapelle rechts vom Altar. Das *Bronzetaufbecken* in der mittleren Kapelle der Nordseite, ein Werk des Meisters Bernhauser aus dem Jahr 1387, stellt neutestamentarische Szenen dar.

Nördlich der Kirche liegt das einzige gänzlich erhaltene **Renaissance-Haus** Elbląg 2 (ul. Garbary 16), umgeben von postmodernen Neubauten. Diese sind ein Teil des neuen Bebauungsplans der Altstadt.

In der Nähe liegen noch weitere Relikte der einstigen Pracht der Stadt: das **Markttor** 3 (Brama Targowa), 1319–1420, und die **Dominikanerkirche** 4 (dawny kościół dominikański). Ihr karger gotischer Raum dient der landesweit bekannten Galerie für zeitgenössische Kunst ›EL‹ als Ausstellungsraum.

Einen Hauch der ursprünglichen Atmosphäre der Stadt vermitteln die Straßen ul. Św. Ducha und ul. Wigilijna, vor 1945 unter einem gemeinsamen Namen: Heiliggeiststraße.Teilweise wurden hier die **Häuser** 5 (kamienice mieszczańskie) schon nach 1957 und erneut in den 70er Jahren unter Verwendung der erhaltenen Renaissance-Fassaden (ul. Wigilijna 3, 18) rekonstruiert. Ebenfalls wieder aufgebaut und zu einer Bibliothek umgewidmet wurde das gotische **Spitalgebäude des Hl. Geistes** 6 (dawny kościół i szpital Św. Ducha) aus dem 14. Jh. Es erinnert dar-

Stadtplan: S. 62

Elbląg (Elbing)

Sehenswürdigkeiten
1. Nikolaikirche
2. Renaissance-Haus
3. Markttor
4. Ehem. Dominikanerkirche
5. Häuser Heiliggeiststraße
6. Spitalgebäude des Hl. Geistes
7. Elbinger Museum
8. Fronleichnamskirche

Übernachten
9. Elzam
10. Żuławy
11. Sowa

Essen & Trinken
12. Restaurants im Elzam
13. Centralna im Sowa
14. Słowiańska
15. Myśliwska

an, dass in Elbing der ›Oberste Spittler‹ des Deutschen Ordens residierte, dem die Krankenpflege in Preußen oblag.

Von der riesigen Deutschordensburg – immerhin Sitz des Landmeisters 1250–1309/1324 – blieb allerdings äußerst wenig übrig. Die Elbinger, die nach 1454 die Burg schleiften, wollten nicht nur das Symbol des verhassten Regimes beseitigen, sondern auch gleichzeitig verhindern, dass der polnische König hier seine Garnison einsetzte. Nur zwei Gebäude, in denen heute das **Elbinger Museum** 7 (Muzeum Elbląskie) untergebracht ist, entgingen dem Abbruch. Hier verbergen sich wahre Schätze, die Ergebnisse der über 20jährigen Ausgrabungen in der Stadt. Wachstäfelchen für Kinder zum Schreibenlernen, phantasievolle englische Pfeifen, farbenfrohe spanische Majoliken vergegenwärtigen den einstigen Reichtum der Stadt und ihre internationalen Kontakte.

Die sehenswerte **Fronleichnamskirche** 8 (kościół Bożego Ciała) besitzt an den Außenwänden einen Buchstabenfries, ähnlich wie in der Vorhalle zum Frauenberger Dom, in dem das Datum der Vollendung der Kirche – 1405 – verewigt wurde.

ul. Czerwonego Krzyża 2, Tel./Fax 055/232 42 34, touristinfo@wp.pl.

 Hotel Elzam 9, pl. Słowiański 2, Tel. 230 61 91, Fax 232 40 83. Bestes Hotel am Ort, Zimmerpreis variiert, daher kein Zimmer im letzten Stockwerk nehmen. Der Westblick ist schöner. DZ 250-300 zł.
Hotel Żuławy 10, ul. Królewiecka 126, Tel./Fax 234 57 11. Günstige Alternative zum oft vollen Elzam. DZ 200 zł.
Hotel Sowa 11, ul. Grunwaldzka 49, Tel. 233 81 13. In der Nähe der Bahnhöfe, vor kurzem gründlich renoviert. DZ 145-265 zł.
Campingplatz: ul. Panieńska 14, Tel. 232 43 07. In Altstadtnähe.

Restaurants im **Hotel Elzam** 12, gehobene polnische Küche, **Europejska,** 28-98 zł., und ein chinesisches Restaurant **China Town,** Tel. 232 69 30. 10-45 zł.
Restauracja Centralna 13, Im Hotel Sowa. Verfügt über das polnische Standardangebot. 8-12 zł.
Restauracja Słowiańska 14, ul. Krótka 4, Tel. 232 42 78. Die reichhaltige Speisekarte der altpolnischen Küche bietet verführerisch Deftiges; hier empfehlen sich Aalsuppe, eine Sauermehlsuppe oder auch mit Äpfeln gebratene Ente. 9-50 zł.

Die Oberländische Seenplatte

Atlas: S. 220, 224

Myśliwska 15: Im Park Bażantarnia (Vogelsang), ul. Marymoncka 2, Tel. 2342061. Inmitten des schönsten Parks von Elbing gelegen und im Sommer mit einer Terrasse aufwartend, auf Wildgerichte spezialisiert. 12-68 zł.

Internationales Festival der Orgelmusik in der Nikolaikirche, Juli-Aug.

Muzeum Elbląskie, Bulwar Zygmunta Augusta 11, Tel. 232 72 73: Di-Sa 8-16, So 10-16 Uhr; ein zweites Gebäude daneben in ul. Zamkowa.
Galerie EL, in der Dominikanerkirche, Mo-Sa 10-18, So 10-17 Uhr.

Bus- und **Fernbahnhof** liegen gut 1 km östlich der Stadtmitte direkt nebeneinander.

Oberländischer Kanal

Masuren-Atlas: S. 220, B3-C4, 224, C1
Wer die Szene aus dem Film ›Fitzcarraldo‹ von Werner Herzog, in der ein Schiff über Land gezogen wird, für eine Vision des Filmemachers hielt, wird sich während eines Ausflugs auf dem Oberländischen Kanal (Kanał Elbląski) bei Elbląg eines besseren belehren lassen müssen. Auf einer Strecke von ca. 10 km wird das Schiff fünfmal auf eine Lore verladen und mit einem Seil gezogen, um so die ›geneigten‹ oder ›schiefen Ebenen‹ mit insgesamt 99,5 m Höhenunterschied zu überwinden. Für den Transport der Schiffe bedient man sich zweier oben offener Leiterwagen, die an einem endlosen Seil befestigt sind und auf Schienen gegenläufig leer oder beladen die Ebene hinauf- oder herunterfahren. Die Zugkraft des Seiles wird über ein Wasserrad erzeugt. Ein Transportvorgang dauert etwa 15 Min., ist absolut umweltfreundlich und geräuschlos. Der Oberländische Kanal ist ein unver-gessliches Erlebnis und ein ›Muss‹ auf jeder Masuren-Reise.

1844-60 wurden vier geneigte Ebenen errichtet, 1874-81 die ursprünglichen fünf hölzernen Schleusen zur jüngsten Ebene im heutigen Całuny Nowe (Kußfeld) umgewandelt. Insgesamt verläuft der Kanal 80 km bis Ostróda und von dort weitere ca. 50 km bis nach Iława (Deutsch Eylau). Nach 1945 wich die wirtschaftliche Nutzung ausschließlich dem touristischen Verkehr.

Die Fahrt auf dem Kanal startet morgens früh um 8 Uhr, jeweils ein Schiff

Besichtigungstipp

Die meisten organisierten Gruppen verlassen das Schiff in Buczyniec, des Mittagessens wegen und weil sich nur hier eine der schiefen Ebenen mit dem Auto direkt erreichen läßt. Hier kann auch das Maschinenhaus besucht werden. Hat man keine Zeit für einen Tagesausflug, sollte man vor 12 Uhr hierher kommen (von Elbing kommend, in Morzewo von der Hauptstraße nach rechts abbiegen, dann Richtung in Drulity rechts ab und nach mehreren hundert Metern in einen ungeteerten breiten Weg links einbiegen), um den Vorgang des Schiffhebens zu beobachten - ein unvergessliches Erlebnis.

Atlas: S. 220, 224 **Oberländischer Kanal/Am Frischen Haff**

Schiffsverkehr am Oberländischen Kanal

fährt in Elbląg und ein zweites in Ostróda ab. Die Reise ab Elbląg geht über den Druzno-(Drausen-) See, den 3 m tiefen einstigen Teil des Frischen Haffs, in dessen Naturschutzgebiet 180 Vogelarten leben. Danach beginnt die ›Landpartie‹ und endet gegen Mittag bei der letzten Ebene in Buczyniec (Buchwalde). Weiter gibt es ›nur‹ einsame Seen und Schleusen, Rohrdommeln und Eisvögel, bevor man – leicht ausgehungert – abends Ostróda erreicht.

Fahrt über den **Oberländischen Kanal** (Kanał Elbląski): Saison 1.5.–15.9., Abfahrt 8 Uhr vom Bulwar Zygmunta Augusta (auf Höhe der Nikolaikirche); Reservierung: Im Büro der Reederei auf dem Campingplatz, Tel. 232 43 07, oder mit Aufpreis im Reisebüro im Hotel Elzam, Tel. 232 51 58, 232 73 73, oder im Portour, ul. 1 Maja 30, Tel./Fax 232 73 73.

Am Frischen Haff

Masuren-Atlas: S. 220, A 2, B 2, C 1, 2
Der Blick schweift über Wiesen und eine weite Wasserfläche, die nur selten von anderen Schiffen als Fischerbooten befahren wird. Am Horizont ein Streifen bewaldeten Landes, dahinter erst das offene Meer. Hinter dem Ort Suchacz (Succase), von einem Parkplatz im Endmoränengebiet der Elbinger Anhöhen (Wzniesienie Elbląskie; 196 m) aus, ist der Blick auf das Frische Haff oder Zalew Wiślany (also im polnischen Weichsel-Haff) und auf die Frische Nehrung (Mierzeja Wiślana) am weitesten.

Benachbart liegt der Ort **Kadyny** (Kadinen oder Cadinen) mit dem Schloss des letzten deutschen Kaisers Wilhelm II., das auf den Grundmauern eines älteren Vorgängerbaus im neubarocken Stil um 1900 errichtet wurde.

Die Oberländische Seenplatte

DEUTSCHER ODER POLE
DER ASTRONOM NIKOLAUS KOPERNIKUS

»Wstrzymał słońce, ruszył ziemię, polskie go wydało plemię«, diesen Satz, in dem der große Kopernikus – Mikołaj Kopernik –, der die Sonne anhielt und die Erde in Bewegung setzte, gepriesen wird, kann jedes Kind in Polen auswendig. Der Stamm der Polen hätte ihn hervorgebracht, heißt es dort, und jegliche sachliche Diskussion über seine Herkunft wird schwierig, da sofort ein Angriff auf nationale Heiligtümer gewittert wird. Es gab Zeiten, wo auch deutscherseits die ›Wahrheit‹ über Kopernikus' nationale Wurzeln zum Dogma wurde. 1939 setzten die Deutschen auf die polnische Tafel am Kopernikus-Denkmal in Warschau eine Platte zu Ehren des ›großen deutschen Astronomen‹ und drohten jedem mit der Todesstrafe, der sie zu entfernen wagte.

1473 in Thorn an der Weichsel geboren, studierte Kopernikus in Krakau, Bologna, Padua und Ferrara. Nach seiner Rückkehr in den Norden wurde er Domkanoniker und Sekretär seines Onkels, des ermländischen Bischofs Lukas von Watzenrode und lebte abwechselnd in Lidzbark Warmiński (Heilsberg im Ermland), Olsztyn (Allenstein) und Frombork (Frauenburg). In seinem Todesjahr erschien in Nürnberg sein Hauptwerk ›De revolutionibus …‹ (›Sechs Bücher über die Umläufe der Himmelskörper‹), das eine Abkehr von der bis dahin geltenden Theorie des Ptolemäus mit der Erde als dem Mittelpunkt des Weltalls bedeutete. Damit ist Kopernikus der Vater der modernen Astronomie.

Im ersten Streit um Kopernikus ging es um das kirchliche Dogma, das die Erde zum Weltzentrum erklärte. Der Vatikan setzte Kopernikus' Werk auf die Liste

Zum Ensemble gehören weitere Wohn- und Wirtschaftsgebäude, die heute ein elegantes Hotel beherbergen. Unter den Gästen sind auch Pferdeliebhaber, denn ein großes Gestüt mit 160 Pferden der mit den Trakehnern verwandten großpolnischen Rasse macht es möglich, hier den Urlaub im Sattel oder auf der Kutsche zu verbringen.

Über die ›Tausendjährige Eiche‹, im Inneren stark ausgehöhlt und vermutlich wesentlich jünger, verkündet die Sage, dass sie vom Besitzer Kadinens Johann von Baisen (Jan Bażyński) gepflanzt wurde, dem Anführer des Aufstandes von 1454 gegen den Deutschen Orden und Befürworter des Anschlusses des Deutschordensstaates an Polen.

Auf dem Weg ins Landesinnere empfiehlt es sich, das Dorf **Łęcze** (Lenzen) aufzusuchen, und zwar wegen der ›Vorlaubenhäuser‹. Dieser Bautypus war im Weichselwerder unter den holländischen Siedlern weit verbreitet. Das weit vorspringende, mit Säulen abgestützte Obergeschoss erlaubte es, mit einem Wagen unter die Laube zu fahren, damit das Getreide direkt in die

Nikolaus Kopernikus

der verbotenen Bücher und ging hart gegen seine Nachfolger Galileo Galilei und Giordano Bruno vor. Nachdem die Kirche aber 1828 offiziell die Lehre Kopernikus' anerkannt hatte, entbrannte nun der zweite Streit, in dem es um die Frage der Abstammung des Gelehrten ging. Die Polen, die sich schon in der ersten Hälfte des 19. Jh. von Bertel Thorvaldsen ein Kopernikus-Denkmal in Warschau errichten ließen, argumentierten mit der politischen Zugehörigkeit Thorns und des Ermlands zu Polen, dem Studium des Astronomen in der polnischen Hauptstadt sowie dem Umstand, dass er in der Burg Allenstein Kriegsvorbereitungen gegen den Deutschen Orden getroffen hat. Die Deutschen verweisen auf die drei Briefe, die Kopernikus auf deutsch verfaßt hat, sowie auf die Tatsache, dass die oberen Schichten des Ermlands und Thorns damals in der überwiegenden Mehrheit Deutsche waren.

Nikolaus Kopernikus, zeitgenössisches Bildnis

Hier wird wieder einmal aus den Positionen unserer Zeit argumentiert, in der Nationalstaaten der Normalfall sind. Das polnisch-litauische Doppelreich wurde aber von einem bunten Völkergemisch bewohnt. Es war zu Lebzeiten Kopernikus' kein Widerspruch, dass dieser sich, eventuell mit Deutsch als Muttersprache, als loyaler Bürger des polnischen Staates empfand. Er schrieb in Latein, in der Sprache Europas, wie damals viele andere auch. Ohnehin wäre es für Kopernikus vermutlich sehr amüsant – und auch unverständlich –, für welche Zwistigkeiten und Rivalitäten seine Person als Vorwand dienen musste.

Laube verladen werden konnte. Die schönsten Vorlaubenhäuser gibt es in Marynowy (Marinau), Trutnowy (Trutenau) und in Lipce, einem Vorort Danzigs.

Kadyny (Tolkmicko): Hotel Kadyny-Country Club, Tel. 055/231 61 20, Fax 231 62 00. Gut ausgestattetes Luxushotel mit Pool. DZ 270-395 zł.

Restaurant des **Hotels Kadyny-Country Club,** Tel. 231 61 20. In einer alten Brennerei neben dem Hotel; auf polnische, deutsche und englische Küche spezialisiert, auch wenn das hervorragende Fleisch-Fondue zu keiner dieser nationalen Küchen gehört. 20-50 zł.

Oberża Cesarska, Tel. 231 62 31. Ca. 100 m vom Schloss, an der Straße nach Tolkmicko liegt das neue, sehr gelobte Restaurant. 20-50 zł.

Frombork

Masuren-Atlas: S. 220, B 2
Der **Domhügel** von Frombork (Frauenburg) kündigt sich schon aus der Ferne an. Der Komplex der von Wehrmauern umgebenen Kathedrale ist zweifelsoh-

Die Oberländische Seenplatte

Atlas: S. 220, 224

> ## Ausflug in die alte Hauptstadt Ostpreußens
>
> Ein Tagesausflug in das 90 km nordöstl. gelegene **Königsberg (Kaliningrad)** gleicht einer Zeitreise. Einerseits bietet er die Gelegenheit, die Reste der alten Pracht – den Dom oder die Stadttore – zu bewundern, andererseits erschüttert der Anblick dieser durch den Krieg und jahrzehntelange Vernachlässigung gezeichneten Stadt, in die die Nach-Wende-Zeit anders als in Polen noch kaum Einzug gehalten hat.
>
> Ein Tragflächenboot startet tägl. an der Anlegestelle nördlich jener, von der die Schiffe zum Oberländischen Kanal abfahren, um 7.30, Rückfahrt 20.15 (in Kaliningrad An 11.45, Abfahrt 18 Uhr russischer Zeit). Entweder beschafft man sich schon daheim ein Visum, oder beantragt es sechs Tage im voraus bei der Platzreservierung im Reisebüro Varius Tur, ul. Wyczółkowskiego 3, Tel. 055/239 43 35, Fax 239 43 34, varius@elblag.com.pl, oder in Żegluga Gdańska, Tel. 055/232 73 19, Fax 232 60 87 (erforderlich: Passfotos, Kopie der Passseite mit dem Foto).

ne der touristische Höhepunkt des Ermlands, neben dem das am Fuße des Hügels am Haff gelegene Städtchen nur eine Nebenrolle spielt.

Der Haupteingang in den Dombezirk führt durch den Doppelturm im Süden, dem eine Bastion, von der nur noch die Fundamente übriggeblieben sind, vorgelagert war. Nachdem das Auto offiziell geparkt ist – kein unnützer Hinweis angesichts des übereifrigen Rufs, den die hiesige Polizei genießt – löst man am Tor die Karten für den Turmaufstieg, den Eintritt in ein kleines Museum und den Dombesuch. Es ist übrigens zum ersten Mal der Fall – aber vermutlich nicht zum letzten –, dass die Besucher einer Kirche in Polen zur Kasse gebeten werden.

Im Hof vor dem Dom gewahrt man die Einmaligkeit dieses Ensembles. Die Wehrmauern umgeben einen großen, lang gezogenen, fünfeckigen Platz. Jeder Turm weist eine andere Form auf, was aber angesichts der langen Bauzeit vom 14. Jh. bis zur Mitte des 16. Jh. kaum verwundert. Nach den Kriegsschäden von 1945 wurden Teile der Mauern und Türme wieder hergestellt, nicht aber die an sie anschließenden, im Laufe der Jahrhunderte hinzugekommenen Wohnbauten, so dass sich die gesamte Anlage heutzutage ›gotischer‹ als vor dem Krieg präsentiert.

In der Südwestecke der Mauer steht der Radziejowski-Turm, eigentlich eine massige Bastei, der man einen Turm aufsetzte, welcher wiederum im 17. Jh. mit einer barocken Turmhaube bekrönt wurde. Im Turminneren schwingt ein Foucaultsches Pendel, das die Erdumdrehung empirisch beweist.

Frei stehend, mitten auf der grünen Wiese, erhebt sich der 1330–88 erbaute **Dom.** Die lang gezogene Halle besitzt keinen Turm, wenn man von den Ecktürmchen, die die Westfassade zie-

Am Frischen Haff/Frombork

Frombork, Blick auf den Dom, die Stadt und das Frische Haff

ren, einmal absieht. Auffallend ist der von einem Arkadenfries umgebene Dreiecksgiebel.

Ein Augenschmaus ist die Vorhalle. Ihre Wände sind mit Putzdekor bedeckt, das an Fischschuppen erinnert und von einem Schriftfries aus Terrakottaplatten umrahmt wird. Die Gewölberippen sind gänzlich skulptiert. Am Hauptportal aus gotländischem Granit und Stuck sind u. a. die Klugen und die Törichten Jungfrauen sowie an den äußeren Bögen Fabelwesen und Dämonen dargestellt. Letztere sollten einst das Böse von der Kirche fernhalten.

Mit dem imposanten Äußeren kann das *Kircheninnere* nicht recht mithalten. Die verschiedenen Ausstattungselemente wollen nicht zueinander passen, die kräftigen Farben, mit denen die Pfeiler im 19. Jh. bemalt wurden,

Das schönste Panoramabild der Reise

Der mühsame Aufstieg im Radziejowski-Turm auf einer modernen Treppe rund um das Pendel wird mit einer ungeheuer weiten Aussicht belohnt. Der Blick streift über den Dombezirk, ergattert eine Momentaufnahme aus dem Leben einer Storchenfamilie in ihrem Nest, schweift weiter über das Städtchen und das Haff bis hin zur Frischen Nehrung, wo man im Dunst am Horizont die nah-fernen Städte zu erkennen glaubt: Pillau (Baltijsk) und Königsberg (Kaliningrad).

Die Oberländische Seenplatte

Atlas: S. 220, 224

Frische Nehrung bei Krynica Morska

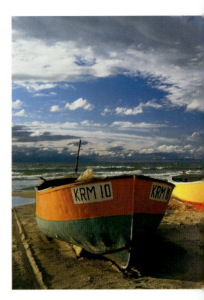

wirken aggressiv. Von der ursprünglichen *Ausstattung* der Kirche ist ohnehin wenig übrig geblieben: 1626 soll der Schwedenkönig Gustav Adolf eigenhändig die Eingangstür zerschlagen haben, um seiner Soldateska das Zeichen zum Plündern zu geben. Nur Teile des *Hauptaltars,* heute an die Nordwand angelehnt, mit einer Madonna auf der Mondsichel blieben erhalten (1504). Der Rest der Ausstattung stammt aus der Zeit nach dem Schwedeneinfall, darunter alle 14 barocken Seitenaltäre.

Beim genaueren Hinschauen entdeckt man im Dom noch viele interessante Kunstwerke. Die von Georg Nitrowski aus Danzig 1683/84 konstruierte *Orgel* ist sowohl ein Kunstwerk mit beweglichen Figuren als auch ein hervorragendes Musikinstrument. Ihr Klang wird durch eine zweite kleine Orgel an der Südwand neben dem Chor verstärkt. Die häufigen Orgelpräsentationen (15 Min. Dauer) sollte man nicht versäumen.

Eher kurios sind zwei *Grabplatten* aus dem 18. Jh. zu nennen, auf denen ein Gerippe mit einer Sanduhr und einer Rose – Todessymbole nach dem Spruch »heute rodt, morgen dodt« – die mangelhaften anatomischen Kenntnisse des Künstlers offenbart. Die Grabplatte des Bischofs Adam Konarski (Nordwand, nah am Chor) aus dem Jahr 1686 ist ein Jugendwerk Andreas Schlüters (ca. 1660–1714). Dieser vermutlich gebürtige Danziger wurde vom polnischen König Jan III. Sobieski ›entdeckt‹ und nach Warschau verpflichtet, wo er einige Werke, so die Giebel des Krasiński-Palais, schuf. Der Große Kurfürst, Friedrich Wilhelm I., warb ihn ab, und so wurde Schlüter – bekannt durch das Berliner Schloss und das Zeughaus mit den Masken der sterbenden Krieger – zum wichtigsten barocken Bildhauer Norddeutschlands.

Eine am Nordostpfeiler angebrachte Gedenktafel aus dem 18. Jh. zu Ehren Kopernikus' erinnert an den genialen Astronomen, »dessen Name und Ruhm Himmel und Erde erfüllte« und der in Frauenburg etwa 40 Jahre seines Lebens bis zu seinem Tod 1543 verbrachte (s. S. 66 f.). Seine Himmelsbeobachtungen betrieb Kopernikus von seinem Wohnhaus außerhalb des Dombezirks aus, an-

Am Frischen Haff/Frombork

Frombork besitzt einen kleinen Hafen, von dem aus häufig Schiffe zum Badeort **Krynica Morska** (Kahlberg) an der Frischen Nehrung verkehren. Die Nehrung weckt düstere historische Erinnerungen: Nahe bei ihrem westlichen Ende lag das **KZ Stutthof** (Sztutowo), in dem seit 1939 die polnische Elite aus Westpreußen inhaftiert und ermordet wurde. 1944 funktionierte man wegen der ›Überfüllung‹ von Auschwitz Stutthof zu einem Vernichtungslager um, so dass die gesamte Zahl der hier Umgekommenen ungefähr bei 80 000 liegt. Es mutet gespenstisch an, dass im irrationalen Rassenwahn NS-Deutschlands die Juden sogar von der griechischen Insel Rhodos mit großem Aufwand hierher transportiert wurden, um vergast zu werden. Das Ganze geschah im Sommer 1944, als die russische Front bereits kurz vor Warschau stand.

Einige Monate später waren Haff und Nehrung Bühne für die tragische Flucht der ostpreußischen Zivilbevölkerung. In die Tausende geht die Zahl derer, die hier damals erfroren, durch Bomben umkamen oder den anschließenden Racheakten der Roten Armee und des stalinistischen NKWD zum Opfer fielen.

Heute mutet die Gegend friedlich an. Krynica Morska gilt als der Ort mit einem der breitesten Strände der Ostsee. Verglichen mit der Gegend von Danzig ist das Wasser noch sauber und lädt zum Baden ein.

ders als es manche Lokalführer, die auf einen quadratischen Befestigungsturm hinweisen, stolz verkünden. Als Domkanoniker fand er im Dom seine letzte Ruhe. Allerdings ist die genaue Lage der Grabstätte nicht festzustellen.

Das unterhalb des Domhügels liegende Städtchen hat nicht allzuviel zu bieten. Das moderne Denkmal des hier allgegenwärtigen Kopernikus, der frühneuzeitliche Wasserturm und einige Souvenirläden prägen das Bild. Das Museum für alte Medizin reizt wegen seines Raumes: Es ist im originalen Gebäude des Hl.-Geist-Spitals untergebracht, dessen Krankenkapelle eine sonderbare Darstellung des Jüngsten Gerichts (1423–26) ausschmückt.

ul. Elbląska 2, Tel. 055/243 75 00, Fax 243 73 54; ul. Młynarska 5, Tel. 244 06 60.

Die Oberländische Seenplatte

Atlas: S. 220, 224

Kopernik, Kościelna 2, Tel. 243 72 85, Fax 243 73 00. Unter dem Domhügel gelegen. DZ 75-140 zł.
Jugendherberge, ul. Elbląska 11, Tel. 243 74 53, ganzjährig geöffnet.
Campingplatz, ul. Braniewska 14, Tel. 243 73 68. An der Straße nach Braniewo.

Zwei Restaurants am Domhügel: **Akcent**, ul. Rybacka 4, Tel. 243 72 75. Spezialität Zander in Sahne. 7-12 zł., und **Kopernik**, ul. Kościelna 2, Tel. 243 72 85, 14-25 zł.
Krynica Morska: Restaurant **Morska**, ul. Bosmańska 1, Tel. 055/47 60 17. Frischer Fisch. 7-30 zł.

Im Sommer gibt es im Dom zu Frombork häufig Orgelkonzerte.

Ausflugsdampfer vom Hafen in Frombork aus nach Krynica Morska, gelegentlich auch Tragflächenboote (Abfahrtszeiten in der Information zu erfragen).

Dom: Mo-Sa 9.30–17 Uhr; Glockenturm: Mo-So 9.30–18 Uhr.
Museum für alte Medizin (Muzeum Starej Medycyny): ul. Stara, April-Sept. Di-So 9-17 Uhr.

Etwa alle 3 Std. **Züge** zwischen Frombork und Elbląg, von wo aus man weiter nach Danzig reisen kann. In Richtung Olsztyn oder Lidzbark Warmiński gibt es nur zwei **Busse** am Tag.

Braniewo

Masuren-Atlas: S. 220, C 2
Bis vor kurzem noch war Braniewo (Braunsberg) ein verschlafenes Nest am Ende der Welt. 6 km weiter verlief die bis in die 1990er Jahre hermetisch abgeriegelte polnisch-russische Grenze. Der kümmerliche Zoo hinter der Katharinenkirche mit hier exklusiv zu bewundernden Exoten wie Zebras und Dingos war ein Inbegriff provinzieller Einöde. Nach der Grenzöffnung und der Privatisierung der Brauerei tut sich hier heute wesentlich mehr.

Auch das Aussehen der Stadt verändert sich schnell. Wenig erinnert noch an die Blütezeit im 15. und 16. Jh. – immerhin war Braniewo Hansestadt und erste Residenz der ermländischen Bischöfe mit einem großen Hafen an der Passarge (Pasłęka), die etwa 10 km weiter ins Frische Haff mündet. 1565 entstand hier unter Kardinal Hosius das erste Jesuitenkolleg in Polen, von dem aus die schließlich erfolgreiche Rekatholisierung (Polen war zeitweilig im Begriff, protestantisch zu werden) betrieben wurde.

Die Stadt büßte ihre Bedeutung ein, als sie im 17. und 18. Jh. in die Nordischen Kriege einbezogen wurde – die mächtigen Befestigungsbastionen halfen hier nur wenig. Der Durchstoß der Roten Armee zum Haff 1945 und die Kämpfe im ›Heiligenbeiler Kessel‹ verwandelten schließlich die Stadt in einen großen Trümmerhaufen. Von der Katharinenkirche blieben allein die Wände und die dicken achteckigen Pfeiler unzerstört, die frei stehend im Laufe der Zeit allmählich von der Lotrechten abwichen. Die Rekonstruktion der Kirche ließ einen kargen Raum wiederentstehen, in dem man die Qualität der Architektur – ohne Ablenkung durch das häufige barock-schnörkelhafte Beiwerk – besser wahrnehmen kann. Es beeindrucken die Proportionen der dreischiffigen Halle und die kunstvollen Muster im Gewölbe: in jedem Joch bilden die Rippen ganze vier vier-zackige Sterne.

Mehr als die Türme der Stadtmauer, die Reste der Bischofsburg oder einer Kirche (kościół Trójcy Świętej), an deren Entwurf Karl Friedrich Schinkel beteiligt war, lohnt ein Besuch in der Hl.-Kreuz-Kirche (kościół Św. Krzyża), am Rande der Stadt in Richtung Haff gelegen. Ein von den Schweden 1701 angeschossenes Bild fing, so will es die Legende, zu bluten an, was zur Folge hatte, dass es für wundertätig erklärt wurde. Die Kirche ist ein reizvoller Zentralbau mit einer auffallend niedrigen Kuppel.

 Warmia: ul. Gdańska 44–46, Tel./Fax 243 39 07. DZ 160 zł.

Jakubowa: ul. Gdańska 44–46, Tel. 055/243 39 07. Hervorragende hausgemachte Piroggen. 8-16 zł.

Von Pasłęk nach Ostróda

Masuren-Atlas: S. 220, B3, S. 224, C1
Der deutsche Name des Städtchens **Pasłęk** – Preußisch Holland – erinnert an die niederländischen Siedler des 14. Jh. Vor allem seit dem 16. Jh. machten sie das Land urbar und brachten das technische Know-how mit – Windmühlen, Deiche, Schleusen –, das die Trockenlegung der überschwemmten oder unter dem Meeresspiegel liegenden Gebiete erlaubte. Gemessen daran, daß Preußisch Holland bis 1945 zu den schönsten Städten Ostpreußens zählte, ist sein heutiger Anblick eher trostlos. Nur vereinzelt ragen Überreste der alten Bebauung aus der Eintönigkeit der Betonblöcke heraus: das Rathaus mit Gerichtslaube, d. h. einer offenen Arkade an der Vorderfront, die stark umgebaute Deutschordensburg, Teile der Stadtmauer sowie die gotische Pfarrkirche.

Der Krieg hinterließ seine Spuren auch im nahen **Słobity.** Das 1696–1723 von Joachim Ludwig Schultheis von Unfrieds erbaute Schloss Schlobitten ist 1945 abgebrannt und heute nur noch eine imposante Ruine, von der die Natur langsam Besitz ergreift. Weitere zerfallene Schlösser gibt es weiter östlich in **Karwiny** (Karwinden) und **Gładysze** (Schlodien; 1702–04 von Jean de Bodt errichtet). Etwas Hoffnung, dass manche von ihnen noch gerettet werden können, schöpft man im Ort **Dawidy** (Davids; 8 km westlich von Słobity), dessen um 1730 erbautes Gutshaus, ein ehemaliges Vorwerk Schlobittens, als privates Hotel wiedererrichtet wurde.

Das nächste Ziel ist **Morąg,** eine kleine Stadt mit dem üblichen ›Repertoire‹: ein gotisches Rathaus, eine bis zur Unkenntlichkeit umgebaute Ordensburg, eine sehenswerte Pfarrkirche in Backsteingotik und Reste einer Stadtmauer. Dies erklärt keineswegs, warum Richard von Weizsäcker 1990 bei seinem Staatsbesuch darauf beharrte, das Städtchen mit dem deutschen Namen Mohrungen aufs Programm zu setzen. Eine kleine Büste neben der Kirche liefert die Antwort. Hier stand das Haus, in dem *Johann Gottfried Herder*

Die Oberländische Seenplatte

Atlas: S. 220, 224

Johann Gottfried Herder, Büste in Morąg (Mohrungen). Nachguss der 1855 geschaffenen Skulptur

(1744–1803) als Sohn des örtlichen Lehrers, Küsters und Kantors das Licht der Welt erblickte (ul. Herdera).

Der Philosoph war fasziniert vom Volkstum der slawischen und baltischen Völker, deren Lieder er sammelte. Seine Auffassung, dass auf die Entstehung einer Sprache und Kultur die geografischen Bedingungen (Landschaft, Klima) einwirken, übernahm die erst wesentlich später als Wissenschaft entwickelte Ethnologie. Aufgrund seiner ›Slawophilie‹ eignet sich Herder hervorragend, Identifikationsfigur für die deutsch-polnische Aussöhnung zu werden.

Dem Wirken des Philosophen ist eine ständige Ausstellung im Dohna-Schlösschen, heute eine Filiale des Olsztyner Museums, gewidmet. Beachtenswert in diesem schlichten barocken Bau, der nach den Kriegsschäden erst Anfang der 1980er Jahre wiederhergestellt wurde, ist eine Sammlung holländischer Porträtmalerei (u. a. Werke der Brüder Honthorst, von Pieter Nason und Caspar Netscher), die aus dem benachbarten, 1945 zerstörten Schloss Reichertswalde (Markowo) stammt. Auch Möbelstücke und Kunsthandwerk aus Barock, Biedermeier und Jugendstil sind hier, nach Epochen geordnet, ausgestellt.

Der wichtige Ferienort **Ostróda** (Osterode) liegt am Jezioro Drwęckie (Drewenz-See) und zieht allsommerlich Scharen von Liebhabern aller möglichen Wassersportarten an. Segel- und Kanufahrten, Spaziergänge entlang des Sees, Ausflüge in die Wälder zum Pilzesammeln, Baden in den unzähligen menschenleeren Seen stehen hier auf dem Programm.

Die Geschichte holt uns bei der *Ordensburg* wieder ein. Hier wurde 1341 die letzte Komturei des Deutschen Ordens gegründet und danach eine große quadratische Burg erbaut (eine Komturei ist ein Verwaltungsbezirk des Deutschordensstaates, in dem der Komtur die ganze politische, religiöse

> **Besichtigungstipp**
>
> Ein weiteres Kunstobjekt Ostródas ist wesentlich kleiner: Eine Pietà in der neugotischen katholischen Kirche (kościół Niepokalanego Poczęcia NMP, ul. Sienkiewicza) aus dem 14. Jh. Mit ihrem vom Schmerz gezeichneten Gesicht zählt diese Marienfigur zu den eindrucksvollsten Beispielen der Schnitzkunst im alten Deutschordensland.

und wirtschaftliche Macht innehatte). Der schier ewig dauernde Wiederaufbau der 1945 völlig abgebrannten Anlage nähert sich anscheinend nun doch dem Ende, wobei sein Schneckentempo immer wieder die Restaurierung des bereits Restaurierten nötig machte. Wann endgültig die vorgesehenen Institutionen – darunter ein Museum für Stadtgeschichte – einziehen werden, steht in den Sternen. Einstweilen probt hier unüberhörbar das Blasorchester der freiwilligen Feuerwehr.

 ul. Jana Pawła II. 3, Tel. 646 85 66.

 Pasłęk: Kormoran, ul. Westerplatte 8, Tel. 055/248 31 19. DZ 60-70 zł.
Dawidy: Gutshaus, an der Straße Pasłek-Młynary, 8 km nördl. von Pasłęk, Tel. 055/248 60 05, 06 92 77 53 86. DZ 160 zł.
Godkowo: Młyn Klekotki, 14-047 Godkowo, Tel./Fax 055/249 00 00, klekotki@polbox.com.pl. Die südlich vom Ort Godkowo (zwischen Pasłęk und Orneta) gelegene ehemalige Wassermühle verfügt über 32 stilvolle Zimmer und Appartements, DZ 216-450 zł., sowie ein herausragendes Restaurant, 30-110 zł.
Morąg: Morąg, ul. Żeromskiego 36, Tel. 089/757 42 12, Fax 757 26 28. Gepflegtes Hotel mitten im Wald. DZ 68-74 zł.
Ostróda: Park, ul. 3 Maja 21, Tel. 089/646 22 27, Fax 646 22 28. Beste Adresse vor Ort mit Blick auf den See. DZ 200 zł.
Drwęcki, ul. Mickiewicza 7, Tel. 646 30 35. Besitzt ein kleines Restaurant und liegt direkt an der Anlegestelle. DZ 52-57zł.
Weitere einfache Hotels in Ostróda und Umgebung:
Falcon, ul. 3 Maja 9a, Tel. 646 49 41.

Garnizonowy, ul. Dywizji 3, Tel. 646 32 41. DZ 66-72 zł.
Jugendherberge, ul. Kościuszki 14 (1 km von der Anlegestelle entfernt), nur im Juli/Aug. geöffnet.
Karnity: Karnitten, Schön gelegenes Hotel im Gutshaus aus dem 19. Jh., ca. 20 km nordwestlich von Ostróda, bei Boreczno, Tel. 089/647 34 65, Fax 647 34 64. DZ 180-200 zł., Restaurant 17-40 zł.
Stare Jabłonki: Hotel Anders, 5 km östl., Tel. 089/647 14 89, 647 14 25. Schöne Lage an einem See. DZ 200 zł.
Campingplatz in Kretowiny: bei Żabi Róg am jezioro Narie, nahe bei Morąg, Tel. 089/685 16 18.
in Ostróda: ul. 3 Maja 21, Tel. 089/646 22 27, hinter dem Hotel Park.
in Piławki: 7 km nordwestlich, Tel. 089/646 46 51.

 Ostróda: Restaurant im **Park-Hotel**. 6-15 zł.
Promenada, ul. Mickiewicza 3, Tel. 646 42 75. Hier empfiehlt sich ein eleganteres Menü (gefüllter Hecht, auch koreanisches Essen).10-38 zł.

 Morąg: Dohna-Schlösschen (pałacyk Dohnów), ul. Dąbrowskiego 54: Di–So 9–17 Uhr, 15. Sept.–15. Juni Di–So 10–16 Uhr.

Iława

Masuren-Atlas: S. 224, B 1
Ein weiterer Anziehungspunkt für die Fans des Wassersports ist **Iława** (Deutsch Eylau), malerisch am südlichen Ende des *Jezioraks* (Geserich-See), eines etwa 25 km langen, tiefen Rinnensees, gelegen. Das Städtchen selbst bietet bis auf eine gotische Pfarrkirche wenig. Etwas verloren ste-

Die Oberländische Seenplatte

Atlas: S. 220, 224

hen neben der Hauptkreuzung vier barocke Skulpturen, die aus dem verwahrlosten Schloss in Kamieniec (Finckenstein) gerettet wurden.

Das Leben findet vor allem auf dem Wasser statt, in eigenen oder gemieteten Kanus und Segelbooten. Etliche ehemalige Betriebsferienheime, heute für alle geöffnet, bieten Übernachtungsmöglichkeiten. Viele der Reisenden suchen allerdings Quartier in den benachbarten, schön gelegenen Orten weit weg vom Autolärm, so beispielsweise in Siemiany (Schwalgendorf) am Jeziorak.

Ein kleines Schild ›restoration of the Szymbark castle‹ an der Straße von Iława nach Susz (Rosenberg) weist den Weg zu der interessantesten **Burg** der Gegend in **Szymbark,** auch wenn der Inhalt des Wegweisers etwas realitätsfern ist. Die Restaurierungsarbeiten kamen nämlich inzwischen aufgrund der finanziellen Schwierigkeiten des Besitzers zum Erliegen. Im 14. Jh. errichtet, war Schönberg mit einem von Mauern umgebenen riesigen Hof und einer Randbebauung eine Seltenheit unter den ansonsten kastellförmigen Burgen des Deutschen Ordens.

Die Burg kam später in den Besitz der Familie Finck von Finckenstein, die sie zu einem wohnlichen Schloss umgestaltete. In dieser Form blieb sie bis zum großen Brand des Jahres 1945 intakt.

ul. Niepodległości 13, Tel. 089/648 58 00, Fax 648 82 48.

Kormoran, ul. Chodkiewicza 3, Tel. 648 26 77, Tel./Fax 648 59 63. Das Hotel liegt direkt am Wasser. DZ 135 zł.
Leśny, ul. Sienkiewicza 9, Tel. 648 81 88. Neben dem Campingplatz. DZ 70-90 zł.
Jugendherberge, ul. Mierosławskiego 10a Tel. 648 64 64, Juli/Aug.
Campingplatz, ul. Sienkiewicza 9, Tel. 618 81 88. Mit Bungalows und dem etwas sozialistisch anmutenden Hotel Leśny auf dem Gelände.

Wielka Żuława, ul. Ostródzka 3, Tel. 648 50 01. Gutes Standardmenü. 6-20 zł.
Leśna, ul. Sienkiewicza 9, Tel. 648 81 88. Zur Abwechslung etwas Italienisches. 7-20 zł.

Es gibt mehrere Verleihstellen für **Wassersportgerät** (u. a. Pod Omegą, ul. Sienkiewicza 24, Tel. 648 40 93) – zu erfragen in der Touristeninformation. Dort auch die Auskünfte zu den **Ausflugsschiffen,** die bis Ostróda verkehren.

John Malkovich und Armin Müller-Stahl in Szymbark

Volker Schlöndorff drehte hier 1996 ›Der Unhold‹ mit John Malkovich und Armin Müller-Stahl nach dem Roman ›Der Erlkönig‹ von Michel Tournier. Noch Jahre danach standen im Gebüsch riesige Monsterfiguren aus Papiermaché herum. Die Szenen aus der NS-Ordensburg wurden in der Marienburg nachgespielt, ebenso der Einmarsch der Roten Armee, wobei ein Schuss den sog. Firmariegiebel im Mittelschloss leicht lädierte.

Kamieniec

Masuren-Atlas: S. 224, B 1

»Enfin un chateau« – »Endlich ein Schloss« – man möchte dem berühmten Bonmot Napoleons zwar beipflichten, doch ist sein Ausdruck des Entzückens heute angesichts dessen, was wir hier sehen, kaum noch nachzuvollziehen. Keine Begrüßung erwartet uns auf dem Ehrenhof von **Schloss Finckenstein,** der heute hoch mit Gras bewachsen ist, kein Dach hindert die Regentropfen, dorthin zu fallen, wo einst der Imperator mit seinem Gefangenen General Blücher diskutierte, bevor er ihn – zum eigenen Unglück – freiließ.

Das Schloss für den späteren preußischen Generalfeldmarschall Albrecht Konrad Finck von Finckenstein wurde 1716–20 von Jean de Bodt erbaut. Dieser dreiflügelige rotgetünchte Putzbau im Stil des ruhigen nordeuropäischen Barock war wohl der schönste Palastbau in den ehemaligen Provinzen Ost- und Westpreußen. Die Vergangenheitsform hat der große Brand vom Januar 1945 bewirkt; seitdem fristet der Bau nur noch ein trauriges Dasein als Ruine. Millionen würde heute ihr Wiederaufbau kosten, zumal die Wände – seit über 50 Jahren frei stehend – marode und nicht mehr tragfähig sind. So wird der Storch, der hoch auf dem wappengeschmückten Giebel sein Nest hat, wohl der letzte Bewohner dieses Schlosses sein.

Wie der Bau einst aussah, vermittelt der am Originalschauplatz gedrehte Film ›Marie Waleska‹ mit Greta Garbo in der Titelrolle, ein typischer Hollywood-Schinken aus dem Jahr 1940, der doch eine echte Liebesgeschichte erzählt: 1807 wählte Napoleon Bonaparte Finckenstein als sein Winterquartier, das er mit der schönen Maria Walewska (1789–1817) teilte. Ob die dem Kaiser auf einem Ball in Warschau vorgestellte Polin ihn der Wiederherstellung der polnischen Staatlichkeit geneigter machen sollte, ist unsicher und letztlich unwichtig. Maria folgte ihrem Geliebten nach Paris und später sogar nach Elba. Der gemeinsame Sohn wurde später als Graf Alexandre Colonna-Waleski unter Napoleon III. zum Außenminister Frankreichs.

Schloss Finckenstein, Giebeldetail der Ruine mit dem mächtigsten aller Storchennester der Region und dem Wappen der Finckenstein-Familie

Olsztyn und das Ermland

Domkapitelburg in Allenstein

Masuren-Atlas S. 221, D E/3-4, S. 225 D E/1

OLSZTYN (ALLENSTEIN) UND DAS ERMLAND

Basis für Ausflüge ins Ermland könnte die größte Stadt der Region sein: Olsztyn (Allenstein) mit seinem reizvollen Stadtkern, inklusive einer Burg, in der eigenhändige Berechnungen des Astronomen Nikolaus Kopernikus zu finden sind. Nicht versäumen sollte man Lidzbark Warmiński (Heilsberg) mit dem besterhaltene Kastell im Deutschordensland Preußen. Echte Trakehner werden in Liski (Liesken) gezüchtet.

Das Ermland

Masuren-Atlas: S. 221, 225

Der Name Ermland leitet sich von einem der prußischen Stämme, den Warmiern, ab (daher das polnische Warmia). Aus der Luft gesehen hat es die Form eines Dreiecks mit den Spitze am Frischen Haff bei Braniewo (Braunsberg; s. S. 71f.) und Frombork (Frauenburg; s. S. 67 ff.). Es verbreitet sich nach Südosten und schließt Städte wie Lidzbark Warmiński (Heilsberg im Ermland), Reszel (Rössel), Biskupiec (Bischofsburg) und nicht zuletzt Olsztyn (Allenstein) ein.

Als eines der vier Bistümer des Ordenslandes Preußen genoss das Ermland bereits unter der Deutschordensherrschaft eine Sonderstellung, die es auch in der polnischen Zeit (1454–1772) beibehielt. Der Bischof und das Domkapitel waren nicht allein geistliche, sondern auch weltliche Landesherren. Anfänglich gehörten die Bischöfe dem preußischen Adel und Bürgertum an, ab dem Ende des 16. Jh. wurden sie von den polnischen Königen aus dem polnischen Hochadel rekrutiert. Mit der Ersten Teilung Polens (1772) war es mit dem politischen Sonderweg vorbei, aber nicht mit den kulturellen Unterschieden: Eine strikte konfessionelle Grenze trennte bis 1945 das katholische Ermland von den mehrheitlich evangelischen Landschaften Ostpreußens. Auch ethnisch zeichnete sich das Ermland aus: Die Dorfbevölkerung im Süden war als Folge der frühneuzeitlichen Kolonisation bis zur Reichsgründung mehrheitlich polnischsprachig.

Die Einführung der allgemeinen Schulpflicht – natürlich in Schulen mit Deutsch als Unterrichtssprache – führte nach 1871 zur schnellen Assimilierung dieser Landbevölkerung. Im ermländischen Abstimmungsgebiet votierten 1920 nur noch 7 % für Polen – ohnehin war hier der Gebrauch der polnischen Muttersprache nicht gleichbedeutend mit dem Bekenntnis zu Polen. Die Nachkommen der polnischsprachigen Ermländer wurden 1945 nicht vertrieben. Die Behörden nannten sie ›Autochthonen‹, also Einheimische, die angeblich nur oberflächlich ›germanisiert‹ gewesen wären. Der Versuch ihrer ›Repolonisierung‹ schlug aber fehl, sie verließen mehrheitlich nach 1956 das Land in Richtung Bundesrepublik Deutschland; die übrig gebliebenen ca. 10 000 Ermländer verstehen sich heute als deutsche Minderheit.

Olsztyn

Masuren-Atlas: S. 225, D E 1
War vor dem Zweiten Weltkrieg Allenstein mit seinen 50 000 Einwohnern nur eine Stadt unter vielen, deren einzige Besonderheit eine große Kaserne darstellte, so ist das heutige dreimal so große Olsztyn das kulturelle, wissenschaftliche und wirtschaftliche Zentrum für den Nordosten Polens. Für die Wirtschaft stehen die große, von Michelin gekaufte Reifenfabrik sowie die Tourismusbranche, Kultur und Wissenschaft werden durch die Pädagogische Hochschule repräsentiert, auf deren Basis man hier eine Universität gründen will. Etliche kulturelle Veranstaltungen werden unter Federführung des Museums in der Burg oder durch die ›Borussia‹-Vereinigung organisiert. Dort wird, v. a. über die Literatur, versucht, eine Brücke zwischen den alten und den neuen Einwohnern dieses Landes zu schlagen.

Stadtrundgang

Den Spaziergang durch Olsztyn beginnt man vorzugsweise beim **Hohen Tor** [1] (Wysoka Brama), dem einzigen erhaltenen Teil der mittelalterlichen Befestigungsanlage der Stadt. Dieser Bau, der heute als Herberge mit etwas spartanischen Bedingungen dient, besitzt im Mauerwerk ein charakteristisches rautenförmiges Muster aus schwarz gebrannten Backsteinen. Vom Hohen Tor aus blickt man in Richtung Norden auf einen neueren Stadtteil, der hauptsächlich vom Anfang des 20. Jh. stammt. Das Blickfeld des Ostens wird dominiert von der riesigen neugotischen **Herz-Jesu-Kirche** [2] (kościół Serca Jezusowego, ul. Mickiewicza) und dem 1912–15 erbauten **Neuen Rathaus** [3] (pl. Jana Pawła II.) im Neurenaissancestil. Das nahe **Theater** [4] (Teatr im. Jaracza) wurde 1924 errichtet und bekam den Namen ›Treudank‹, da 1920 98 % der Stadt (nicht des Landkreises, wo der Prozentsatz bei 86 % lag) gegen den Anschluss an Polen votierten.

Das Hohe Tor markiert den Beginn der **Altstadt,** die sich südlich anschließt. Schon ihre geringe Fläche weist darauf hin, dass die Stadt im Mittelalter kaum eine nennenswerte Rolle gespielt haben kann. Was wir heute in der Altstadt sehen, ist ohnehin das Ergebnis der Nachkriegszeit. Kurz nach dem Einmarsch der Roten Armee wurde Allenstein in einer Art Siegesorgie zerstört; die übrig gebliebenen Einwohner wurden zum Opfer von Gewalttakten. Zeuge dieser Vorgänge war ein junger russischer Offizier namens Lew Kope-

DEM VERFALL NAHE – SCHLÖSSER IN WEST- UND OSTPREUSSEN

In den alten Provinzen West- und Ostpreußen existierte eine bedeutende Anzahl von Schlössern und Gutshäusern, die nur zu einem kleinen Teil überdauert haben. Es gab Paläste mit einem Ehrenhof und großen Parks wie Finckenstein (Kamieniec), Schlobitten (Słobity) oder Dönhoffstädt (Drogosze). Weniger imposant waren Schlösser, die nach ›preußischer Art‹ mit ihrer Hauptfassade zum Vorwerk hin standen, von diesem lediglich durch die Zufahrt und eine Rasenfläche getrennt, beispielsweise in Prassen (Prosna), Reichertswalde (Markowo), Woplauken (Wopławki) und Billstein (Biała Olecka). Man betonte hier die Bedeutung des Wirtschaftsteils und die ›Fürsorge‹ des Besitzers, der immer direkt ein Auge auf das Geschehen dort werfen konnte. Bei Sorquitten (Sorkwity), Klötzen (Klecewo bei Sztum) und Karnitten (Karnity bei Ostróda) bildeten die Seen eine starke landschaftliche Komponente der Schlossanlagen.

Außer wenigen Ausnahmen, die von namhaften Architekten (Karl Friedrich Schinkel, Jean de Bodt, John von Collas) entworfen wurden, waren die meisten Schlösser das Werk anonymer Architekten, erbaut in allen möglichen architektonischen Stilen. Barock zeigten sich Finckenstein und Eichmedien (Nakomiady), neuklassizistisch Dönhoffstädt; spätere Schlösser vertraten Neugotik (Klötzen, Karnitten) und Neubarock (Loßainen/Łężany). Sie waren die Residenzen der wichtigsten, seit dem 16. Jh. hier beheimateten Familien Preußens – Dönhoff, Lehndorff, Mirbach, Groeben und Dohna, die im Staatsdienst Preußens, Kurlands und Polens häufig hohe Ämter innehatten. Trotz ihrer erwartungsgemäß meist konservativen Gesinnung waren viele der preußischen Adligen gegen die Nationalsozialisten, was Heinrich Graf von Lehndorff und Heinrich Graf von Dohna-Schlobitten nach dem misslungenen Attentat auf Hitler vom 20. Juli 1944 das Leben kostete.

Das Jahr 1945 bedeutete eine starke Zäsur – der Adel war geflüchtet und die Schlösser brannten ab. Mutwillige Zerstörungen, Siegesorgien, Betrunkene, die in den Schlössern Lagerfeuer entfachten, führten dazu, dass von solchen Perlen der Architektur wie Finckenstein oder Schlobitten nur die Mauern übrig blieben.

In der Nachkriegszeit war das Schicksal der Bauten im polnischen ›Ermland und Masuren‹, wenngleich besser als im Kaliningrader Gebiet, nicht beneidenswert. Während die Kirchen, nach dem Wechsel vom Protestantismus zum Katholizismus, ihre Funktion beibehielten, und die Ordensburgen, einer merkwürdigen polnischen Hassliebe zum Deutschen Orden zufolge, bald Rettung erfuhren und zu Touristenattraktionen wurden, nahm sich der Landschlösser niemand an. Offiziell bis zum 15. August 1945, praktisch bis in das Jahr 1946 hinein, wurde in den Schlössern vorgefundenes Mobiliar nach Russland abtransportiert.

Schlösser in West- und Ostpreußen

Nur mit größter Mühe gelang es den ersten Mitarbeitern des 1945 gegründeten Olsztyner Schlossmuseums, wenigstens einen Teil der ursprünglichen Innenausstattung der Schlösser – so die Bibliothek aus Finckenstein oder die Bilder aus Reichertswalde – zu retten.

Später entstanden in den Gutshäusern Büroräume und Wohnungen für die Angestellten der staatlichen Landwirtschaftlichen Produktionsgenossenschaften (PGR). Die Not der Nachkriegszeit, das Gefühl, dass man nur vorläufig in diesen ehemals deutschen Gebieten ist, schließlich die Einstellung, dass es sich hier um ungeliebten deutschen Nachlass handelt, führten dazu, dass kein Bewusstsein für den Charakter dieser Bauten als Kunstwerke entstanden ist. Etliche Schlösser, für die man keine Verwendung fand, verfielen. So präsentiert sich das barocke Schloss Arklitten (Arklity) heute als ein von üppiger Vegetation überwucherter Trümmer- und Schutthaufen; vom Schinkelschen Schloss in Skandau (Skandawa) ist kaum noch die Lage festzustellen.

Die Wende brachte zunächst keine Verbesserung. Die Publikmachung dieses Problems ist Verdienst der Kulturgemeinschaft ›Borussia‹, die 1990 als Vereinigung junger Intellektueller entstanden ist. Sie verstehen sich als Vermittler der jahrhundertealten Kultur und Traditionen dieses Landstrichs. Durch die Herausgabe von Zeitschriften, mit Veranstaltungen und Ausstellungen stärken sie die regionale Identität. Viel mehr, als an die ehemaligen und gegenwärtigen Bewohner dieses Landes zu appellieren, dieses Kulturgut zu retten, kann ›Borussia‹ freilich nicht leisten.

Die Ruine von Schloss Finckenstein

Olsztyn und das Ermland

Atlas: S. 221, 225

Sehenswürdigkeiten
1. Hohes Tor
2. Herz-Jesu-Kirche
3. Neues Rathaus
4. Theater
5. Gotische Laube
6. Geburtshaus von Erich Mendelsohn
7. Totenkapelle und Wohnhaus des Wärters des Jüdischen Friedhofs
8. Jakobikirche
9. Evangelische Kirche
10. Burg (Museum für das Ermland und Masuren)
11. Planetarium

Übernachten
12. Park
13. Novotel
14. Centrum
15. Warmiński
16. Kormoran
17. Relaks
18. Na Skarpie
19. Pod Zamkiem
20. Jugendherberge

Essen & Trinken
21. Eridu
22. Villa Pallas
23. Staromiejska
24. Przystań
25. Kolorowa
26. SARP

lew, dem die Kritik an diesen Übergriffen zehn Jahre Haft einbrachte.

Die Polen bauten die Altstadt in den Jahren 1950–55 historisierend wieder auf. Die Auswahl bestimmter Motive aus Renaissance und Barock ist hier typisch für die stalinistische Architektur (s. S. 60 f.) und hat wenig mit der Stadt selbst zu tun. So zeigen sich die Häuser am Markt in barocker Verkleidung. Lediglich die schlesisch anmutenden Lauben sind nach Vorlagen rekonstruiert. Die älteste davon, eine **gotische Laube** 5 am Haus Nr. 11, ist sogar im Original erhalten geblieben. Eine 1997 eingemauerte Tafel bezeichnet das **Geburtshaus von Erich Mendelsohn** 6 (ul. Staromiejska 10). Diesen neben Gropius wohl größten deutschen Architekten des 20. Jh. (1887–1953) assoziiert man spontan mit dem expressionistischen Einstein-Turm in Potsdam, den späteren Warenhäusern in Chemnitz und Stuttgart sowie mit seinen in der Emigration entstandenen Bauten in England, Palästina und in den USA. In Olsztyn stehen nur zwei bescheidene Häuser, die **Totenkapelle** und das **Wohnhaus des Wärters des jüdischen Friedhofs** 7 (ul. Zyndrama z Maszkowic), in das in den nächsten Jahren eine ständige Ausstellung über Mendelsohn einziehen soll.

Ein paar Schritte vom Markt entfernt liegt die **Jakobikirche** 8 (kościół św. Jakuba), die große Pfarrkirche der Stadt, die ca. 1370–1445 erbaut wurde. Ihr Äußeres bestimmt der wuchtige quadratische Turm, der der Kirche einen wehrhaften Eindruck verleiht. Der Grundriss zeichnet sich durch den für das Ermland typischen gerade abgeschlossenen Chor aus; im Inneren stechen durch ihre mannigfaltigen Formen das Netzgewölbe im Hauptschiff und das Zellengewölbe in den Seitenschiffen ins Auge. Die originale Innenausstattung verfeuerten 1807 in der Kirche gefangen gehaltene frierende russische Soldaten. Übrig blieben danach nur Teile der gotischen Altäre, die in die neugotische Einheitsausstattung (um 1870) eingebaut wurden.

Vom Markt aus in die andere Richtung, vorbei an der kleinen **evangelischen Kirche** 9 (kościół ewangelicki), gelangt man bald zur **Burg,** in der sich heute das **Museum für das Ermland und Masuren** 10 (Muzeum Warmii i Mazur) befindet. Dieser Backsteinbau aus der Mitte des 14. Jh. war der Sitz des ermländischen Domkapitels. Anders als eine typische Deutschordensburg besaß die Allensteiner Feste nur zwei ausgebaute Flügel, die durch eine Umfassungsmauer zu einem Viereck vervollständigt wurden. Ihre Silhouette bereichert ein hoher Turm, dessen am Fuß quadratische Form im oberen Teil in einen runden Grundriss übergeht. Im 18. Jh. um den Eingangsflügel ergänzt, überdauerte sie den Zweiten Weltkrieg ohne größere Schäden. Imposant präsentiert sich der Bau von der ul. Zamkowa aus: eine glatte rote Wand mit einer Musterung aus schwarz gebrannten Backsteinköpfen, darüber das für Verteidigungszwecke bestimmte Dachgeschoss, vorkragend und mit Pechnasen versehen, damit Angreifer mit heißem Pech oder Grütze begrüßt werden konnten. Der bekannteste Bewohner der Burg, der Astronom Nikolaus Kopernikus (s. S. 66 f.), ließ als Verwalter der ermländischen Güter 1519 die

Olsztyn und das Ermland

Wehrhaftigkeit der Anlage überprüfen und forderte in Briefen an den polnischen König das für die Reparaturen benötigte Geld, da sich ein Krieg zwischen dem Deutschordensstaat und Polen samt dem ermländischen Fürstbistum abzeichnete. Dass er selbst die Burg in dem folgenden ›Reiterkrieg‹ (1519/20) verteidigt haben soll, gehört in das weite Feld historischer Mythen. Als sicher gilt immerhin, dass die an einer Wand in der Burg erhaltenen etwas geheimnisvoll anmutenden ›Kritzeleien‹ tatsächlich von der Hand Kopernikus' stammen. Diese Astronomietafel diente zur Feststellung der Tagundnachtgleichen, um die landwirtschaftlichen Arbeiten zeitig durchführen zu können.

Das **Museum** selbst hat viel zu bieten: frühneuzeitliche Kunstwerke aus untergegangenen preußischen Adelsschlössern, eine umfangreiche volkskundliche Sammlung sowie in einer Außenfiliale Exponate, die Flora und Fauna der Region erläutern. Einige der Räume stellen schon an sich eine Rarität dar: das Zellen- bzw. Kristallgewölbe des Nordflügels kommt ansonsten im Ordensland extrem selten vor.

Eine ständige Ausstellung ist dem untergegangenen Stamm der Prußen gewidmet. Dieses indogermanische Volk – Prußen, Pruzzen oder Preußen genannt – sprach eine dem Litauischen verwandte baltische Sprache, verehrte Naturgewalten als Götter und teilte sich in mehrere miteinander in ständiger Fehde stehende Stämme. Die Deutschordensritter dezimierten sie, und sie verschwanden später als eigenständiges Volk gänzlich. Sie hinterließen kaum mehr als den Namen des Landes. Eines der ganz wenigen Zeugnisse der prußischen Kultur stellen die *baby* (slawisch für ›Weiber‹) dar: steinerne Figuren, die möglicherweise im Zusammenhang mit Trankopfern zu sehen sind. Drei davon wurden auf dem Hof der Burg aufgestellt.

Wie ein hässlicher Gürtel umgeben den kleinen ansehnlichen Stadtkern endlose Betonwohnsilos, Schlafstätten für die Einwohner. Hier, im modernen Teil der Stadt, wurde zum 500jährigen Geburtstag von Kopernikus ein großes **Planetarium** [11] (ul. Piłsudskiego 38) gebaut. Dieses Jubiläum gab Anlass für ein groß angelegtes Veranstaltungsprogramm im ganzen Land, nicht zuletzt um jegliche Zweifel an der polnischen Abstammung Kopernikus' zu beseitigen. Wenn es einmal nicht aufhören will zu regnen, ist es eine gute Idee, sich den bestirnten Himmel vorführen zu lassen.

Während die Peripherie von Olsztyn keine gute Note verdient, ist von der weiteren Umgebung der Stadt nur das Beste zu berichten. Wälder, Seen und Moränenhügel prägen die Landschaft. An sich reicht es, eine gute Karte (fragen Sie am Kiosk nach der Karte ›Okolice Olsztyna‹) zu besitzen und nach Lust und Laune loszufahren. Vermutlich die schönsten Wälder liegen südlich von Olsztyn, über eine kleine Straße nach Butryny erreichbar. Der Wald zwischen Jezioro Łańskie (Lansker-See) und Jezioro Pluszne (Großer Plautziger-See) war bis zur Wende ge-

Das gotische Hohe Tor markiert den Eingang in die lebhafte Allensteiner Innenstadt

Stadtplan: S. 84

Olsztyn

Olsztyn und das Ermland

Atlas: S. 221, 225

sperrtes Gebiet, in dem die Parteigrößen abgeschirmt ihren luxuriösen Urlaub verbrachten.

ul. Staromiejska 1, Tel./Fax 089/535 35 66, 535 35 65; **PTTK-Büro,** Staromiejska 1, Tel. 527 51 56; **Orbis,** ul. Dąbrowszczaków 1, Tel. 527 92 09, Fax 527 02 48.

Olsztyn als Zentrum des Seengebietes verfügt über eine Anzahl von Hotels der gehobenen Kategorie.

Park-Hotel 12, ul. Warszawska 119, Tel. 524 06 04, Fax 534 00 77. Erste Wahl, allerdings weit vom Zentrum an der Hauptstraße nach Warschau gelegen. DZ 280 zł.

Novotel 13, ul. Sielska 4a, Tel. 522 05 00, Fax 527 54 03. Ebenfalls außerhalb der Sadtmitte, an der Straße nach Ostróda- etwas; schlichter in der Zimmerausführung. Dafür verfügt es aber über einen ›hoteleigenen‹ See (Bademöglichkeit) in unmittelbarer Nähe. DZ 320 zł.

Hotel Centrum 14, ul. Okopowa 25, Tel. 534 07 80, Fax 527 69 33. Das 1993 eröffnete Deutsch-Polnische Jugendzentrum entpuppte sich zur Entrüstung vieler als ein Luxushotel, überdies in hervorragender Lage unter der Burg. DZ 180-200 zł.

Warmiński 15, ul. Głowackiego 1, Tel. 522 14 00, Fax 533 67 63. In der Stadtmitte; hat sich nach der Renovierung sehr schön herausgemacht. DZ 242-310 zł.

Kormoran 16, pl. Konstytucji 3 Maja 4, Tel. 534 58 64, Fax 534 61 95. Nah am Bahnhof; ist innen weit besser, als das äußere Bild es verspricht. DZ 190 zł.

Ośrodek Wypoczynkowy Łańsk Kormoran: Stawiguda Nr. 14, Tel. 089/52740 12, 527 44 33, 512 11 80. Das einstige Exklusivhotel für Parteimitglieder bietet Luxusbedingungen inmitten traumhafter Natur, etwa 20 km von der Stadt entfernt; Zufahrt von der Hauptstraße Olsztyn-Warszawa hinter Dorotowo nach links und 11 km eine schmale Straße durch den Wald entlang. DZ 110 zł.

Hotel Relaks 17, ul. Żołnierska 13a, Tel. Tel. 527 73 36, Fax 527 76 84. Wenig Komfort, dafür preisgünstig. DZ 140 zł.

Na Skarpie 18, ul. Gietkowska 6a, Tel. 526 92 11.

Hotel Pod Zamkiem 19, ul. Nowowiejskiego 10, Tel. 5351287, Fax 5340940. In perfekter Lage am Fuße der Burg. DZ 180 zł.

PTTK-Herberge, ul. Staromiejska 1, im Hohen Tor, Tel. 527 36 75. DZ 58-72 zł.

Jugendherberge 20, ul. Kopernika 45, Tel. 527 66 50. Nicht weit von der Altstadt entfernt.

Privatzimmer vermittelt das Informationsbüro.

Campingplatz, Pasym, ul. Turystyczna, Tel. 621 21 52. Als nächstgelegener Campingplatz etwa 20 km entfernt in südöstlicher Richtung.

Unter den Restaurants in den besseren Hotels genießen jene im Centrum und im Warmiński den besten Ruf.

Eridu 21, Prosta 3-4, in der Altstadt, Tel. 534 94 67. Polonisierte Version der syrischen Küche, leckere Tajine oder Kebabs. 5-20 zł.

Villa Palas 22, ul. Żołnierska 4, Tel. 535 01 15, Fax 535 99 15. Europäische Küche. 18-40 zł.

Staromiejska 23, Stare Miasto 4/6, Tel. 527 58 83 (Behinderteneinrichtung). 7-20 zł.

Przystań 24, Żeglarska 3, Tel. 5350181. Am Ukiel-Sees (Krzywe). Spezialität: frischer Fisch. 15-40 zł.

Kolorowa 25, ul. Wojska Polskiego 74, Tel. 5264922. Ausfallstraße nach Königsberg; auf ›Schleie in Sahne gedünstet‹ (lin w śmietanie) spezialisiert. 10-30 zł.

Olsztyn/Gietrzwałd

Stadtplan: S. 84

SARP 26, ul. Kołłątaja 15. Nettes Café in einem alten Speicher.

Erkundigen Sie sich, ob die Stowarzyszenie Wspólnota Kulturowa ›Borussia‹, Olsztyn, ul. Partyzantów 87/212, Tel./Fax 523 72 93, gerade interessante Kulturveranstaltungen anbietet.
Rundflüge über Masuren – nicht gerade billig, aber unvergesslich – organisiert der Aeroklub Warmińsko-Mazurski, ul. Sielska 34, Tel. 527 80 94.
Für **Reiten und Kutschfahrten** wenden Sie sich an Klub Jeździecki Marengo, ul. Hozjusza 14a, Tel. 523 84 61, Fax 523 84 43, in Kortowo bei Olsztyn oder an die Firma Janusz Kojrys, Tel. 523 88 02.

Muzeum Warmii i Mazur, ul. Zamkowa 2: Di–So 9–17 Uhr, 15. Sept.–15. Juni 10–16 Uhr.
Muzeum Przyrody (Filiale des Regionalmuseums), ul. Metalowa 5, Tel. 533 47 80, Di–So 9–17 Uhr, Fauna und Flora Masurens.
Planetarium, ul. Piłsudskiego 38, Tel. 533 49 51.

Bus- und **Fernbahnhof** liegen ca. 1 km nordöstlich der Innenstadt dicht nebeneinander. Von dort aus gibt es Verbindungen zu vielen polnischen Städten, in der Saison auch nach Berlin. Erkundigen Sie sich in der Information nach der Möglichkeit, von Deutschland aus direkt nach Olsztyn zu fliegen.

Gietrzwałd

Masuren-Atlas: S. 225, D 1

Nur ein paar Kilometer westlich von Olsztyn liegt der Wallfahrtsort **Gietrzwałd** (Dietrichswalde), den schon von weitem der Anblick einer großen neugotischen Basilika ankündigt. 1877 erschien den Dorfbewohnern in einem Baum die Muttergottes und gemahnte sie in polnischer Sprache, fleißiger zu arbeiten und inbrünstiger zu beten. Schon bald wurde Gietrzwałd zum größten ermländischen Wallfahrtsort, und eine Pilgerkirche entstand. Ihren Altar ziert ein Marienbild hinter einem Metallvorhang, der sich auf und ab bewegen lässt, so dass das Bild nur zu bestimmten religiösen Anlässen zu sehen ist.

Gietrzwałd war vor 1945 als Ort polnisch-nationaler Propaganda – hier wurden polnische Zeitungen herausgegeben – bei den preußischen Behörden verpönt, in der kommunistischen Zeit war die Volksfrömmigkeit, unter deren Zeichen man hierher pilgerte, den Machthabern ein Dorn im Auge.

Ein einprägsames Beispiel ermländischer Volksreligiosität ist die nahe Dorfkirche in **Sząbruk** (Schönbrück; Schlüssel in der Pfarrei). Dort befindet sich eine flache Holztonne, die im 18. Jh. auf bäuerliche Art mit der Jungfrau Maria, der göttlichen Dreieinigkeit und dem hl. Nikolaus von Bari bemalt wurde. Bei der Renovierung der Kirche 1984 entdeckte man spätgotische Wandmalereien, die Passionsszenen und das Jüngste Gericht darstellen.

Sollte das immer noch nicht Grund genug sein, diesen Ausflug zu unternehmen, machen Sie halt am malerischen *See Wulpinskie* (Wulping) mit seinem verwinkelten Ufer und drei Inseln.

In Tomaszkowo und Dorotowo bauen sich die Olsztyner ihre Sommerdatschas. Anscheinend gibt es hier aber immer noch genügend freie Natur, denn in der nahen Pasłęka (Passarge) leben ungestört ganze Biberkolonien.

Olsztyn und das Ermland

Atlas: S. 221, 225

Olsztynek und Umgebung

Masuren-Atlas: S. 225, D 1

Bei **Olsztynek** (Hohenstein) schlug 1914 der spätere Marschall und Reichspräsident Paul von Hindenburg die russische Armee vernichtend. 92 000 russische Soldaten, darunter 13 Generäle, gerieten in Gefangenschaft, der Oberbefehlshaber General Samsonow wählte den Freitod. Durch diese lehrbuchmäßige Einkreisungsschlacht wurde Ostpreußen von der russischen Besatzung befreit, denn auch im weiteren Verlauf des Krieges konnten die Russen niemals weiter nach Westen vordringen. Der Name ›Tannenberg‹ wurde für diese Schlacht vom späteren Generalstabschef Erich Ludendorff bewusst gewählt, sie sollte die Schmach der mittelalterlichen Niederlage des Deutschen Ordens tilgen, ungeachtet dessen, dass der Ort Tannenberg (Stębark) in Wirklichkeit etwa 20 km südwestlich von Olsztynek liegt (s. S. 25).

Das *Denkmal* für die Schlacht des Ersten Weltkriegs, eine Art ›germanisches Stonehenge‹, entstand in den Jahren 1925–27 in Form eines wuchtigen Mauerachtecks mit acht massigen quadratischen Türmen an den Eckpunkten der Mauer. In diesem überdimensionierten Bau, einer Mischung aus Amphitheater und Castel del Monte Friedrichs II., wurde 1934 Marschall Hindenburg beigesetzt. Allerdings nur für neun Jahre, denn kurz vor der Einnahme Ostpreußens durch die Rote Armee wurde Hindenburgs Leichnam in die Marburger Elisabethkirche überführt; das Tannenberg-Denkmal wurde anschließend von deutschen Pionieren gesprengt. Jahrzehntelang dienten die Trümmer als willkommenes Baumaterial für die umliegenden Häuser. Von hier stammt der Löwe, der seit 1991 den Marktplatz in Olsztynek ziert.

Ein weniger martialischer Grund, nach Olsztynek zu fahren, ist das große **Freilichtmuseum**, das 1909 in Königsberg angelegt und 1940 nach Olsztynek verlagert wurde. Damals kopierte man ostpreußische Bauten, so beispielsweise ein litauisches Gehöft aus der Gegend von Stallupönen oder die Holzkirche von Reichenau. Erst nach

---

Mühsame Spurensuche

Auf der Suche nach den Relikten des **Tannenbergdenkmals** sollte man zunächst die Gaststätte Zajazd Mazurski anpeilen, die nah der Kreuzung der Straßen nach Warschau/Warszawa und Danzig/Gdańsk gelegen ist. Dort blieb ein Granitbogen erhalten, der einst den Eingang zu dem monumentalen Komplex markierte. Geht man vom Parkplatz vor der Gaststätte einige hundert Meter durch einen jungen Wald nach Süden, gelangt man auf eine Wiese, in der nicht mehr als eine Senke im Erdboden, die in etwa einem kleinen Meteoritenkrater gleicht, auszumachen ist – dies ist alles, was von dem größten ostpreußischen Denkmal erhalten blieb.

Atlas: S. 225 — Olsztynek und Umgebung

1962 wurde das Konzept geändert: Ausgewählte Objekte der Volksarchitektur wurden abgebaut und hier neu aufgestellt. Dieses Museum ›sammelt‹ heute Gebäude aus dem Ermland, Masuren und ›Powiśle‹, d. h. dem Oberland und den einst westpreußischen Gebieten östlich der Weichsel. Der Name Skansen, wie alle Freilichtmuseen Polens heißen, bezieht sich auf eine Insel bei Stockholm, wo diese Idee um 1900 zum erstenmal realisiert wurde. Bemerkenswert sind vor allem die Windmühlen, darunter ein großer ›Holländer‹, eine Töpferei und ein Vorlaubenhaus.

Hat man sich gerade von den martialischen Erinnerungen an die Tannenbergschlacht vom August 1914 erholt, so meint man schon bald, südlich von Rychnowo erneut Waffengeklirr zu vernehmen. Hier in den Feldern zwischen **Grunwald** (Grünfelde) und Stębark (Tannenberg) fand die vermutlich größte mittelalterliche Schlacht in Mitteleuropa statt (s. S. 25).

Das Schlachtfeld selbst ist zu einer Art Pilgerstätte geworden, über die im Sommer unzählige Schulgruppen stolpern. Es gibt hier ein riesiges *Denkmal* aus dem Jahr 1960 zu bewundern, das aus einem Granitmonument mit dem Gesicht zweier Wächter und einem 30 m hohen Bündel aus stählernen Lanzen mit den symbolischen Darstellungen der Banner der damaligen polnisch-litauischen Truppen besteht. Steine unterschiedlicher Färbung markieren die Positionen der beiden feindlichen Lager vor der Schlacht; ein kleines Museum sammelt die bescheidenen ausgegrabenen Funde.

Rychnowo stand Modell: Holzkirche

Kopie oder Original

Besser als die Kopie ist bekannterweise das Original. Das Vorbild für das Modell einer Holzkirche im Freilichtmuseum steht nur 13 km westlich in **Rychnowo** (Reichenau). 1714–18 wurde der rechteckige Blockbau sowie ein frei stehender, ebenfalls hölzerner Glockenturm erbaut. Entzückend sind die naiven Wandmalereien in einer seltsamen, kunterbunten Mischung der Motive: der Sündenfall inmitten der Decke, Luther an der Altarwand und Orpheus an der Empore.

Olsztyn und das Ermland

Atlas: S. 221, 225

Am Ort der Tannenbergschlacht

Schließlich gibt es noch die vor einigen Jahren freigelegten Fundamente der Kapelle zu sehen, die an der Stelle, an der der Hochmeister des Deutschen Ordens niedergestreckt wurde, kurz nach der Schlacht errichtet wurde.

 Rynek 1, Tel. 089/519 14 04.

Olsztynek: Zajazd Mazurski, Park 1, Tel. 089/519 28 85. An der Kreuzung der Hauptstraße Richtung Gdańsk und sofort links ab im Wald. DZ 88-120 zł.
Stębark: Jugendherberge, nur im Sommer geöffnet. Einzige Übernachtungsmöglichkeit in der Nähe von Grunwald.

 Zajazd Mazurski, einfach, aber akzeptabel. 3-20 zł.
Stylowa, Rynek 2, am Marktplatz, Tel. 519 15 25. 7-25 zł.

 Olsztynek: Freilichtmuseum (Muzeum Budownictwa Ludowego skansen), 15. April–31. Okt. Di–Fr 9–17, Sa–So 9–18 Uhr.
Grunwald: Muzeum Bitwy Grunwaldzkiej w Stębarku, 1. Mai–15. Okt. tgl. 8–18 Uhr.

Nidzica

Masuren-Atlas: S. 225, D 2
Weiter im Süden liegt Nidzica (Neidenburg). Diese Gegend südlich von

Nidzica

Olsztyn mit Działdowo (Soldau) und Szczytno (Ortelsburg) zählte historisch nicht zum Ermland, sondern zu jenem Teil des Oberlandes, der im 19. Jh. häufig Polnisch-Oberland genannt wurde, da die Mehrzahl der Einwohner aus dem angrenzenden Masowien als Siedler hierhergekommen war. Die südlich der Stadt verlaufende Grenze war übrigens seit dem 14. Jh. eine der dauerhaftesten Europas, da sie mit Ausnahme der Jahre 1795–1807 bis zum Zweiten Weltkrieg unverändert blieb. Erst die Ausweitung Ostpreußens nach Süden infolge des Septemberfeldzugs von 1939 und schließlich die Auflösung Ostpreußens als politischer Organismus 1945 führte dazu, dass diese Grenze heute nur noch im Wechsel zwischen Häusern aus Backstein und solchen aus Holz bzw. Beton sowie in der Veränderung des Landschaftsbildes – die Moränenhügel verschwinden, die Gegend wird tischeben – wahrnehmbar ist. Nidzica selbst lag kurz vor dieser Grenze, woraus sich seine Hauptattraktion erklärt – eine große Grenzburg hoch über der Stadt.

Die Stadt selbst zeigt sich eher uninteressant, da diese zuvor gut erhaltene mittelalterliche ›Kolonialstadt‹ (Modell in der Heilsberger Burg) 1914 von den Russen zerstört wurde. Zu erwähnen ist, dass Ferdinand Gregorovius (1821–91), der Verfasser der achtbändigen ›Geschichte der Stadt Rom‹, hier geboren wurde.

Auf jeden Fall sehenswert ist die **Deutschordensburg:** Sie verfügt über einen einmaligen langgezogenen Grundriss mit zwei niedrigen Flügeln für die Söldner und einem kurzen Hauptflügel im Westen mit Kapelle, Remter (Refektorium) und Kanzlei im Hauptgeschoss (Führungen berücksichtigen u. a. die Reste der Fresken). Imposant präsentiert sich die nach 1945 wieder aufgebaute Eingangsfassade mit untersetzten quadratischen Türmen mit runden Blendnischen – Vorbild für etliche öffentliche Bauten (Kasernen, Speicher) im Deutschen Reich nach 1871. Der Hof mit den modern nachempfundenen Kreuzgängen ist ein passender Platz für eine Tasse Kaffee, bevor man nach Olsztyn zurückfährt.

Anstatt den direkten Weg zu nehmen, empfiehlt sich der Umweg über **Szczytno** (Ortelsburg), wo ein kleines Heimatmuseum und die Ruinen einer Deutschordensburg zu besichtigen sind, und **Pasym** (Passenheim), eine malerische Ortschaft am See mit einer schönen Kirche und Resten der Stadtmauer.

Nidzica: pl. Wolności 1, Tel. 089/625 52 64. **Szczytno:** ul. Polska 18, Tel. 089/624 97 14.

Nidzica: Gregorovius, ul. Zamkowa 2, Tel. 6255193. Das frisch sanierte Hotel in der Deutschordensburg verfügt über 60 Plätze. DZ 170 zł.
U Janusza, ul. Słowackiego 7, Tel. 089/625 24 48. Eine ruhige Pension am Fuße des Burghügels; bietet eine Alternative zum Hotel in der Burg. DZ 80 zł.
Szczytno: Pensionat Krystyna, Sawica 1, Tel. 624 27 84, 624 21 69, Fax 624 16 44. Am See gelegen. DZ 160 zł.
Leśna, ul. Ostrołęcka 6, Tel. 624 32 46, 624 67 67. In einem Fachwerkhaus. DZ160 zł.
Szczytno: Jugendherberge, ul. Pasymska 7, Tel. 62 39 92.

Olsztyn und das Ermland

Atlas: S. 221, 225

Pasym: Campingplatz, ul. Turystyczna, Tel. 621 21 52, am jezioro Kalwa. Der schönste Platz in der Gegend.

Szczytno: Die Hotels **Krystyna** und **Leśna** verfügen über gute Restaurants, 5-50 zł. und 8-28 zł.
Kania: ul. Linki 2. 6-15 zł.

Barczewo

Masuren-Atlas: S. 221, E 4

Bekannt, besser gesagt berüchtigt, ist Barczewo (Wartenburg) wegen eines Gefängnisses, das in den Gemäuern eines Franziskanerklosters bereits im 19. Jh. eingerichtet wurde und ungeachtet aller territorialen Neuordnungen in diesem Teil Europas weiterhin genutzt wird. Hier waren viele Vertreter der heutigen politischen Elite des Landes während des Kriegsrechts (1981–83) inhaftiert, und hier saß auch bis zu seinem Tode 1986 Erich Koch, der letzte ›Gauleiter‹ Ostpreußens. Sein im schweren Winter 1944/45 viel zu spät erteilter Evakuierungsbefehl kostete hunderttausende Zivilisten das Leben.

Erich Koch ist aber sicherlich nicht der Grund für diesen Ausflug, und vermutlich ebensowenig das Geburtshaus des Komponisten Feliks Nowowiejski (1877–1946), das ein kleines Museum beherbergt. Man assoziiert ihn mit der landesweit bekannten ›Rota‹ (etwa ›Wacht‹). Der Hintergrund dieses stark nationalpolnischen Liedes, in dem »die Deutschen uns die Kinder nicht germanisieren sollen«, war der ›Nationalitätenkampf‹ der Bismarck-Zeit in der preußischen Provinz Posen.

Der wichtigste Grund, diesem Städtchen einen Besuch abzustatten, ist das qualitätvollste noch erhaltene Kunstwerk der Renaissancebildhauerei im alten Ostpreußen. In der **Franziskanerkirche** (kościół franciszkanów), einer der zwei sehenswerten gotischen Backsteinkirchen des Ortes, befindet sich das Doppelgrabmal des Andreas Bathory, des ermländischen Bischofs und Neffen des polnischen Königs Ste-

---

Geheimnis des Bernsteinzimmers

Erich Koch nahm das bis heute nicht gelüftete Geheimnis um den Verbleib des Bernsteinzimmers mit ins Grab. Dieses um 1760 geschaffene Gesamtkunstwerk, ein mit Bernstein ausgekleideter Raum, befand sich in der Zarenresidenz Zarskoje Selo bei St. Petersburg. Von NS-Deutschland 1941 geraubt, gingen über zwanzig mit dem Kunstwerk beladene Lastwagen 1945 von Königsberg aus auf ihre letzte Reise ... und kamen nirgends an. Inzwischen steht am ursprünglichen Ort eine Kopie des Zimmers. Kleine Fragmente der originalen Verkleidung, die Ende der neunziger Jahren im Berliner Antiquitätenhandel auftauchten, nährten den Eifer von Schatzsuchern und Journalisten, die Suche fortzusetzen; eine unendliche Geschichte, der sich die Medien vor allem in der Saure-Gurken-Zeit seit Jahren regelmäßig (und ohne jeglichen Erfolg) widmen.

phan Bathory, sowie seines Bruders Balthasar. Willem van den Blocke, ein in Danzig tätiger Niederländer, schuf es 1598.

 Barczewo: Geburtshaus des Komponisten Nowowiejski, ul. Mickiewicza 13. Di–So 10–16 Uhr.

Dobre Miasto und Lidzbark Warmiński

Masuren-Atlas: S. 221, D 4, E 3
In **Dobre Miasto** (Guttstadt) steht auf dem Kegeldach eines Turmes in der Stadtbefestigung das berühmteste Storchennest Polens. Vor allem aber verfügt der Ort über die **Domkapitelkirche** (kościół kolegiacki), die größte ermländische Backsteinkirche. Schon ihre bloßen Ausmaße beeindrucken – die siebenjochige Halle mißt 60 m in der Länge und 27 m in der Breite. Der im 19. Jh. aufgestockte Turm ragt 49 m über die hügelige Landschaft auf. An die von weit her sichtbare Kirche schließt sich der ehemalige Sitz der ermländischen Domkanoniker an, die in einem dreiflügeligen Backsteinbau mit einem Innenhof ihre Wohnungen hatten.

Den gotischen Raum mit Sterngewölben zieren reich mit Gold geschmückte Altäre. Den größten Wert unter den Skulpturen besitzt der ›Gnadenstuhl‹, eine Figurengruppe aus der Zeit um 1500, die den sitzenden Gottvater mit dem Gekreuzigten auf dem Schoß darstellt.

Dobre Miasto, Stiftskirche mit Sitz der ermländischen Domkanoniker

Olsztyn und das Ermland

Die Straße nach Kaliningrad (Königsberg) erreicht nach weiteren 20 km **Lidzbark Warmiński** (Heilsberg im Ermland). Die 1308 im Flussbogen der Łyna (Alle) gegründete Stadt war von schlesischen Kolonisten besiedelt worden, deren Nachkommen sich angeblich bis 1945 ihre schlesische Mundart bewahrten.

Die 1945 arg verwüstete Stadt ist heute modern und etwas seelenlos gehalten; nur vereinzelt ragen Bauwerke von Rang aus der Einheitsarchitektur heraus. Zu diesen zählt die große *gotische Pfarrkirche* sowie das *Hohe Tor* (Wysoka Brama), genauer gesagt seine Vortorbefestigung, die mit ihrer Doppelturmfassade an das Krantor in Danzig und das Marienburger Brückentor erinnert. Eine Seltenheit bildet die nach einem Entwurf Karl Friedrich Schinkels ausgeführte ehemalige evangelische Kirche, heute eine *orthodoxe Kirche* (cerkiew, ul. Wysokiej Bramy) für die 1947 vertriebenen Ukrainer aus dem Südosten Polens.

Mit Abstand die größte Attraktion des Ortes ist die imposante **Bischofsburg** (s. Umschlagklappe vorn), von 1350 bis 1795 die Residenz der Bischöfe des Ermlands. Das massive Mauerviereck aus den Jahren 1348–1401 ist das besterhaltene Beispiel des ›Kastelltypus‹ unter den Deutschordensburgen. Ein quadratischer Grundriss, umgeben von einer Zwingermauer, vier ausgebaute Flügel, Ecktürme, ein großer Bergfried, ein Innenhof mit Kreuzgängen, große Fenster der Kapelle im Hauptgeschoss, ein axial angeordneter Eingang mit einer hohen Fallgatternische – das alles vermittelt das Bild eines ›klassischen‹ Kastells des Deutschen Ordens. Die Heilsberger Burg präsentiert, anders als die in großen Teilen neu errichtete Marienburg, durchweg die echte, in den 1920er Jahren vorbildlich restaurierte Bausubstanz.

Am besten nähert man sich dem Ensemble von der Außenseite des Wassergrabens her, wo sich der rote wehrhafte Kubus malerisch im Wasser spiegelt. Der anschließende Gang führt zur Vorburg, die sich bis auf den dicken Rundturm aus dem 15. Jh. heute barock zeigt. 1995 brannte das Hauptgebäude mit dem Dreiecksgiebel über dem Eingang vom Blitz getroffen ab, und damit unter anderem auch – zur Freude mancher – die Akten des Standesamtes. Der Wiederaufbau ist inzwischen abgeschlossen.

Eine Brücke über den inneren Graben führt zum quadratischen Innenhof. Dieser ist von einem hervorragend erhaltenen **Kreuzgang** umgeben. Massiv gehalten im Erdgeschoss, in dem sich lediglich die Wirtschaftsräume befanden, präsentiert sich der Kreuzgang im ersten Stockwerk mit schlanken achteckigen Säulchen und einem ›Springgewölbe‹ kunstvoll und elegant.

Die Wandmalereien stellen die ermländischen Bischöfe dar, die über eine Leiter leibhaftig in den Himmel steigen, sowie die Legende von den Drei Toten und den Drei Lebenden. Nicht mehr mittelalterlich sind die Wappen der Bischöfe, von denen einer, Enea Silvio Piccolomini (1405–64), 1458 zum Papst Pius II. gewählt wurde, weshalb auch die päpstliche Tiara an der Wand zu sehen ist.

Das **Burgmuseum** sollte wegen der Architektur der Innenräume, in denen

Lidzbark Warmiński

seine reichhaltigen Sammlungen sakraler und profaner Kunst einen würdigen Platz fanden, unbedingt eingeplant werden. Kulturhistorisch von Interesse sind jene Ausstellungsstücke, die sich auf den letzten hier residierenden Bischof Ignacy Krasicki (1735–1801) beziehen. Dieser Brieffreund Friedrichs II., welcher übrigens der politischen Herrschaft des Fürstbischofs 1772 ein Ende setzte, war der wichtigste polnische Aufklärer und trotz eigener Priesterweihe einer der eifrigsten Kritiker der Missstände, die damals in der katholischen Kirche herrschten. Sein Epos ›Der Mönchskrieg‹ greift die Mönche scharf an und wirft ihnen vor, gefräßig, trunksüchtig und obendrein auch noch faul zu sein.

Kurios mutet die **Burgkapelle** an: Die Rokoko-Dekoration wurde der gotischen Raumstruktur vorgeblendet, mit dem Ergebnis, dass die Engelköpfchen aus den Schnittlinien der Gewölberippen erstaunt herunterschauen. Homogen ist dafür der **Große Remter,** neben den vergleichbaren Räumen der Marienburg der schönste profane Raum des Ordenslandes. Man bewundert hier das Sterngewölbe mit der Scheitelrippe, die Fabelwesen darstellende Konsolen und die mit Schachbrettmuster und figürlichen Darstellungen – z. B. der Krönung Mariae – verzierten Wände. Dies sowie der rekonstruierte Kachelboden mit den Öffnungen für die Heißluftheizung bildet eine perfekte Kulisse für die hier ausgestellten gotischen Skulpturen. Die in Bronze gegossene Grabplatte des Bischofs Legendorf (1497) nach dem Entwurf des Danziger Bildhauers Hans Brandt ist eine besondere Kostbarkeit.

Das Dachgeschoss bietet einen abrupten Szenenwechsel. Unter den oftmals zweitrangigen Beispielen der modernen polnischen Malerei erkennt man doch die Werke von Władysław Hasior (1928–99) und Jan Lenica (1928–2001). Während der erste ein großer Meister der Collage ist, ist Lenica bekannt für seine Zeichentrickfilme und Bilder.

Der Nebenraum wiederum versetzt – auch mit Hilfe des passenden musikalischen Hintergrunds – in die Welt der Orthodoxie. Die wertvollsten Ikonen aus dem Nonnenkloster der Altgläubigen in Wojnowo (Eckertsdorf; s. S. 136 f.) werden, da sie hier besser vor Diebstahl geschützt sind, im Museum ausgestellt. Der Rundgang endet mit einem Raum, der der Denkmalpflege gewidmet ist. Modelle und Fotos der wichtigsten Bauten im ehemaligen Ordensland Preußen sind entweder eine schöne Erinnerung an das bereits Gesehene oder machen Appetit auf noch zu erkundende Bauten.

Eines der abgebildeten Gebäude findet sich nur 12 km östlich der Stadt. In **Stoczek Klasztorny (**Springborn) steht eine ehemalige Bernhardiner-Klosteranlage, die heute von den Marianern betreut wird. Die runde barocke Kirche wurde 1635 gestiftet als Dank des Bischofs Szyszkowski für den 20jährigen Waffenstillstand zwischen Polen und Schweden, der eine Atempause für das stark in Mitleidenschaft gezogene Bistum Ermland bedeutete.

Die neueste Geschichte des Ortes steht unter dem Zeichen des staatlich verordneten Kampfes gegen die Institution der katholischen Kirche. 1938 wurden nach dem ›Anschluss‹ Öster-

Olsztyn und das Ermland

Atlas: S. 221, 225

reichs an das Deutsche Reich österreichische Bischöfe von den Nationalsozialisten in Springborn interniert. 1953–54 war hier – nachdem das Kloster beschlagnahmt worden war – der Primas von Polen, Kardinal Stefan Wyszyński (1901–81) inhaftiert (s. S. 30).

Lidzbark Warmiński: Pod Kłobukiem, ul. Olsztyńska 4, Tel./Fax 767 32 91, 767 32 92. 2 km südlich an der Straße nach Olsztyn. DZ 137-209.
PTTK-Herberge, ul. Wysokiej Bramy 2, Tel. 767 25 21. Attraktiv im Hohen Tor untergebracht; unterste Preisklasse. DZ 43 zł, 3-7-Bett-Zimmer 17 zł. pro Person.
Jugendherberge, Poniatowskiego 3, Tel. 767 31 47, nur im Sommer geöffnet.

Lidzbark: Happy End, ul. Konstytucji 3 Maja 6, Tel. 767 58 21. Man übersteht hier das Essen nicht nur gut, sondern es schmeckt auch noch. 7-30 zł.
Zajazd pod Kłobukiem, außerhalb der Stadt; etwas eleganter. 7-20 zł.

Lidzbark : Schlossmuseum (Muzeum Zamkowe): Di– So 9–17 (15. Sept.–15. Juni 10–16 Uhr).

Fast stündlich **Busse** von Olsztyn nach Dobre Miasto, aber nur zweimal tgl. von dort nach Braniewo und Frombork.

Bartoszyce und Liski

Masuren-Atlas: S. 221, E 3, F 3
Bartoszyce (Bartenstein) liegt bereits außerhalb des Ermlands in der Landschaft Barten, deren Name auf einen untergegangenen Prußenstamm zurückgeht. Im Mittelalter eine wohlhabende Handelsstadt, schleiften die Bürger 1454 die hiesige kleine Ordensburg, um ungestört ihren Geschäften nachgehen zu können. Nach Königsberg war die Stadt im 16. und 17. Jh. die zweitwichtigste des Herzogtums Preußen. Der Handel ist auch heute der bedeutendste Wirtschaftszweig: Knappe 20 km trennen die Stadt von Bagrationovsk (Preussisch Eylau), das bereits in der Russischen Föderation liegt. Der immer noch umständliche Grenzübertritt ist erst seit der Wende 1989 hier möglich; viele der Einheimischen betreiben seitdem einen mehr oder weniger legalen Grenzhandel. Als Tourist wirft man am besten einen Blick auf die *Pfarrkirche* (kościół św. Jana Ewangelisty) mit eigenwilligen Terrakotta-Figuren am Nordportal, schaut sich das *Heilsberger Stadttor* (Brama Lidzbarska) an und fährt weiter nach **Liski** (Liesken), zum berühmten Trakehnergestüt.

1732 gründete der Soldatenkönig Friedrich Wilhelm I. im Ort Trakehnen eine Pferdezucht für Militärzwecke. Durch das Einkreuzen von arabischen und englischen Vollblütern entwickelte man bald eine Pferderasse, die widerstandsfähig und gleichzeitig elegant war.

1945 kamen viele Trakehner mit den Flüchtlingen nach Westen. Im heute russischen Trakehnen, Jasnaja Poljana (bei Gusewsk/Gummbinen) gibt es lediglich verfallene Stallungen. Neue Trakehner-Gestüte entstanden in Schleswig-Holstein sowie im russischen Kirov bei Charkov. Im ehemaligen Ostpreußen verblieben nur wenige Trakehner, die seit 1950 im vormaligen Remontamt Liski sowie auf dem Gut derer von Kuenheim in Judyty (Juditten) gehalten werden. Nur gebrannt werden die Pferde heutzutage selbstredend anders: Anstatt der ostpreußischen doppelten Elchschaufel bekommen sie eine – in der Form recht ähnliche – Adlerschwinge, dies ist das Brandzeichen der großpolnischen, den Trakehnern sehr ähnlichen Rasse.

Das Gestüt war in kommunistischer Zeit sehr erfolgreich, über 500 Pferde wurden an meist ausländische Gestüte verkauft. Nach Abbau der Subventionen kämpft der Betrieb mit 260 Pferden heute um sein Überleben. Den aufblühenden Tourismus nutzend, organisiert man Kutschfahrten und bietet Reitmöglichkeiten.

Bartoszyce: Hotel Astra, ul. Kowali 2, Tel./Fax 089/762 38 75. DZ 75 zł.
Biały Książe: 11-200 Osieka 3, Tel. 089/762 12 16. 4 km südwestlich von Bartenstein gelegen, fand das neue Hotel in dem 1861 in italienischem Neorenaissancestil errichteten **Schloss Hermenhagen** der Familie von Ascheraden seine Bleibe. DZ 150 zł.

Liski: Eine deutsche Führung ist nicht nur für Pferdeliebhaber spannend. Anmeldung: Tel. 089/761 43 22, 762 32 22, 762 32 23.

Orneta

Masuren-Atlas: S. 221, D 3
Der nordwestliche Teil des Ermlands besitzt drei bedeutende Städte: Orneta (Wormditt), Braniewo (Braunsberg; s. S. 72 f.) und Frombork (Frauenburg; s. S. 67 ff.). Orneta – im Hochmittelalter für kurze Zeit (1340–50) Bischofs-

Besichtigungstipp - kleine ›Schwester‹ von Heiligelinde

Nur 3 km von der Stadt entfernt liegt **Krosno** (Crossen), mit einer den meisten Touristen unbekannten **Wallfahrtskirche,** ähnlich jener in in Święta Lipka (Heiligelinde; s. S. 108 ff.). Sie liegt inmitten eines rechteckigen Umgangs, der den Pilgern zum Schlafen diente. Hinter der in Gold gehaltenen barocken Fassade verbirgt sich eine Ausstattung aus dem 18. Jh. mit vollständiger Decken- und Wandbemalung.

sitz – ist ein seltenes Beispiel für ein gut erhaltenes, homogen bebautes Städtchen, in dem der Zustand von vor 1945 weitgehend erhalten blieb.

Mitten auf dem von bunten Bürgerhäusern umsäumten Marktplatz thront ein kleines gotisches *Rathaus* (Café im Keller). Einmalig stellt sich die 1379 vollendete *Pfarrkirche* der Stadt dar mit ihrem quer gestellten Giebel und den hohen Fialen an den Seitenwänden. Ein breiter keramischer Fries mit abwechselnd männlichen und weiblichen Konterfeis lockert das Außenbild auf. Im Inneren der Kirche wecken erhaltene Teile der originalen Innenausstattung sowie die Reste von Fresken das Interesse, auf denen wir u. a. die Klugen und die Törichten Jungfrauen, aber auch einen Bischof, dem eine Mutter ihre Tochter zuführt, dargestellt sehen.

GIŻYCKO (LÖTZEN) UND DIE NÖRDLICHEN MASURISCHEN SEEN

Yachthafen von Giżycko

Masuren-Atlas S. 221, F/ 3-4, S. 222, A-C/ 3-4, S. 223, D 4

GIŻYCKO (LÖTZEN) UND DIE NÖRDLICHEN MASURISCHEN SEEN

Giżycko (Lötzen) ist der ideale Ausgangsort für Ausflüge: Westlich liegen Architekturdenkmäler unterschiedlichster Bauherren, von den Deutschordensrittern bis zu Adolf Hitler. Gen Norden und Osten führen die Wege in die Natur pur. Eine Brücke bei Sztynort (Steinort) oder der Urwald von Borki (Borken) bilden eine traumhafte Bühne, auf der gelegentlich die Herrscher der Luft und des Waldes auftreten – der Seeadler und der Wisent.

Die Masurischen Seen

Masuren-Atlas: S. 221, 222, 223

Dort, wo die Seen am größten sind und die Moränenhügel am höchsten und wo am blauen Himmel zahlreiche Störche kreisen, dort liegt Masuren. Diese etwas nebulöse, auf jeden Fall aber zutreffende Definition zu präzisieren, stellt sich als nicht ganz einfach heraus. Im engeren Sinne gehört zu Masuren nur die östlich an das Ermland anschließende Landschaft in dem unregelmäßigen Viereck mit den Eckpunkten Szczytno (Ortelsburg), Węgorzewo (Angerburg), Gołdap (Goldap) und Ełk (Lyck).

Masuren – abgeleitet vom Namen des polnischen Stammes der Masowier – funktionierte aber auch als ethnischer Begriff. Hier lebten tatsächlich noch bis zu Anfang des 20. Jh. in der Mehrheit polnischsprachige Masuren. Ab 1945 wurde der Name Masuren großzügiger verwendet: Als ›Warmia i Mazury‹ (Ermland und Masuren) wurde es zur gängigen Bezeichnung für die Polen zugefallenen ostpreußischen Gebiete. Um Probleme wie z. B. die Frage, ob Szczytno (Ortelsburg) oder Kętrzyn (Rastenburg) noch als Masuren angesprochen werden dürfen oder nicht, elegant zu umschiffen, bietet es sich an, auf die rein geografische Begrifflichkeit zurückzugreifen. In beiden Sprachen funktioniert nämlich der Name Große Masurische Seenplatte (Wielkie Jeziora Mazurskie).

Unter den zahllosen masurischen Seen fallen auf der Karte zwei große Wasserflächen sofort ins Auge. Dabei ist der *Śniardwy-(Spirding-)See* tatsächlich ein großer zusammenhängender See, während der *Mamry-(Mauer-)See* – der Mittelpunkt des hier beschriebenen Gebietes – aus etlichen kleineren Gewässern mit eigenen Namen besteht, die erst zusammengezählt mit 104 km^2 als zweitgrößter See Polens gelten.

Sanft hügelige Felder umgeben kleine Dörfer aus Backsteinhäusern. Panje-Wagen, schnatternde frei laufende Gänse, kläffende Hunde, ein (neu-)masurischer Bauer mit einer Sense auf dem Weg ins Feld – solche Szenen lassen die Faszination eines Siegfried Lenz oder Arno Surminski durch dieses Land nachvollziehbar werden. Freilich galt ihre Literatur einem anderen Masuren, aber – was erstaunlich ist und gewissermaßen von der Existenz eines ›genius loci‹ überzeugt – anscheinend haben alle geschichtlichen Katastrophen dem Bild eines masurischen Dorfes wenig anhaben können. Und auch wenn die größeren Orte mit ihren unzähligen Motor- und Segelbooten ihre Unschuld bereits verloren haben, wirkt doch die Anziehungskraft dieser Landschaft unvermindert fort.

Giżycko

Masuren-Atlas: S. 222, B 3

Teils zeigt sich hier das Gesicht einer preußischen Provinzstadt, teils überzieht das realsozialistische Einheitsgrau – immer noch – die Stadt. Dessen ungeachtet entwickelte sich Giżycko (Lötzen), auf der Landzunge zwischen jeziero Niegocin (Löwentin-See) und Mamry, genauer jeziero Kisajno (Kisain-See) gelegen, in der Nachkriegszeit zu einem touristischen Mekka. Zahllose Reisegruppen bevölkern die Hotels und Pensionen der Stadt und deren Nachbarorte, z. B. Wilkasy.

An der Anlegestelle treffen sich die Segler, denen die sich über 60 km hinziehende ununterbrochene Wasserfläche zwischen Węgorzewo im Norden und Jezioro Nidzkie (Nieder-See) im Süden, die über etliche Seen und Kanäle verbunden sind, ausgezeichnete Möglichkeiten bietet. Außerdem gibt es am jeziero Kisajno Wassersportanlagen, an denen im Sommer oft internationale Jachtregatten stattfinden und im Winter Eissegeln trainiert wird.

Neben Fischerei und Holzindustrie ist Fremdenverkehr die wichtigste Einkommensquelle der Stadtbewohner, und auch der Einzelhandel hat sich ganz auf die Touristen eingestellt: Bernstein in allen erdenklichen Varianten oder mehr oder weniger echte Volkskunst in Form von Holzfiguren wird häufig angeboten.

In den 1970er und 80er Jahren machten die ›Heimattouristen‹, auch etwas despektierlich ›Heimwehtouristen‹ genannt, also ehemalige Einwohner Masurens, einen großen Teil der Reisenden aus. Doch der Strom der kraus- und weißhaarigen Damen versickert langsam, die Hotels stellen sich auf die einheimische Mittelklasse ein, die allerdings erst im Werden ist.

Neben allerlei Wassersportmöglichkeiten gibt es in der seit mindestens 1341 existierenden Siedlung auch Sehenswürdigkeiten zu besichtigen. Nahe am Kanal zwischen den beiden Seen, passenderweise auf dem Gelände des Motels ›Zamek‹ (poln. Burg) und des Campingplatzes gelegen, erinnert

Giżycko und die nördlichen masurischen Seen

eine kleine *Deutschordensburg* – ein einflügeliges Gebäude mit einem später hinzugefügten Renaissance-Giebel – an die einstigen Herren des Landes.

Nur einige hundert Meter weiter südwestlich steht schon ein anderes Beispiel für Militärarchitektur. Die in den Jahren 1847–53 erbaute **Boyen-Festung** wurde nach dem damaligen preußischen Kriegsminister Hermann von Boyen benannt. Sie spielte eine Schlüsselrolle im Ersten Weltkrieg, da sie erfolgreich verteidigt wurde und dadurch einen gewichtigen Anteil am deutschen Sieg in der Schlacht an den Masurischen Seen hatte. Der berühmte Brief des Kommandanten Busse an seinen russischen Gegner vom August 1914, in dem er sich für die versehentliche Verwundung dreier Parlamentarier entschuldigt, aber die Aufforderung zu kapitulieren als »für mich und meine tapfere Besatzung als im höchsten Grade beleidigend« zurückwies, legt Zeugnis von dieser Zeit ab, ebenso die Kriegsfriedhöfe, auf denen im Tode vereint Deutsche und Russen ihre ewige Ruhestätte fanden. Die Friedhöfe werden in den letzten Jahren oftmals von den Teilnehmern deutsch-polnischer Jugendcamps restauriert, so z. B. in Kruklanki (Kruklanken) oder bei Pozezdrze (Possessern; an der Straße nach Giżycko).

Die Boyen-Festung diente nach dem Krieg so friedlichen Zwecken wie Käsereifung, Champignonzucht und Geflügelhaltung. Heute hat hier u. a. der ›Klub der Freunde der Festung‹ seinen Sitz, der einen Besichtigungspfad angelegt sowie Informationstafeln aufgestellt hat.

Im Zentrum der Stadt steht die **Schinkel-Kirche** (1826/27; 1881 wurde der Chor angebaut). In Wirklichkeit geht sie nur insofern auf Schinkel zurück, als die Berliner Oberbaudeputation, in der er tätig war, den ›Einheitsentwurf‹ für kleinstädtische Kirchen im Osten des Reiches anfertigte, den man dann an vielen Orten realisierte (Dobre Miasto, Lidzbark Warmiński und Braniewo). Aber auch wenn die Kirche nur halbwegs eine Schinkelsche ist, so lässt sich in ihr doch wunderbar den im Sommer häufigen Orgelkonzerten lauschen.

> ### Masuren per Ausflugschiff
>
> Keine geschichtsträchtige, sondern naturkundliche Zerstreuung bieten die Schiffe der Weißen Flotte (Biała Flota), die in der Saison Fahrten nach Mikołajki und Węgorzewo machen. Der schönste Ausflug führt zur ›Kormoraninsel‹ (wyspa Kormoranów) auf dem Jezioro Dobskie (Doben-See), einem Teil des Mauer-Sees. Dort gibt es eine Naturschutz-Kolonie für rund die 1400 Exepmpare dieser Vögel. Inzwischen werden Stimmen laut, dass sich die Kormorane zu sehr vermehrt haben, zumal sie für die Fischer eine wahre Plage sind. Abfahrtszeiten über die Touristeninformationen in Giżycko, Mikołajki und Ruciane.

Centrum Informacji Turystycznej, ul. Warszawska 7, Tel. 087/428 52 65, Tel./Fax 428 57 60, www.gizycko.turystyka.pl.

Atlas: S. 222

Giżycko

 Europa, ul. Wojska Polskiego 37, Tel. 429 30 01, Fax 429 25 54, www.hoteleuropa-gizycko.pl. In Wassernähe; nach der Totalsanierung mauserte sich das Hotel zum besten in der Stadt. DZ 240 zł.

Wodnik, ul. 3 Maja 2, Tel. 428 38 71, Fax 428 39 58. Wird trotz des uninteressanten Äußeren und der Lage inmitten der Stadt von vielen deutschen Reisegruppen aufgesucht; u. a. Fahrradverleih. DZ 125-225 zł.

Mazury, ul. Wojska Polskiego 56, Tel. 428 46 99, Fax 428 59 56, www.hotel mazury.prv.pl. In besserer Lage mit eigener Anlegestelle und Verleih von Wassersportgeräten. DZ 100-180 zł.

Motel Zamek, ul. Moniuszki 1, Tel. 428 24 19. DZ 70-120 zł.

Wilkasy: Centrum Wilkasy, ul. Niegocińska 5, Tel. 428 00 72, Fax 428 00 51. 2003 eröffnet, direkt am See gelegen, eigener Verleih der Wassersportgeräte. DZ 200 zł.

Hotel Tajty, ul. Przemysłowa 17, Tel. 428 01 94, Fax 428 00 87. 4 km nördl. von Giżycko, schön am See gelegen; bester Konfort. DZ 114-208 zł.

Wioska Turystyczna Wilkasy, ul. Niegocińska 7, Tel. 428 04 54, Fax 428 00 24. DZ 95-185 zł.

PTTK-Herberge, ul. Niegocińska 1, Tel. 428 00 78. Hat ihre besten Tage hinter sich.

Jugendherberge, ul. Turystyczna 1, Tel. 428 29 59, Mai–Okt. Liegt attraktiv in der Boyen-Festung.

Campingplätze, Zamek, ul. Moniuszki 1, Tel. 428 34 10 (Mai–Okt.). ul Olsztyńska 23, Tel. 428 02 15.

Kuchnie Świata, ul. Olsztyńska 3a, Tel. 429 22 55. Ein buntes Gemisch der Küchen aus aller Welt. 15-30 zł.

Pod Kominkiem, ul. Olsztyńska 11, Tel. 428 40 81. Probieren Sie die Zwiebelsuppe und den Salat mit Austernpilzen. 15-30 zł.

Wodnik, im gleichnamigen Hotel, empfiehlt sich ebenfalls.

Pizzeria Nicola, ul. Warszawska 14, Tel. 428 26 85. Bietet Abwechslung von der polnischen Küche. 10-14 zł.

Von der Anlegestelle (ŻM, ul. Wojska Polskiego 8, Tel. 428 53 32, Fax 428 30 50, www.zegluga.com.pl) fahren die **Ausflugsschiffe** nach Mikołajki (9, 15 Uhr), Węgorzewo (11, 14.30 Uhr); 1x tgl. zur Kormoraninsel (10.30, manchmal 18 Uhr) und alle zwei Tage auch nach Sztynort (12 Uhr).

Reiten: Reiten Wilkasy, Tel. 428 04 54, Werner Lange in Pieczątki 26, Tel. 428 23 86, oder in Przykop, Tel. 421 10 86; auch in der Touristeninformation nachfragen. **Wassersport:** Verleih von Booten etc. auf dem Campingplatz Zamek, in Marina Bełbot Yacht Charter, Wilkasy, Hafen auf dem jez. Tałty, Tel. 428 03 85, 428 71 34, oder im Wassersportzentrum/Centralny Ośrodek Sportu, ul. Moniuszki 22, Tel. 428 23 35 am jez. Kisajno; in Wilkasy auch in der PTTK-Station. **Segeln:** Orbis Mazury Incoming Bureau, ul. Dąbrowskiego 3, Tel. 428 21 12. **Ballon-Fliegen:** Auskunft in der Touristeninformation.

In der ersten Julihälfte ›Festival der Shanties‹ (Festiwal Szanty) in der Boyen-Festung.

Vom Busbahnhof verkehren häufig **Busse** in die Nachbarstädte, auch nach Suwałki, Lidzbark Warmiński und Warschau. **Züge** fahren nach Ełk, Kętrzyn, Olsztyn und Białystok sowie Danzig und Warschau (nur im Sommer an Wochenenden), wobei es sich bei den letzten zwei Zielen um endlose Weltreisen handelt (fast die ganze Nacht bis Danzig).

Die nördlichen masurischen Seen

Atlas: S. 221, 222, 223

Kętrzyn und die Wolfsschanze

Masuren-Atlas: S. 222, A 3
Rastenburg wurde nach 1945 zu **Kętrzyn,** zum Andenken an den aus dieser Gegend stammenden preußischen Adligen Adalbert von Winkler (1838–1918), dem erst als Erwachsenem seine polnische Herkunft bewusst wurde und der als Wojciech Kętrzyński zu einem wichtigen Historiker wurde. Wie es so oft bei Neubekehrten der Fall ist, entwickelte er sich zu einem glühenden Patrioten bzw. Nationalisten und prägte in seinen Abhandlungen u. a. das negative Bild der Deutschordensritter. Ausgerechnet in einer kleinen **Deutschordensburg** (von ca. 1370) gibt es im Rahmen eines Heimatmuseums eine ständige Ausstellung, die an ihn erinnert. Hier wird auch die Geschichte der Stadt geschildert.

Die **Georgskirche** (kościół św. Jerzego) befindet sich an dem der Burg gegenüberliegenden Ende der Altstadt, bzw. dessen, was vor 1945 die Altstadt ausmachte und heute eine mit Wohnblocks bebaute Fläche ist. Diese markante Backsteinkirche (1359–70, 1470–80 ausgebaut) war seit der Reformation evangelisch mit deutschen Gottesdiensten, eine daneben liegende kleine **Johanneskirche** (kościół ewangelicko-augsburski) bot bis 1880 die Predigten auf polnisch (bzw. masurisch); sie ist bis heute – anders als die jetzt katholische Georgskirche, in deren Schatten sie auch im wörtlichen Sinne steht – evangelisch geblieben. Die Georgskirche ist an die Stadtmauern angeschlossen, so dass der hohe Glockenturm gleichzeitig Wehrfunktion ausübte.

Das wichtigste Merkmal der Kirche bildet das Zellengewölbe, von Meister Matz 1515 geschaffen. Seine umgangssprachliche Bezeichnung Kristallgewölbe beruht auf seinem Aussehen: Es gibt keine Rippen, und die Wölbung erinnert an die Oberfläche eines geschliffenen Kristallglases (Schlüssel in der Pfarrei gegenüber).

Aber nicht das Kristallgewölbe machte die Stadt landesweit und auch international bekannt. In nur 8 km Entfernung, bei dem kleinen Ort Gierłoż (Görlitz), lag das Hauptquartier Adolf Hitlers, die berüchtigte **Wolfsschanze**. Der Bau der Bunkeranlage wurde von der Organisation Todt 1940 begonnen

---

Hitlers Bunker in den Augen Albert Speers

»Dieser Bunker, von außen einer altägyptischen Grabstelle ähnlich, war er eigentlich nur ein großer Betonklotz ohne Fenster, ohne direkte Luftzufuhr, im Querschnitt ein Bau, dessen Betonmassen den nutzbaren Raum um ein vielfaches überstiegen […]. Es schien, als trennten ihn die fünf Meter dicken Betonwände, die ihn umgaben, auch im übertragenen Sinne von der Außenwelt und sperrten ihn in seinem Wahn ein« – so Albert Speer, zunächst Hitlers Baumeister, später als Rüstungsminister zweitmächtigster Mann im Unrechtsstaat.

Kętrzyn und die Wolfsschanze

Hitlers Hauptquartier: Überreste der Wolfsschanze

und war bis zur Sprengung im Januar 1945 nicht abgeschlossen. Adolf Hitler verlegte kurz nach Beginn des ›Unternehmens Barbarossa‹ – des Angriffs auf die Sowjetunion – im Juni 1941 sein Quartier hierher und verbrachte bis zum Spätherbst 1944 die meiste Zeit in diesen Bunkern. Anscheinend war er der einzige unter den Nazigrößen, der wirklich gerne hier lebte. Als die Zentrale eines Terrorregimes weckt dieser Ort Beklemmung. Von hier aus ergingen verbrecherische Befehle, etwa jener vom 1. August 1944, im aufständischen Warschau keine Gefangenen zu nehmen, Frauen und Kinder zu erschießen und die Stadt dem Erdboden gleichzumachen.

Die gedämpfte Stimmung, die eine sensible Person hier empfindet, resultiert nicht nur aus der allzu bekannten Geschichte. Auch der dunkle Wald voller Betontrümmer trägt dazu bei. Die sichtbaren Spuren von Tarnnetzen an den Bäumen lassen den Schluss zu, dass Hitlers Hauptquartier sich ständig im Halbdunkel befunden haben muss.

Heute ist die Gegend fest in der Hand der Mücken, die sich an den unzähligen Touristengruppen vergehen. Wie zu erwarten war, ist die Wolfsschanze zu einem touristischen ›Highlight‹ geworden. Die Stimmung erinnert eher an ein Picknick, den Parkplatz beherrschen Andenkenläden mit Gartenzwergen und russischer Schmuggelware, sogar ein Hotel gibt es.

Bei der Besichtigung mit einem Fremdenführer – fragen Sie bei der Einfahrt in die Wolfsschanze nach »pan Szynkowski« – erfährt man viel über den Bau der Bunkeranlage und über das,

Die nördlichen masurischen Seen

Atlas: S. 221, 222, 223

was sich in ihren Mauern abgespielt hat. Wenn dies zu ausführlich erscheint, reicht auch ein Lageplan aus, um – am Gästebunker und an Martin Bormanns Bunker vorbei – zu Adolf Hitlers Bunker mit der Nummer 13 zu gelangen.

Unterwegs begegnet man einem in seiner Schlichtheit ergreifenden *Denkmal* in Form eines aufgeschlagenen Buches an der Stelle des leichten Bunkers, in dem man an einem heißen Julitag 1944 die Lagebesprechung abhielt. Dieses Denkmal konnte aufgrund von politisch motivierten Meinungsverschiedenheiten zum Thema des deutschen Widerstandes erst 1992 enthüllt werden. Seine zweisprachige Inschrift ist wie ein Lichtstreif an diesem traurigen Ort: »Hier stand die Baracke, in der am 20. Juli 1944 Claus Graf Schenk von Stauffenberg ein Attentat auf Adolf Hitler unternahm. Er und viele andere, die sich gegen die nationalsozialistische Diktatur erhoben hatten, bezahlten mit ihrem Leben.«

Kętrzyn: ul. Piłsudskiego 1, Tel./Fax 089/51 47 65, itketrzyn@um.ketrzyn.ids.pl.

Kętrzyn: Agros, ul. Kasztanowa 1, Tel. 751 52 40 u. 41. Bietet Abglanz des Spätsozialismus. DZ 130-150 zł.
Pod Zamkiem, ul. Struga 3, Tel. 752 31 17. Das kleine Hotel liegt neben der Burg. DZ 90 zł. pro Person.
Gierłoż: Wilczy Szaniec, Tel. 089/762 44 29, 752 44 92. Ideal für Liebhaber der Wolfsschanze – da in ihrer Mitte gelegen. DZ 90 zł.
Campingplatz, in der Wolfsschanze gelegen.

Kętrzyn: Agros, ul. Kasztanowa 1, Tel. 751 52 40-41. Ein großes, akzeptables Restaurant auf dem Weg nach Bartoszyce. DZ 10-18 zł.
Wolfsschanze: Leśna. Einfaches Restaurant. 7-21 zł.

Kętrzyn: in der **Burg** (Muzeum im. W. Kętrzyńskiego, pl. Zamkowy 1), Di–So 10–17 Uhr.
Wolfsschanze (główna kwatera Hitlera, Gierłoż), Führungen: Tel. 752 44 29; tgl. von Tagesanbruch bis zur Dämmerung. Anscheinend wurden die Pläne, hier *son-et-lumière*-Vorstellungen zu bieten und ein Wachsfigurenkabinett einzurichten (!), vorerst auf Eis gelegt.

Święta Lipka und Reszel

Masuren-Atlas: S. 221, F 3, 4
Deutlich fröhlicher geht es in **Święta Lipka** (Heiligelinde) zu. Zuerst staunt man angesichts einer südländisch anmutenden, gelb gehaltenen Doppelturmfassade, deren barocke Züge gewöhnlich keineswegs mit dem von Backstein geprägten Ostpreußen assoziiert werden. Man vergisst aber allzu leicht, dass nur ein paar hundert Meter weiter das katholische, zu Polen-Litauen gehörende Ermland begann und dass der Architekt, der aus Tirol stammende Georg Ertly, sein Leben lang im erzkatholischen Wilna (Vilnius) tätig war.

Die Geschichte von Heiligelinde reicht aber viel weiter zurück und verliert sich im Dunkel der Legende: Ein armer Sünder wurde zum Tode verurteilt. In der Nacht, bevor ihm sein Recht geschehen sollte, erschien ihm im Rastenburger Gefängnis die Muttergottes, gab ihm ein

Święta Lipka

Atlas: S. 221

Stück Holz und ein Messer und befahl ihm, das zu schnitzen, was ihm gefiele. Die verdutzten Richter erblickten am folgenden Morgen eine wunderschöne Marienfigur, und der Gefangene wurde freigesprochen. Auf dem Rückweg nach Rössel hängte er, wie es ihm die Muttergottes empfohlen hatte, die Figur an die erste Linde an seinem Weg. Viele Wunder, die sich fortan dort ereigneten, ließen um die Linde einen Wallfahrtsort entstehen, eben Heiligelinde.

In Wirklichkeit galt dieser Ort bereits in prußischen Zeiten als heilig. Im 15. Jh. entstand dort die erste Kirche, die Albrecht von Brandenburg-Ansbach, der letzte Hochmeister des Deutschen Ordens in Preußen, bei seinem Übertritt zum Protestantismus 1525 vernichten ließ. Anfang des 17. Jh. baute man auf Betreiben der polnischen Könige der Wasa-Dynastie, die als Lehnsherren des Herzogtums Preußens die Rekatholisierung Ostpreußens durchsetzen wollten, die zweite Kirche. Die heutige, dritte an dieser Stelle stehende **Kirche** errichtete Georg Ertly in den Jahren 1687–93. Die Basilika ist – ähnlich wie in Krosno (s. S. 99) – umgeben von einem Mauerviereck mit Laubengängen. Das kunstvolle eiserne Eingangstor (1734) ist das Werk eines Schmiedes namens Schwarz aus Reszel.

Der *Innenraum* der Kirche ist ein Meisterwerk des barocken Illusionismus: eine bemalte Scheinkuppel im Gewölbe, Pilaster aus nur vorgespieltem Marmor mit nicht existenten Kanneluren (Rillen) und naiv anmutende, unter dem Gewölbe aufgehängte Holzplatten mit Engelsgestalten, die Dreidimensionalität vorspiegeln sollen.

Święta Lipka, barocke Wallfahrtskirche mit Doppelturmfassade

EIN ALLGEGENWÄRTIGER BEGLEITER – DER WEISS-STORCH

Nirgendwo in Europa sieht der Reisende so viele Weißstörche wie im Nordosten Polens. Es gibt Dörfer, in denen buchstäblich jedes Haus mit einem Nest geschmückt ist. Die Wiesen sind voll von stolzierenden Tieren, die oft als Gruppen von vagabundierenden Jungvögeln auftreten.

In Zahlen ausgedrückt, leben von den etwa 100 000 europäischen Störchen 30 000 in Polen, davon 6600 im ehemaligen Ostpreußen (wobei für das russische Gebiet, dort will man es genau wissen, noch 1255 Exemplare hinzuzuzählen sind).

Nebenbei bemerkt ist Masuren auch ein idealer Ort, um dem scheuen kleineren Verwandten des Weißstorchs zu begegnen, dem Schwarzstorch. Diese Waldbewohner sind gelegentlich von der Straße Olsztyn–Mrągowo aus oder in der Johannisburger Heide (Puszcza Piska) zu beobachten.

Nest-, nicht partnertreu: Storchenpaare

Synanthropie heißt der Prozess der Anlehnung von Tieren an Menschen. Die Weißstörche verließen einst die Wälder und zogen zu den Menschen, die sich ihrerseits über die erwiesene Zuneigung freuen. Der Storch ist nützlich: Er frisst Insekten, Mäuse, Raupen und Heuschrecken, die ansonsten pro Jahr Getreide im Wert von 40 Mio. Euro vernichten würden. So nimmt niemand Anstoß an den weiß bekleckerten roten Dächern, und man schätzt sich glücklich, wenn ein Storch das eigene Haus als Domizil wählt – heute nicht zuletzt deshalb, weil die Störche Anreiz für die Touristen sind.

Und hier noch ein Kurzkursus für angehende Pelargologen, d. h. Storchenspezialisten. In einem Storchennest schlüpfen drei bis fünf Küken, die nach ca. 60 Tagen ihre ersten Flugstunden absolvieren. Ende August steuern die polnischen Störche auf der Ostroute über Istanbul, den Nahen Osten, Ägypten bis in den Südsudan oder gar Transvaal in Südafrika. 10 000 km sind zu meistern: Die Tiere fliegen mit 50 km/h vom Vormittag bis zum Sonnenuntergang, neuerdings bei kriegsbedingten Bränden von Ölfeldern auch nachts.

Erst mit drei Jahren kehren die jungen Tiere zurück, mit vier bis sechs brüten sie und werden schließlich 26–30 Jahre alt. Ihre fast sprichwörtliche Treue ist nur eine Legende: Störche sind nicht partner- sondern nesttreu – welches Weibchen auch immer das Männchen in seinem Nest vorfindet, dieses wird er als Partnerin akzeptieren.

Święta Lipka und Reszel

Bei der Orgelvorführung schweift der Blick über die Deckenfresken, deren Mittelszene die Verherrlichung Mariae zum Thema hat. Ihr Schöpfer, Matthias Meyer aus Lidzbark, hat sich in himmelblauer Weste und mit dem Pinsel in der Hand neben der Orgel dargestellt. Die Wände der Seitenschiffe sind mit naiven Darstellungen der Wunder, die sich hier ereigneten, bedeckt. Man erkennt, dass die meisten Pilger aus Polen und Litauen kamen, da es im 18. Jh. keine nennenswerte katholische Minderheit im östlich der Weichsel gelegenen Teil des preußischen Staates gab.

Zu sehen gibt es noch eine in Metall nachgebildete Linde mit einer Muttergottesskulptur (1728), ähnlich einem weiteren skulptierten Baum an der Fassade, sowie den riesigen barocken *Hauptaltar* von Christopher Peucker (1712–14) mit einem Gnadenbild (1640) in einem Silbermantel, das 1968 feierlich bekrönt wurde. Hinter dem Altar erschreckt die Darstellung des Fegefeuers, die die Spendenfreudigkeit der noch im Jammertal verweilenden Verwandten der armen Seelen steigern sollte.

Eine Attraktion eigener Art ist der große Souvenirmarkt vor dem Kirchenkomplex: Korbwaren, bestickte Decken und hölzerne Störche erfreuen sich großer Beliebtheit.

Den 6 km langen Weg zwischen Heiligelinde und Reszel säumen in seiner gesamten Länge auf beiden Seiten Wallfahrtskapellen. Man ist bereits wieder im Ermland, und die Kapellen, Marterln und Wegekreuze gehören hier wie selbstverständlich in die Landschaft.

Der Stadtkern von **Reszel** (Rössel) ist im Vorkriegszustand intakt geblieben. Viele Häuser stammen noch aus dem Wiederaufbau der Stadt nach dem großen Brand von 1807. Dieser soll durch Zauberwirkung ausgebrochen sein, was zur Folge hatte, dass eine Magd erhängt und anschließend verbrannt wurde – die letzte staatlich hingerichtete Hexe Europas.

Neben einer Pfarrkirche mit einem ähnlichen Sterngewölbe wie in der Katharinenkirche in Braniewo (Braunsberg) ist es vor allem die **Bischofsburg,** die die Touristen anzieht. 1355–71 errichtet, ist sie bis auf den abgerissenen

Unterhaltungstipp – die bewegliche Orgel

Der komplizierte und fragile Mechanismus der von Johann Josua Mosengel 1721 erbauten Orgel wird in seiner ganzen Großartigkeit nur für zwei Minuten am Ende jeder Vorführung in Gang gesetzt, bei der Polonaise des Grafen Eugeniusz Ogiński (1765–1833), einer schwermütigen Melodie, die den Abschied von der Heimat nach dem niedergeschlagenen Kościuszko-Aufstand 1794 verewigt. Verblüfft verfolgt man das barocke Spektakel: die Sterne drehen sich, die Engel blasen Posaune, spielen Mandoline, läuten mit Glocken, der Erzengel Gabriel verneigt sich tief vor Maria, die in einer Geste der Zustimmung mit dem Kopf nickt. Zeiten der Orgelvorführungen s. S. 112.

Ostflügel, an dessen Stelle 1820–22 eine evangelische Kirche errichtet wurde, im ursprünglichen Zustand erhalten. Bemerkenswert ist ein ausgeklügeltes System von Fallgatternischen und Pechnasen am Eingangstor, das allerdings heute niemanden mehr daran hindert, den Innenhof zu erreichen, wo Kaffee serviert wird und ein Basset thront, der scheinbar im gleichen Alter ist wie die Burg selbst.

Die Besteigung des Turmes lohnt wegen der Vogelschau auf das aus dem Mittelalter erhaltene Straßenraster Reszels. Die Zimmer der Burg werden heute hauptsächlich an Künstler vermietet, die Ruhe zum Arbeiten finden und später ihre Werke in der Burggalerie ausstellen; aber auch normale Sterbliche können hier übernachten.

Reszel: Zamek: Hotel Kreativ, ul. Podzamcze 3, Tel. 089/755 01 09, Fax 7551597. Eine romantische Unterkunft in der Burg. DZ 96-150 zł. pro Person.
Święta Lipka: Hotel w Św. Lipce, Św. Lipka 16, Tel. 089/755 37 37. 2004 eröffnete das erste Hotel in dem Pilgerort. DZ 200 zł.

Święta Lipka: Błękitny Anioł. Einfaches Restaurant. 7-16 zł.

 Święta Lipka: tgl. 8–18 Uhr (bis auf die So um 7, 8.45, 11, 14 und 17 Uhr stattfindenden Messen). Vorführungen der Orgel in Święta Lipka: Mo-Sa ab 9.30 Uhr stdl. bis 17.30 außer 12.30 Uhr; So 10.30, 12.30, 13.30, 15.30 und 16.30 Uhr. Im Juli und Aug. finden Fr, 20 Uhr, Orgelkonzerte statt.
Reszel: Galeria ›Zamek‹ und Turmbesteigung: Di-So 10–16 Uhr.

Drogosze und Barciany

Masuren-Atlas: S. 221, F 3, S. 222, A 3
Die einstige Pracht der ostpreußischen Adelswelt wird in **Drogosze** (Dönhoffstädt) einprägsam vorgeführt. Dieser größte Palastbau Ostpreußens mit dem monumentalen, für seine Zeit sehr fortschrittlichen, klassizistischen Portikus wurde 1710–14 (von Jean de Bodt und John van Collas) erbaut und 1766 um Seitenflügel ergänzt.

Das Schicksal des heute leer stehenden **Schlosses** – immerhin gab es hier eine landwirtschaftliche Schule, so dass es nicht dem völligen Verfall anheim fiel – ist ungewiss und nicht unbedingt rosig. Häufig überschätzen die

Lesetipp

Dönhoffstädt ging bereits 1816 an die Familie Stolberg-Wernigerode über, so dass die 2002 verstorbene ›ZEIT‹-Herausgeberin Marion Gräfin Dönhoff ihre Kindheit nicht hier, sondern in einem zweiten Schloss von ähnlichen Dimensionen, in Friedrichstein, verbrachte. Ihre Erinnerungen ›Kindheit in Ostpreußen‹ sowie ›Namen, die keiner mehr nennt‹ sind die ideale Reiselektüre, um sich mit dem Aufstieg und Fall dieser Adelswelt vertraut zu machen. Übrigens ist der Fall hier auch im baulichen Sinne gemeint: Vom heute russischen Friedrichstein sind nur noch mit Mühe die Fundamente auszumachen.

Drogosze und Barciany

Atlas: S. 221, 222

Dönhoffstädt, das größte Schloss Ostpreußens

neuen Besitzer derartiger Bauten ihre finanziellen Möglichkeiten und geben nach kurzer Zeit die ruinösen Schlösser wieder auf. Neben der sehenswerten monumentalen Hauptfassade blieb im Schloss die interessante neugotische Grabkapelle der Besitzerfamilie erhalten (in den benachbarten Wohnhäusern nach dem Schlüssel fragen).

Vorbei an Dörfern, in denen es scheinbar mehr Störche als Menschen gibt, kommt bald eine Ordensburg in Sicht, deren Name – Barten – auf die ganze Landschaft übertragen wurde.

Die **Burg,** ein roter Mauerkubus, liegt etwas außerhalb der erst im 17. Jh. gegründeten Stadt **Barciany** (Barten). Als der Deutsche Orden in der zweiten Hälfte des 14. Jh. den Osten seines Staates, die ›Große Wildnis‹, zu erschließen begann, wurde die zentrale Rolle dabei der neu gegründeten Komturei Barten übertragen. Aber nur der monumentale Ostflügel der Komturburg wurde fertig gestellt. Um 1390 wurde noch der niedrigere Nordflügel angefügt, in dem ein untergeordneter Ordensbeamter, der Pfleger, residierte, sowie ein dicker Pulverturm errichtet, der einen Teil der groß angelegten Modernisierungsmaßnahmen des Ordens angesichts des Aufkommens von Pulverwaffen sowie aufgrund der Bedrohung des Staates durch Polen-Litauen bildete. Heute bemüht sich ein Privatinvestor, die zu Zeiten der PGR (Landwirtschaftliche Produktionsgenossenschaft) arg verwahrloste Burg zu einer noblen Herberge umzufunktionieren.

Die Straße nach Norden endet nach 15 km vor einem Schlagbaum. Geplant ist hier die Einrichtung eines vierten Grenzübergangs in die Russische Föderation – neben Gronowo bei Branie-

Das Problem der Namensgebung

DAS PROBLEM DER NAMENSGEBUNG
EIN BEISPIEL AUS SIEGFRIED LENZ'
›HEIMATMUSEUM‹

Die Namen in Ostmitteleuropa variieren. Um so mehr, wenn ein Staat wie Polen auf Stalins Wunsch hin nach Westen verschoben wird. Schlesien, Hinterpommern und die ehemalige Provinz Ostpreußen hatten natürlich seit Jahrhunderten eingebürgerte deutsche Namen, die es 1945 zu verändern galt. Die wenigsten blieben: Pelplin südlich von Danzig, Stargard in Hinterpommern ergänzte man nur um ein Adjektiv (Stargard Szczeciński), und Goldap bekam lediglich einen diagonalen Strich (Gołdap). Meist geschah dies mit Namen, deren slawische Herkunft leicht erkennbar war. Für größere Städte existierten bereits historisch verankerte polnische Namen, auch dort, wo starke polnische, oberschlesische, masurische oder kaschubische Minderheiten lebten. Es hat seit dem Mittelalter Gdańsk und Wrocław gegeben, ebenso wie Katowice, Gliwice oder Olsztyn und Słupsk. Des weiteren wurden deutsche Namen an die polnische Phonetik angepasst: aus Elbing wurde Elbląg, aus Sorau Żary und aus Mohrungen Morąg. Gelegentlich wurden die Namen schlicht übersetzt, wie das schlesische Grünberg oder das ermländische Guttstadt (Zielona Góra, Dobre Miasto).

Die letzte Kategorie bilden schließlich gänzlich neue Namen, mitunter abgeleitet von den Namen historischer Persönlichkeiten, die das Polentum in Masuren förderten. Die Pastoren Krzysztof Mrongowiusz (1764–1855) und Herman M. G. Gizewiusz (1810–48) ebenso wie der Historiker Wojciech Kętrzyński (1838–1918) gaben dem ehemaligen Sensburg, Lötzen und Rastenburg ihre polnischen Namen. Vor allem bei kleinen Dörfern hatten die neuen Ortsnamen einen zufälligen und willkürlichen Charakter.

Die Nachkriegszeit war bestimmt durch einen stillen Kampf um die Verwendung der deutschen oder polnischen Form, womit der jeweilige politische Anspruch zum Ausdruck gebracht wurde. In den letzten 20 Jahren sind etliche Zwischenlösungen aufgetaucht, wobei Durcheinander, Ratlosigkeit und einige Schwierigkeiten bei Behördengängen hier und dort weiterhin existierten: Schreibt man beide Namen, wenn ja, dann in welcher Reihenfolge, vielleicht mit Klammern oder mit einem Strich …?

In jüngster Zeit ist auf diesem Gebiet eine Entspannung zu verzeichnen. Seit der Wiedervereinigung und der offiziellen Anerkennung der Nachkriegsgrenzen scheuen sich die Polen in etlichen Reiseführern nicht, deutsche historische Namen zu verwenden. Man gönnt es den Besuchern aus dem Westen, die für sie heimisch klingenden Namen zu verwenden. Schließlich haben die Polen ja auch ihre eigenen Namen für Köln, Aachen, Mainz oder Königsberg (Kolonia, Akwiz-

Ein Beispiel aus Siegfried Lenz' ›Heimatmuseum‹

gran, Moguncja, Królewiec). Zudem ist für die gewaltige Mehrheit der Polen die Verwendung der polnischen Namen der früher in Polen gelegenen Städte (Lwów für Lemberg/Lviv, Wilno für Wilna/Vilnius) mit Sentimentalität, aber keinesfalls mit politischem Hintersinn verbunden. Verpönt sind selbstverständlich die NS-Namen wie Litzmannstadt für Łódź/Lodsch oder Gotenhafen für Gdynia/Gdingen.

In einer groß angelegten Aktion wurden in den 30er Jahren Hunderte von masurischen und oberschlesischen Ortsnamen umgeändert. Siegfried Lenz beschreibt dies im ›Heimatmuseum‹ in einem schönen Text: Es folgt die Episode des reisenden Ofensetzers Eugen Lawrenz, der nach dem Passieren etlicher umbenannter Dörfer seinen eigenen Namen vergessen hat …

»Jedenfalls, der Ofensetzer Eugen Lawrenz will mit nuscht als Freundlichkeit im Kopf den langen Birkenweg nach Panistrugga gegangen sein – einen Weg, den seine Beine sozusagen auswendig kannten –, als er feststellen mußte, daß die alten Hinweisschilder nach Marczinowen und Maleczewen ersetzt worden waren; statt zu den ihm bekannten Ortschaften führten die Abzweigungen jetzt nach Martinshöhe und Maleten. Er hielt das für einen Irrtum oder für eine Dreidammligkeit, er ging weiter in Richtung Panistrugga, einfach, weil er von dort aus nach Skrzypken und Krzysewen wandern wollte wie jedesmal zuvor. (…)

Als er sich der Ortschaft Panistrugga näherte, flogen wie immer Scharen von Kibitzen auf, die sich in schlenkerndem Flug sammelten und ihn dann angriffen von beiden Seiten des Wegs, so lange, bis er Thurows Wirtschaft erreichte. Hier stand das Ortsschild; es war übergemalt; es sagte ihm, daß er sich in Herrenbach befand. Eugen Lawrenz will sich da derart genarrt gefühlt haben, daß er nichts nötiger zu haben glaubte als ein Gläschen Nikolaschka; so betrat er die Wirtschaft, in der an einem Ecktisch starräugig Iwaschkowski saß, der Gendarm. Sie tranken sich zu, und danach fragte der Ofensetzer, ob im Bezirk womöglich eine neue Krankheit ausgebrochen sei, die Taufkrankheit, worauf der Gendarm dem Fragesteller empfahl, ihn künftig nicht mehr mit Iwaschkowski anzureden, sondern mit Hausbruch, Waldemar Hausbruch.

Bedripst brach er nach Krzysewen auf, passierte Krolowolla, das sich jetzt Königswald nannte, und fand mit geschlossenen Augen durch Kallenzynnen, das nun Lenzendorf hieß, schleppte sich durch das windstille Skrzypken, das sich in Geigenau verwandelt hatte; wir glaubten ihm, daß, als er schließlich dazu angehalten wurde, die Krzysewer nur noch mit Kreuzborner anzusprechen, seine Verbiesterung nicht folgenlos bleiben konnte. In der Kreuzborner Herberge nach seinem Familiennamen gefragt, bot er mehrere zur Auswahl an, unter anderem Lanonowski; zur Ordnung gerufen, mußte er gestehen, daß ihm sein Name entfallen war. Da Leute ohne Namen in keiner masurischen Herberge übernachten durften, mußte Eugen Lawrenz die ersten Nächte im Freien verbringen – einmal unter grasenden Pferden, die ihm die Schuhsohlen wegknabberten.«

Die nördlichen masurischen Seen

Atlas: S. 221, 222, 223

wo, Bezledy bei Bartoszyce und Gołdap –, der in das einen Steinwurf von der Grenze entfernte Železnodorožnyj, das alte Gerdauen, führen soll. Hinter der wie mit einem Lineal gezogenen Grenze erstreckt sich ein dünn besiedeltes Gebiet mit einem gewaltigen Aufkommen an Militär. An den armseligen Waren, die die reisenden russischen Händler auf den Märkten vieler Städtchen im Grenzbereich ausbreiten, erkennt man, dass das Land jenseits erheblich ärmer ist. Von der Verheißung in Form der Sonderwirtschaftszone Jantar (›Bernstein‹) ist bis auf eine zusätzliche Gebühr an der Grenze kaum etwas zu spüren.

Unweit der Grenze liegt der Ort **Mołtajny** (Molteinen) mit einer der schönsten gotischen Dorfkirchen mit aufwändigem Giebel und einer bemalten Empore im Inneren (Schlüssel in der benachbarten Pfarrei). Den hohen Hügel in **Stara Różanka** (Alt-Rosenthal) kurz vor Kętrzyn, an dem man auf dem Rückweg vorbeikommt, besetzt eine massive gemauerte Windmühle aus dem 19. Jh. Es ist ein sogenannter Holländer, d. h. nur die obere Kappe wird je nach Windrichtung gedreht.

Sztynort und Węgorzewo

Masuren-Atlas: S. 222, B 3
1938 erhielt das Dorf Possessern den Namen Großgarten. In einer hunderte masurische, ermländische und oberschlesische Ortschaften ergreifenden ›Taufkrankheit‹ sollten neue Namen – so Siegfried Lenz im ›Heimatmuseum‹ (s. S. 114 f.) – »eine ungewisse oder unliebsame Herkunft verdecken, vertraute Zungenbrecher, an die man seit alter Zeit gewöhnt war, wurden aus dem amtlichen Verkehr gezogen und durch wohllautende deutsche Eigennamen ersetzt«. Heute heißt das Dorf **Pozezdrze** und bietet nicht viel mehr als einen großen Bunker mitten im nahen Wald. ›Hochwald‹ war der Sitz Himmlers, der sich vorsichtshalber sein Quartier in einer gewissen Entfernung von der Wolfsschanze bauen ließ.

Ist man von Giżycko gekommen, so biegt man in Pozezdrze links ab und macht nach 8 km an einer Brücke bei

> ### Besichtigungstipp – die »storchenreichsten Dörfer der Welt«
>
> Die ›storchenreichsten‹ Dörfer Europas entlang der russischen Grenze heißen Żywkowo (Schewecken, 42 Nester), Szczurkowo (Schönbruch) und Lejdy (Legden, 33 Nester) sowie Lwowiec (Löwenstein), in dem von 28 Storchenfamilien ganze acht ihr trautes Heim auf einer gotischen Pfarrkirche gründeten. In der Nähe von Barciany gibt es weitere ›rekordverdächtige‹ Dörfer - Radosze (Freudenberg), Bobrowo (Bieberstein) und Momajny (Momehnen), in denen sich in der sommerlichen Mittagshitze mehr Störche als Menschen aufzuhalten scheinen.

Sztynort halt, die in der Nachkriegszeit an der engsten Stelle des Mauer-Sees, genau gesagt zwischen dem Teilbecken Dargin-(Dargeinen-)See und dem kleinen Kirsajty, der in den eigentlichen Mauer-See übergeht, erbaut wurde. Hier bietet sich ein traumhaft weiter Blick. Die Segler teilen sich diesen Platz mit Kormoranen, Rothalstauchern und Schwänen; hoch fliegen Milane, Schreiadler und – zugegebenermaßen selten – Seeadler.

Auch der nächste Abschnitt, eine Fahrt durch den wohl ältesten Wald Masurens mit hundertjährigen Eichen, begeistert. Der Ort **Sztynort** ist als Steinort den geschichtskundigen Reisenden gut bekannt. Seit dem 16. Jh. war er im Besitz der Familie Lehndorff; ihr entstammte einer der Fürstbischöfe des Ermlands. Marie Eleonore von Lehndorff, eine geborene Gräfin Dönhoff, ließ im 17. Jh. ein **Schloss** errichten, das später um Seitenflügel ergänzt und durch einen neugotischen Portikus etwas verunstaltet wurde. Die letzten hundert Jahre seiner Geschichte stellen sich recht wechselhaft dar. Auf den ewigen Junggesellen Carol, dessen (Miss-)Geschicke in etlichen Anekdoten weiterleben, folgte Heinrich Graf von Lehndorff, der aus seiner Abneigung gegenüber den Nationalsozialisten kein Hehl machte und schließlich für seine Beteiligung am Attentat vom 20. Juli 1944 in Berlin-Plötzensee hingerichtet wurde.

Zuvor führte in Steinort der Außenminister des ›Dritten Reiches‹, Joachim von Ribbentrop, ein »primitives Leben« in einer »niederdrückenden Atmosphäre«, inmitten der »Wehmut des sumpfigen Waldes« – wie ihm dies 1941 Graf Ciano, Italiens Außenminister, bescheinigte.

Schloss Steinort ist heute verwahrlost. Seine neuen Besitzer, zu denen bereits der letzte kommunistische Premierminister Mieczysław Rakowski und der österreichische Chef einer Baufirma gehörten, erschreckten die Ausmaße der zu restaurierenden Anlage, so dass sie unverrichteter Dinge wieder abzogen.

Unverändert blieb dafür eine uralte, von den Lehndorffs angelegte *Eichenallee,* die entlang der Straße nach Westen führt. Sie gilt als die schönste Allee Masurens, ein Prädikat, das angesichts des hiesigen Reichtums an Alleen etwas heißen will. Die masurischen Alleen wurden vor allem her angelegt, um die Straßen im Sommer schattig und im Winter schneefrei zu halten – nicht zuletzt für die marschierenden Soldaten. Ihr landschaftlicher Reiz steht heute im Widerspruch zu den Modernisierungsansprüchen: Die Bäume sind hinderlich bei den Verbreiterungen der Straßen und lebensgefährlich für die polnischen, gelegentlich ohnehin scheinbar lebensmüden Autofahrer. Man sägt sie allzu oft ab, und es ist ein schwacher Trost, dass häufig in breiterem Abstand neue Bäume gesetzt werden. Apropos sommerlicher Schatten: Reicht dieser nicht aus, liegt einige hundert Meter links von der Allee (ein Feldweg) ein Badeplatz.

Unweit des nördlichen Endes des Mamry-Sees liegt **Węgorzewo** (Angerburg) an der Węgorapa (Angerapp). In der *Kirche* mit den Wappen der Familien Dohna und Kreytzen über dem Eingang war der durch seine Systematik der

Die nördlichen masurischen Seen

Atlas: S. 221, 222, 223

Bei Sztynort: die schönste Allee Masurens

Pflanzen bekannte Georg Andreas Helwing (1666–1748) als Pastor angestellt. Die Kirche und eine unregelmäßige, etliche Male umgebaute *Deutschordensburg,* die nach dem großen Brand von 1945 erst in den 70er Jahren wiederaufgebaut wurde, stellen die bescheidenen Sehenswürdigkeiten der Stadt dar.

Węgorzewo ist ohnehin jünger als die meisten vom Deutschen Orden gegründeten Städte in Preußen. 1571 bekam sie die Handfesten (Stadtprivilegien), nachdem einige Jahre zuvor die hier ihren Lauf zur Pregel beginnende Angerapp für die Wassermühlen angestaut worden war. Die Wasserverbindung zur Ostsee war wichtig für den Holztransport aus der Gegend von Pisz (Johannisburg), der der Stadt am Ausgang des 19. Jh. bescheidenen Wohlstand bescherte.

Heute wird die Atmosphäre der Stadt von der Stimmung an der Anlegestelle sowie den vielen Seglern bestimmt, die hier an Land gehen, um ihren Proviant zu ergänzen, ein, zwei Bier zu trinken und vielleicht eine Nacht auf festem Boden zu verbringen.

Wenn Sie kein Segler sind, ist es weniger die Stadt selbst als die Umgebung, die ihre Reize offenbart. Zum Beispiel lohnt sich ein Spaziergang zum alten Soldatenfriedhof aus dem Ersten Weltkrieg auf der ›Jägerhöhe‹ (rechts von der Straße nach Giżycko, am Ortsrand, blauer Wanderweg), von wo aus sich ein schöner Blick auf den Mauer-See, genauer gesagt auf seine drei Teilbecken: Święcajny-(Schwenzait-)See, Mauer-See oder Mamry im eigentlichen Sinne und auf den Dargin-(Dargeinen-)See bietet.

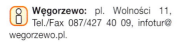

Węgorzewo/Rund um Gołdap

Węgorzewo: pl. Wolności 11, Tel./Fax 087/427 40 09, infotur@wegorzewo.pl.

Węgorzewo: Pension Nautic, ul. Słowackiego 14, Tel./Fax 427 20 80. Befindet sich nahe an der Anlegestelle; Fahrradverleih. DZ 160 zł.
Pension Teresa: Kal 12a, Tel. 427 32 69. Liegt malerisch auf der Halbinsel Kal, 3,5 km von der Stadt entfernt. DZ 96 zł.
Villa Mamry: Dziaduszyn 5, Tel. 4271448, Reservierung in Deutschland (Beata Wargalla) 08136/89 30 19. Die empfehlenswerte Pension liegt zwischen Węgorzewo und Pozezdrze bei Ogonki auf einer Halbinsel des jez. Święcajty (Schwenzaitensee). DZ 160-200 zł.
Kruklanki: Polam-Farel, ul. Wczasowa 52, Tel. 421 73 83. 70 zł. pro Person.
Jugendherberge, ul. Portowa 6, Tel. 427 32 82, Juli/August.
Campingplatz: Rusałka, Tel. 427 21 91, 427 20 49. Am jeziero Święcajty. Auch Bungalows und Restaurant auf dem Gelände, Wassersportgeräteverleih.

Węgorzewo: Nautic, ul. Słowackiego 14, Tel. 427 20 80. Wirbt für polnische Küche mit italienischen und französischen Anklängen; den Fisch sollte man nicht verschmähen. 12-55 zł.
Szkwał: pl. Wolności 13. Ist einen Versuch wert. 3-11 zł.

Węgorzewo: Volkskundemuseum (Muzeum Kultury Ludowej), ul. Portowa 1, Tel. 427 32 42, tgl. 8–18 Uhr.
Schiffsausflüge auf dem jeziero Mamry oder bis nach Grżycko (Auskunft bei der ŻM-Reederei in Giżycko, Tel. 428 53 32, oder bei der Touristeninformation).
Verleih von Wassersportgeräten (auch Segelboote): Camping Rusałka (Tel. 427 21 91) und Adam Kozłowski (ul. Leśna 2, Tel. 427 43 81).

Rund um Gołdap

Masuren-Atlas: S. 222, C 2

Östlich von Giżycko hat der Massentourismus ein Ende. Ursprünglicher, wenn auch ärmlicher wirken die Dörfer, die sich in eine Landschaft von seltenem Reiz einfügen. Sie sieht aus wie kleinkariert: eine Abfolge von hohen Moränenhügeln und Senken, in denen oft Seen glitzern. Hier versteht man am besten die gängige Bezeichnung der Landschaft als ›das bucklige Masuren‹. In den ausgedehnten Niederungsgebieten gibt es zwei große Waldgebiete mit der reichsten Fauna der Region. Schlechtere Straßen und unterentwickelte touristische Infrastruktur fordern mehr Eigeninitiative, man wird aber reichlich belohnt.

Über Kruklanki (Kruklanken) am Gołdopiwo (Goldapgar See; schöner Seestrand am Südufer und am benachbarten Jeziero Brożówka) führt der Weg nach Wolisko, einer kleinen Försterei an einem Waldsee, die von einem ausgedehnten Mischwald, der **Puszcza Borecka** (der Name besitzt keine genaue deutsche Entsprechung: der heutige Urwald umfasste den alten Borkener, den Heydtwalder und den Rothebuder Forst), umgeben ist, der zum Teil Urwaldcharakter aufweist.

Hier wurden 1956 Wisente aus dem Białowieski-Nationalpark bei Białystok, wo diese Rinderart in freier Wildbahn überlebte, ausgesetzt. Inzwischen hat sich die Herde auf etwa 70 Tiere vermehrt. Da etwas scheu, zeigen sie sich nur bei Tagesanbruch oder im Winter, wenn sie sich zur Nahrungssuche auf die Felder begeben.

Die nördlichen masurischen Seen

Atlas: S. 221, 222, 223

Wisente im Białowieski-Nationalpark

Das urige, Furcht erregende Tier in der Wildnis des Waldes zu erblicken, ist ein großes Erlebnis. Es lohnt hier aber auch, Ausschau nach weiteren seltenen Tieren zu halten, etwa nach Elchen, Luchsen und Wölfen.

Das Gebiet ist von jeglicher touristischer Vermarktung zum Glück noch weit entfernt. Nur über einen geteerten Weg ist das sumpfige Gelände zu erreichen. Durch die vier Naturreservate des Urwaldes führen keine markierten Wanderwege. Es ist auch wenig ratsam, auf eigene Faust zu gehen, da sich schon mancher hoffnungslos verlaufen hat. Wenn man mit dem Auto den Wald durchquert, gelangt man 6 km von Wolisko entfernt (zweimal rechts halten) an eine Kreuzung mit einem kleinen Denkmal für die sowjetischen Kundschafter von 1944. Dort geht es nach links in Richtung Gołdap.

Fährt man geradeaus, so kommt man auf einer schlechten Straße durch die Dörfer Czerwony Dwór (Rothebude), Szwałk (Schwalg), Mazury (Masuren) und Borki (Borken), um nach einer Schleife wieder an die besagte Kreuzung zurückzukommen (an den Gabelungen immer rechts halten). Dabei entdeckt man ein Masuren wie aus dem Bilderbuch. Ohne Touristenlärm präsentieren sich drei kristallklare Seen (Szwałk Wielki, Szwałk Mały/Kleiner und Großer Schwalg-See, Łaźno-/Haschner-See, Pilwąg-/Pillwung-See) und ein uraltes, zwischen den Seen gelegenes Waldstück (ein Naturreservat mit vielen Schwarzstörchen). Die Seen sind Ausgangspunkt für eine Kanufahrt den Fluss Ełk (Lyck) hinunter bis zur Narew.

Die Stadt **Gołdap** (Goldap) liegt in einer ›Bergregion‹. Die Gołdapska Góra (Goldaper Berg, 271 m mit schönem Fernblick) dient im Winter sogar als Skigebiet; mit Skilift und einer Schneekanone, etwas weiter südlich liegt die Góra Szeska (die Seesker Höhen,

Rund um Gołdap

308 m), die zweithöchste Erhebung im heutigen Nordosten Polens.

Die Stadt selbst ist das wenig anziehende Ergebnis geschichtlicher Katastrophen. 1656 wüteten hier die Krimtataren, die bei ihrem ersten und letzten Einsatz als Verbündete Polens in der Frühneuzeit das sich aus der polnischen Oberhoheit lösende Herzogtum verheerten. Die Plünderungszüge der 7000 Tataren entvölkerten Preußen, ähnlich wie stärker die große Pestepidemie 1709–12. Danach waren neue Ansiedlungsaktionen (von Masowiern, Nassauern, Salzburgern) notwendig. Nicht weniger schlimm waren die Zerstörungen der letzten Weltkriege, als die Stadt mit Gegenangriffen zusammengerechnet ganze viermal (1914, 1915, 1944, 1945) von den Russen bzw. der Roten Armee erobert wurde.

Der wichtigste Grund, nach Gołdap zu kommen, ist seine östliche Umgebung, die berühmte **Rominter Heide** (Puszcza Romincka). Dieses 260 km² zählende Waldgebiet war das Jagdgebiet der preußischen Herzöge und der deutschen Kaiser und wurde so vor der Abholzung bewahrt. Ähnlich artenreich wie in der Puszcza Borecka sind hier Fauna (Elche, Hirsche, Wölfe, Luchse) und Flora (Sonnentau, Orchideenarten).

Die Tiere kümmert es wenig, dass durch den Wald heute die Staatsgrenze verläuft und sich nur ein Drittel von ihm auf polnischer Seite befindet. Drüben lag das inzwischen nach Königsberg verlegte Jagdschloss Wilhelms II. (im Kaliningrader Park Zentralnyj, der ehem. Luisenwahl). Durch die Rominter Heide führt der grün markierte Wanderweg (Gołdap–Stańczyki), schlägt man andere Wege ein, sollte man Karte und Kompass mitnehmen; auch ist darauf achten, die Waldschneise nicht zu überqueren, die die Grenze markiert.

Am östlichen Ende der Heide bei **Stańczyki** (Staatshausen; von der Straße Gołdap–Żytkiejmy biegt man kurz vor Błąkały rechts ab, dann ca. 1,5 km) gibt es zwei große Eisenbahnviadukte einer stillgelegten Linie. 1926 erbaut, weisen sie eine eigentümliche Konstruktion auf: Statt Eisen versenkte man große Holzstämme im Beton. 150 m lang und über 30 m hoch, wirken die Brücken wie Relikte aus einer anderen Epoche und etwas unheimlich.

Lesetipp – ›Ostpreußisches Tagebuch‹

Der Neffe des letzten Besitzers von Schloss Lehndorff, Hans Graf von Lehndorff, verfasste in den 60er Jahren das ›Ostpreußische Tagebuch‹, in dem er – ohne Pathos oder Gehässigkeit – seine traumatischen Erfahrungen bei der Belagerung und Einnahme Königsbergs durch die Rote Armee sowie die ersten Monate unter der sowjetischen Besatzung schildert. Er schlug sich über die Demarkationslinie zu seinem Sitz Januschau bei Deutsch Eylau (Januszewo; das Schloss steht noch) durch und wurde 1946 aus Polen vertrieben. Ein Buch, das unbedingt zur Reiselektüre gehört.

Die nördlichen masurischen Seen

Atlas: S. 221, 222, 223

Zwei Wege führen von Gołdap nach Giżycko. Auf dem Weg über Węgorzewo gibt es eine kleine Kuriosität zu sehen. In Banie Mazurskie (Benkheim), dem Zentrum der Ukrainer in Masuren, rechts abbiegend (Richtung Żabin), kommt man unmittelbar südlich von **Rapa** (Kleinangerapp) an eine Pyramide heran. Sie ist 10 m hoch und heute in einem schlechten Zustand.

Dieser einst romantische Bau entsprang der Leidenschaft des Besitzers von Beynuhnen Friedrich Heinrich Graf von Farenheid für das klassische Altertum. Er besaß im Gutshaus eine ansehnliche Sammlung von Kunstwerken, die seit 1945 verschollen ist. Nach dem Tode der geliebten, drei Jahre alten Tochter errichtete er 1811 das sonderbare Grabmal in Form einer Pyramide, der mumifizierende Wirkung nachgesagt wird. Das nahe Gutshaus ist nicht zu besichtigen: Die Staatsgrenze durchtrennt heute die ehemaligen Ländereien des Grafen, außerdem, so erzählen es jedenfalls die Störche, ist das Schloss schlicht abgetragen.

Auf dem anderen Weg nach Giżycko kommt man in die Stadt **Olecko** (Treuburg). Schon immer im Masurischen so genannt, hieß die Stadt früher offiziell Marggrabowa. Zur Ehre eines freundschaftlichen, mit Jagen und Gelagen verbrachten Treffens zwischen Albrecht von Brandenburg-Ansbach vom Herzogtum Preußen und dem polnisch-litauischen Jagiellonenkönig Sigismund August (der ein Vetter Albrechts war) im Jahr 1560 gründeten die beiden Herrscher je eine Stadt in ihrem Machtbereich: Augustów in Polen und Marggrabowa – vom Markgrafen abgeleitet – in Preußen. Nicht genug der ungewöhnlichen Anlässe für die Namensgebung. Die Stadt zeigte sich in der Abstimmung 1920 rein deutsch (keine Stimme für Polen in der Stadt, ganze zwei Stimmen im Kreis), so

Landschaft bei Gołdap

Rund um Gołdap

dass sie 1928 zu Treuburg umgetauft wurde.

Die Geschichte der Stadt ist spannender als sie selbst. 6 ha misst der weit und breit größte Marktplatz der Region, auf dem berühmte Pferdemärkte stattfanden. Dabei konnte man auch ein »Kilochen Nägel« käuflich erwerben, was eine ansehnliche masurische Gesellschaft, nämlich ein ganzes Dorf, zum Anlass nahm, eine strapaziöse Reise zu unternehmen. Dieser gilt die bekannte Kurzgeschichte von Siegfried Lenz ›Eine Reise nach Oletzko‹ aus ›So zärtlich war Suleyken‹, einem Dorf, das freilich Produkt der dichterischen Phantasie ist und mit dem nicht – wie manche Lokalführer es weismachen wollen – das benachbarte Dörfchen Suleiken oder Sulejki gemeint war. »Dem weiteren Vernehmen nach kehrte die Gesellschaft nach angemessener Zeit zurück und zerstreute sich mit der Versicherung, daß es angenehm sei, wenn man in der Fremde nicht allein sein muß.« Nicht allein heißt auch, dass im Gepäck die ›Geschichtchen‹ von Lenz nicht fehlen.

Olecko: pl. Wolności 22, Tel. 087/520 49 48. PTTK-Büro, pl. Wolności 20, Tel. 520 27 85.
Gołdap: pl. Zwycięstwa 16, Tel. 087/615 20 90, Fax 615 29 70.

Gołdap: Hotel Janczes, pl. Zwycięstwa 22,Tel.615 13 77. Inmitten (!) des Marktplatzes gelegen. DZ 144 zł. Über eine schönere Lage am See verfügen Erholungsheime, die gelegentlich auch Individualtouristen aufnehmen, z. B. **Wital,** ul. Wczasowa 7, Tel. 615 16 17, Fax 615 19 62. 80 zł. pro Person.

Stańczyki: Pensjonat Biały Dwór, Tel. 615 81 72, nur im Sommer. Mit eigenem Restaurant, am See und neben einem Skilift. DZ 100 zł.
Olecko: Mazury, ul. Gołdapska 10a, Tel./Fax 520 40 50, DZ 120-150 zł.
Centrum, pl. Wolności 8c, Tel. 520 40 50. Ehemaliges Erholungsheim des Innenministeriums, idyllisch in einem Fichtenwald am See gelegen. DZ 150 zł.
Dworek Mazurski, Tel. 20 22 92, Fax 520 22 92. Zufahrt von der Straße nach Suwałki. DZ 120 zł.
Es gibt mehrere im Sommer geöffnete **Jugendherbergen** in der Gegend, so in **Olecko:** Słowiańska 2, Tel. 520 30 62.
Campingplätze:
Gołdap: ul. Stadionowa 5A, Tel.615 06 41, Mai–Okt.
Sedranki bei Olecko: Tel. 520 43 63. Schöner Platz am See gelegen, Verleih von Wassersportgeräten.
Stańczyki: Zeltplatz Unikat am Fuße der Brücken.

Olecko: Astra, ul. Partyzantów 7, Tel. 520 25 68. Empfiehlt *kartacze,* eine regionale Spezialität mit Fleisch. 3-9 zł.
Colloseum, ul Gołdapska 12, Tel. 520 26 43. Specialité de la maison ist *kiszka ziemniaczana,* eine Art Saumagen.
Gołdap: Zajazd pod Piękną Górą, Konikowo 11, 2 km südl. vom Zentrum, Tel. 615 32 55, Fax 615 32 75, www.piekna gora.pl. Schmackhafte Gerichte eines experimentierfreudigen Kochs.

Olecko: Verleih von **Sportgeräten,** MOSIR, ul. Park 1, Tel. 520 20 48.
Gołdap: Piękna Góra (wörtlich ›schöner Berg‹) ist ein Moränenenhügel südlich der Stadt, der im Winter mit seinem Sessellift und zwei Schleppliften ein Dorado für Skier und Schlittenfahren bildet (Skiverleih, Schlittenbahn). Der Lift funktioniert auch im Sommer.

DER SÜDEN MASURENS – RUND UM MIKOŁAJKI (NIKOLAIKEN)

Der Śniardwy-See, das ›masurische Meer‹

Atlas S. 221, F 4, S. 222, A B/4, S. 223, D 4, S. 226, A-C/1, S. 227, D/E 1

DER SÜDEN MASURENS – RUND UM MIKOŁAJKI (NIKOLAIKEN)

Die Aufteilung der Masurischen Seenplatte in ein nördliches und südliches Gebiet ergibt sich aus der Wahl des Standortes: Für den Süden sind es Mrągowo (Sensburg) oder Mikołajki (Nikolaiken). Es locken Śniardwy-(Spirding-)See, ein Abschnitt des Flusslaufs der Krutynia sowie die Johannisburger Heide. Erst die reiche Seenlandschaft und die lichten Kiefern- und Fichtenwälder des Südens vermitteln ein vollständiges Bild von Masuren.

Die südlichen Masurischen Seen

Masuren-Atlas: S. 222, 226

Auch wenn sich nur schwer eine scharfe Trennlinie zwischen dem Norden und dem Süden der Großen Masurischen Seenplatte ziehen lässt, so hat diese Aufteilung doch ihre Berechtigung. Je weiter man nach Süden fährt, desto trockener und flacher wird die Landschaft, man sucht hier vergeblich nach den dichten Mischwäldern des Nordens, deren Stelle – bedingt durch den sandigen Boden – lichte Kiefern- und Fichtenwälder einnehmen. Traditionell wurde das Aussehen der Dörfer nach Süden zu immer ärmlicher. Anders als im Norden gab es hier keine großen Ländereien des ostpreußischen Adels und auch keine kunstgeschichtlichen Denkmäler von überregionalem Rang. Was aber die landschaftlichen Reize betrifft, sind Norden und Süden gleichermaßen anziehend. Von der Nordhälfte Masurens, die schon immer ethnisch gemischt und im 19. Jh. in manchen Regionen bereits vorwiegend deutschsprachig war, unterschied sich der Süden dadurch, dass er bis zur Wende zum 20. Jh. in der überwiegenden Mehrheit von polnischsprachigen, protestantischen Bauern bewohnt war. Nur in den Städten sprach man zum Teil Deutsch. Natürlich sieht die Situation heute anders aus. Die bis auf Splittergruppen anderer Nationalitäten homogene polnische Bevölkerung ist wohlhabender dort, wo der Fremdenverkehr Einzug gehalten hat, mäusearm dort, wo nur die Landwirtschaft eine Einkommensquelle bietet. Anders als vor dem Krieg sieht jetzt der Süden adretter aus, da er als Hinterland Warschaus gilt und viele Großstädter sich dort ihre Wochenend- und Sommerhäuser bauen.

Atlas: S. 222 | Mrągowo

Mrągowo

Masuren-Atlas: S. 222, A 4

Mrągowo (Sensburg) mit seinen 22 000 Einwohnern gewinnt beim näheren Kennenlernen. Es eignet sich hervorragend als Ausgangspunkt für die Ausflüge, da man in einer knappen Stunde sowohl Kętrzyn und Święta Lipka als auch Giżycko und Mikołajki erreicht.

Mrągowo besitzt in seinem Stadtgebiet ganze fünf Seen, von denen zwei für Wasserfreunde eine Rolle spielen: jezioro Juno und jezioro Czos (Schoß-See), der sich östlich direkt an den Stadtkern anschließt.

Die Stadtgründung im Jahr 1397 geht auf den Deutschen Orden zurück. Trotz des Namens hat hier weder eine Burg gestanden, noch war die Stadt jemals von Wehrmauern umgeben. Die nächsten Befestigungen gab es 6 km nördlich in Szestno (Sehesten; Trümmerreste) sowie in Ryn (Rhein), wo noch heute eine im 19. Jh. zum Gefängnis umgebaute Burg das Stadtbild beherrscht.

In Sensburg selbst hielt sich 1527 Albrecht von Hohenzollern auf, der hierher vor der in Königsberg grassierenden Pest flüchtete. Er verlieh der Stadt damals das Marktrecht, was ihr über Jahrhunderte ein erträgliches Einkommen sicherte. Von den beiden Weltkriegen wenig berührt, bietet Mrągowo das Bild einer ostpreußischen Provinzstadt mit vielen Häusern aus der Zeit um 1900, die heute als architektonisches Ensemble unter Denkmalschutz stehen.

Es empfiehlt sich ein Bummel durch das Stadtzentrum mit seinem Rathaus (ein kleines Heimatmuseum) sowie einer evangelischen und einer katholischen Kirche.

ul. Królewiecka 27, Tel./Fax 089/ 741 26 62, itmragowo@wp.pl.

Die Rezeption des Mrongovia-Hotels ist ebenfalls eine gute Informationsquelle.

> ### Unterhaltungstipp – Festivals in der Freilichtbühne
>
> Am Czos-See, gleich in der Nähe des Mrongovia-Hotels, wurde in den 70er Jahren ein großes Freilichttheater gebaut, in dem verschiedene Festivals abgehalten werden. Bei dem berühmtesten treten allsommerlich am letzten Juliwochenende große und kleine Stars der Country-Musik auf. Das Publikum, das die Stadt dann drei Abende lang beherrscht, präsentiert sich mit ›Stars-&-stripes‹-Bannern auf Jeeps und Harleys. Eine andere Stimmung vermittelt das ebenfalls im Juli abgehaltene Musikfest der ›Kresy‹ – der Begriff umfasst in etwa die 1945 verlorenen Ostgebiete Polens –, das einen nostalgisch-nationalen Ton anschlägt. Zu den prominentesten Gästen zählte schon Präsident Aleksander Kwaśniewski, der, in Białogard (Belgard) in Hinterpommern geboren, selbst aus einer Familie von Heimatvertriebenen stammt.

Masurens Süden – rund um Mikołajki   Atlas: S. 222, 226, 227

Mrongovia (auch Mrągowia), ul. Giżycka 6, Tel. 089/741 32 21, Fax 741 32 20, mrongovia@orbis.pl. Ist das beste Hotel weit und breit und bietet trotz seiner Größe (215 Zimmer im Hauptgebäude, ein separater Pavillon mit weiteren Zimmern sowie acht luxuriöse Bungalows mit eigenen Saunen) eine gewisse Intimität. Man kann hier sowohl im Swimmingpool des Hotels als auch im See – direkt vor dem Hotel – schwimmen, ferner gibt es einen angeschlossenen kleinen Reitstall, auch mit Kutschen, nicht zuletzt Läden, ein Restaurant und Nachtbar im Gebäude. DZ 380 zł.
Panoramic, ul. Jaszczurcza Góra 16, Tel. 741 39 70. DZ 200 zł.
Totu, Jaszczurcza Góra 26, Tel. 741 39 77. DZ 180 zł.
Pensionen:
Eva, ul. Jaszczurcza Góra 14, Tel./Fax 741 31 16. DZ 150 zł.
Solar, ul. Jaszczurcza Góra 24, Tel./Fax 741 24 84. DZ 150-170 zł.
Edyta, ul. Laskowa 10, Tel. 741 43 66, DZ 140 zł.
Etliche Familien bieten Privatunterkünfte (Adressen über die Information).
Jugendherberge, ul. Wojska Polskiego 2, Tel. 741 27 12.
Campingplätze, ul. Jaszczurcza Góra 3, Tel. 741 25 33 (auch Bungalows), in Piecki (12 km südl., ul. Zwycięstwa 60) sowie der schön am jezioro Juno gelegene, von einem Deutschen geleitete Platz ›Masuren-Natur‹ in Polska Wieś, ca. 3 km nördl. der Stadt.

Das hoteleigene Restaurant des **Mrongovia,** Błękitna, ul. Giżycka 6, Tel. 741 32 21, überrascht trotz der Menschenmenge, die hier gefüttert werden muss, mit seiner Qualität. Mit Buchweizengrütze gefülltes Spanferkel, Fischgerichte oder ein Boeuf Wellington stehen auf der Karte. Zu meiden zwischen 18.30 und 20.30 Uhr, wenn die Reisegruppen es in Besitz nehmen (geöffnet bis 23 Uhr).15-65 zł.
Eine Alternative bietet die **Pizzeria Margarita,** ul. Królewiecka 5, Tel. 741 48 88. 7-14 zł.

Information über **Rundflüge** vom Flugplatz Mrągowo aus (2 km südl. von der Stadtmitte) im Mrongovia. **Wassersportgeräteverleih** beim Mrongovia-Hotel am Ufer des Czos-Sees.

Country-Picknick-Festival, letztes Juli-Wochenende im Amphitheater am jezioro Czos: international besetzte Konzerte der Country-Musik. **Kresy-Festival** im Juli, Musik der ehemaligen polnischen Ostgebiete.

Heimatmuseum (Muzeum Ziemi Mrągowskiej): ul. Ratuszowa 5, Di–So 10–15 Uhr, Juni–Aug. 9–16 Uhr.

Vom zentral gelegene **Busbahnhof** häufigere Verbindungen mit Olsztyn und Mikołajki als vom etwas außerhalb der Stadtmitte liegende **Fernbahnhof** (auch nach Kętrzyn und Ruciane-Nida). Nur im Sommer fahren 2–3x tgl. sowohl Busse als auch Züge nach Warschau.

Sorkwity

Masuren-Atlas: S. 221, F 4
Eine hier nicht erwartete Augenweide, ein Juwel des Bauernbarock, verbirgt sich hinter den unscheinbaren Mauern einer **Dorfkirche** in Sorkwity (Sorquitten), 12 km von Mrągowo entfernt.

Wenn der Schlüssel im benachbarten Pfarrhaus ausgeliehen und der Lichtschalter hinter dem Altar betätigt wurde, steht man plötzlich entzückt und zugleich leicht schmunzelnd in der

Kirche. An den meisten Elementen der Ausstattung aus den Jahren 1615–23 und 1700–15 hat zwar ein Zugereister (Izaak Riga aus Königsberg) mitgewirkt, aber die Bezüge weisen stark auf die Gegend hin, so dass hier sicherlich einheimische Handwerker – auch als Ideenlieferanten – mit am Werk waren. In der Kreuzigungsszene des Altars tragen die Figuren masurische Trachten; hinter Golgatha wurde gar das Sorquitter Schloss nachgebildet.

Amüsant ist die Himmelfahrtsszene im oberen Teil des *Altars:* Verdutzt blicken die Apostel dorthin, wo aus der Decke von einer runden Holzplatte, die wohl eine Wolke symbolisieren soll, nichts als geschnitzte Beine herunterhängen – der Großteil Christi ist bereits in den Wolken entschwunden. Der hölzerne Engel vor dem Altar kann zu den Taufzeremonien an einem Seil herunter- oder heraufgezogen werden; Wappen der jeweiligen Besitzer des Ortes schmücken die Patronatsloge. Beeindruckend ist der Kruzifixus, dem man 1945 die Arme weggebrochen hat – ein Sinnbild des erbarmungslosen Krieges.

Wenn dies auch auf den ersten Blick verwundert, so gehört der barocke Beichtstuhl doch durchaus in diese protestantische Kirche. Es gibt auch im Protestantismus die Möglichkeit eines Beichtgesprächs mit dem Pastor, was aber nicht mit dem Beichtsakrament im katholischen Sinne gleichzusetzen ist. Am besten fragt man den jungen energischen Pastor Krzysztof Mutschmann danach. Er hält Gottesdienste für die wenigen im Lande gebliebenen Deutschen bzw. Masuren ab. Und er organisiert Sommerlager, in denen Jugendliche aus Polen und Deutschland, aus den Niederlanden und Litauen, allen konfessionellen und anderen etwaigen Unterschieden zum Trotz, fröhlich zusammenleben.

Wie vieles nach der Wende 1989, musste auch die Kunde von den polnischen Protestanten erst zu den durchschnittlichen Menschen hierzulande durchdringen, meist glaubten sie an das Gleichnis ›Pole = Katholik‹. Der durchschnittliche pan Kowalski war oft bass erstaunt zu erfahren, dass Jerzy Buzek, der Premierminister der Jahre 1997–2001, ein Protestant aus der Cieszyner (Teschener) Gegend ist, wo etwa 50 000 Protestanten leben. Dass Buzek zudem noch eine Mitte-Rechts-Koalition katholischer Prägung anführte, ist eines der vielen Paradoxa dieses Landes.

Sorquitten sah schon viele Besitzer, zuletzt seit 1804 die Familie von Mirbach, der viele bekannte Diplomaten

Altar der Dorfkirche in Sorkwity

Masurens Süden – rund um Mikołajki   Atlas: S. 222, 226, 227

Schloss in Sorkwity im Tudor-Stil

entstammten. Sie baute hier 1850–56 ein **Schloss** im Tudor-Stil, das nach starken Beschädigungen 1914 exakt wieder errichtet wurde. Nachdem das Schloss jahrzehntelang als Betriebsheim der Traktorenfabrik Ursus bei Warschau fungierte, wurde es im Jahr 2000 privatisiert und zu einem allgemein zugänglichen Hotel umgebaut, in dem der Standard von schön sanierten Appartements bis hin zu Zimmern mit realsozialistischem Flair reicht. Aber auch ein bescheidenes Kämmerchen würde hier zum Verweilen einladen: So wunderschön ist die Lage des Schlosses am Ufer des Lampackie- (Lampasch-) Sees. Das Schloss spiegelt sich märchenhaft im Wasser, der kleine Steg mit einem verträumten Angler sieht idyllisch aus; das Bild runden die vorbeifliegenden Störche und die majestätisch langsam vorbeigleitenden Höckerschwäne ab. Hier beginnt die berühmte Krutynia- (Kruttinna-)Fahrt (s. S. 141).

PTTK (Stanica Wodna PTTK), ul. Staromiejska 1, neben dem Schloss, Tel. 742 81 24.

Schloss Hotel Pałac, Tel./Fax 089/ 742 81 89. Am See gelegen, auch Zeltplatz und Bungalows. DZ 80-160 zł.

Mikołajki und der Śniardwy-See

Masuren-Atlas: S. 226, B 1
Es war einmal ein Fischerdorf mit dem hl. Nikolaus als Patron, das nicht nur arm war, sondern auch noch einen mächtigen Widersacher hatte. Ein gewaltiger Fisch zerstörte die Netze der Fischer, ließ ihre Beute entkommen und gar die Boote kentern. Erst als die Net-

Mikołajki und der Śniardwy-See

ze mit Eisen verstärkt und ein heidnisches Opfer auf einer Insel des Śniardwy verrichtet worden war, gelang es den Nikolaikern in gemeinsamer Aktion, den König des Wassers zu fangen und an Land zu ziehen. Jener Stinthengst (Król Sielaw) mit einer Krone auf dem Haupt ließ sich mit menschlicher Stimme vernehmen und bot den Fischern reichliche Beute, würden sie ihn nur wieder ins Wasser lassen. Gewitzt gaben diese ihr Wort, nutzten aber die unklug formulierte Bitte aus: Nicht die Freiheit bekam der Stinthengst wieder, sondern er wurde nur wie gewollt ins Wasser gelassen – und an den Kai gekettet, damit er nie wieder Unheil anrichte …

In dem 4000 Seelen zählenden Städtchen **Mikołajki** (Nikolaiken) bekommen Touristen und Segler alles, was sie zu ihrem Glück brauchen, auch wenn sich später oft herausstellt, dass es doch nicht so unbedingt nötig war. Von russischen Samowars und Matrjoschkas (ineinanderpassende Holzpüppchen) über Fernrohre und Bernsteinwaren bis hin zu Viktualien – Wodka, Pflaumen in Schokolade, Salzgurken und trockene Krakauer – reicht das breit gefächerte Angebot. Beaufsichtigt wird das emsige Treiben von insgesamt drei Stinten, zwei in Beton (am Kai und inmitten des Marktes), der dritte als eine schwimmende Blechattrappe, die an den Pfeiler der Eisenbahnbrücke angekettet ist.

Wie schon in Giżycko oder Węgorzewo spielt sich das wahre Leben an den Anlegestellen zwischen Hunderten von Segelbooten ab. Hier legen auch Ausflugsschiffe der Weißen Flotte mit den Zielorten Giżycko und Ruciane-Nida an. Bei der letzten, landschaftlich sehr attraktiven Fahrt sollte man fragen, ob auch eine Runde auf dem Śniardwy zu der Route gehört.

Begegnung mit dem Stint in Mikołajki

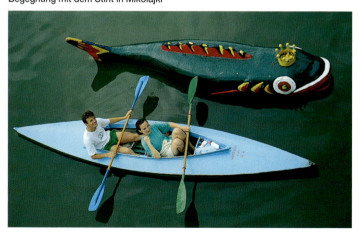

Der Süden Masurens – rund um Mikołajki

TARPANE – EINE RÜCKGEZÜCHTETE WILDPFERDRASSE

Den Höhepunkt einer Führung durch die zoologische Forschungsstation in Popielno am Ufer des Śniardwy (Spirding-See) bilden ohne Zweifel die Tarpane. Diese an die mongolischen Przewalski-Pferde erinnernde Wildpferdrasse lebte bis zum 18. Jh. in den europäischen Wäldern, wurde aber nach und nach ausgerottet. Am längsten lebten sie in der Ostukraine, wo 1876 das letzte frei lebende Tarpan und 1918 das letzte gefangen gehaltene in Poltawa starb. Die letzten litauischen Tarpane brachte man im 18. Jh. in den Privatzoo des Grafen Zamoyski in dessen Stadt Zamość bei Lublin. Als der Zoo während der Napoleonischen Kriege aufgelöst wurde, verteilte man die kleinwüchsigen, widerstandsfähigen Pferdchen an die Bauern der Umgebung.

Es schien, als ob die Wildpferde das Schicksal anderer ausgestorbener Säugetiere geteilt hätten. Dazu gehörten beispielsweise die Auerochsen, deren weltweit letztes Exemplar 1627 in einem Wald bei Warschau erlegt wurde und die wir heute trotz der Versuche der Rückzüchtung nur aus Büchern kennen. Auch vor unseren Augen sterben weitere Tierarten aus: So wurde 1982 die letzte polnische Trappe, der größte europäische Vogel, tot aufgefunden.

Zurück zu den Tarpanen: Erst 1925 fiel dem polnischen Zoologen Ventulani auf, dass die bei den Bauern lebenden Pferde sich kaum mit anderen Rassen kreuzten und dass sich die Art wohl zurückgewinnen ließe. Bei den ärmsten Bauern wurden sie oft halb wild gehalten und behielten weitgehend das äußere Erscheinungsbild sowie die Robustheit der Wildpferde.

Die heutigen Tarpane sind die Produkte einer Rückzüchtung. Da nicht alles genau geglückt ist – die zahnbürstensteife Stehmähne haben die Tiere wohl genetisch verloren –, werden sie korrekterweise nicht als Tarpane, sondern als ›polnische Pferdchen‹ bezeichnet. Ebensowenig kann man die im Münchner Zoo durch die Kreuzung von Island- und Gotlandponys mit Przewalski-Pferden entstandene Urpferdrasse als Tarpane benennen.

Die polnischen Pferdchen sind kleine graue Pferde (Stockmaß 125 cm) mit einem charakteristischen schwarzen Aalstrich auf dem Rücken. Ein großer Teil wird in Stallungen gehalten, andere, die dem ursprünglichen Typus näher zu sein scheinen, wurden in die Wildbahn, u. a. im Białowieża-Nationalpark, ausgesetzt. Auch in dem unter Naturschutz stehenden Wald südlich von Popielno (Popiellnen) leben mittlerweile vier Herden, die nur in harten Wintern etwas Zufütterung erhalten. Ihre Wildheit und Scheu ist allerdings nur ein Mythos, den die örtlichen Reiseleiter für bare Münze verkaufen. Die Tierchen haben sich nämlich das Betteln angewöhnt und kommen häufig an die Anlegestelle südlich von Wierzba, wo die Segler sie mit Leckerbissen verwöhnen.

Mikołajki und der Śniardwy-See

Mikołajki bietet ein kleines Museum der Reformation in Polen, von dem passionierten Pfarrer Władysław Pilchowski im Alleingang gesammelt. Die bescheidenen Exponate sind in einem Gymnasium ausgestellt, das – hier ein Zeichen der neuen Zeit – den Namen ›Marion Gräfin Dönhoff‹ trägt.

Ein zweifelhaftes Aushängeschild bekam das Städtchen in der letzten Zeit durch den Bau des *Hotels Gołębiewski,* das nach seinem Besitzer, einem reichen Warschauer, benannt wurde. Es ist ein riesiger Betonkasten, an dessen Anblick man sich vermutlich gewöhnen wird, wenn an dem jetzt kahlen Seeabhang, an dem es steht, wieder Bäume nachwachsen. Schließlich bietet das Hotel etliche Attraktionen, etwa den Aquapark Tropicana, wo sich der Wasserliebhaber über eine Wasserrutsche in den Swimmingpool spülen lässt. Er ist aber nur bei niedrigen Wassertemperaturen in den natürlichen Gewässern oder bei Regen als Alternative zu werten. Ansonsten sind die sauberen Seen Masurens vorzuziehen; eine Einschränkung ist nur bei jenen Seen zu machen, die direkt an die größeren Ortschaften anschließen. Erst seit den 90er Jahren werden dort Kläranlagen gebaut.

Etwa 5 km Luftlinie trennen Mikołajki von dem größten der Masurischen Seen, dem **Śniardwy-**(Spirding-)See, der stattliche 114 km^2 Oberfläche aufweist. Nicht ohne Grund wird dieser See auch das ›masurische Meer‹ genannt. Das an drei Seiten flache, oftmals sumpfige Ufer lässt nur bei Popielno im Westen und bei Niedźwiedzi Róg im Süden einen einigermaßen leichten Zugang zum See zu. Sehr pittoresk ist dafür die steile Ostküste.

Popielno (Popiellnen) liegt auf einer Landzunge zwischen dem Śniardwy- und dem Bełdan-(Beldahn-)See, über diesen mit einer Fähre in Wierzba (Spirding) erreichbar. Der nette Ort besitzt noch alte masurische Holzhäuser und – der Hauptgrund, diesen Ausflug zu unternehmen – eine zoologische Forschungsstation der Polnischen

> ## Ausflugtipp – Europaweit größte Kolonie der Höckerschwäne
>
> Ein reizvolles Ausflugsziel bietet der sich an die Nordseite des Śniardwy anschließende **jezioro Łuknajno** (Lucknainen-See), nur 4 km von Mikołajki entfernt. Einige hundert Meter Fußmarsch entlang des Kanals zwischen den beiden Seen führen zu einem Aussichtsturm. Der merkwürdige weiße Befall des Wassers auf dem Łuknajno entpuppt sich als eine gigantische Kolonie von Höckerschwänen, mit etwa 1300 Exemplaren während der Brutzeit die größte in Europa. Łuknajno bietet ihnen ideale Lebensbedingungen: durchschnittlich nur 60 cm tief und voller Kleintiere und Wasserpflanzen, die ihre Lieblingsnahrung darstellen. Die nähere Betrachtung der Schwäne ist nicht erlaubt, da der See zu den drei polnischen Biosphären-Reservaten der Unesco zählt.

Masurens Süden – rund um Mikołajki Atlas: S. 222, 226, 227

Akademie der Wissenschaften. In der Station, die zum Teil noch aus der Vorkriegszeit stammt, widmeten sich polnische Zoologen der Biberzucht, den seltsam anmutenden Versuchen, eine für Fleisch als auch für Milch besonders ertragreiche Rinderart zu züchten sowie der Rückzüchtung der Tarpane. Bei Führungen durch die seit der Wende etwas vernachlässigte Station werden die Biberhäuser gezeigt, aus denen bereits Hunderte von Tieren in Polen, Deutschland und Frankreich freigesetzt wurden.

Ein traurig blickendes ›Monster‹ ist als Ergebnis der abstrusen realsozialistischen Kreuzungsversuche zwischen Kuh, Wisent und Bison das letzte seiner Art. In den Stallungen oder auf der Wiese werden die Tarpane vorgeführt, die größte Attraktion der Forschungsstation. Diese kleinen Pferde sind Nachkommen der einzigen europäischen Wildpferdrasse (s. S. 132).

Informacja Turystyczna, pl. Wolności 3, Tel. 087/421 90 51, im Sommer Tel. 421 68 50.

Hotel Gołębiewski, ul. Mrągowska 34, Tel. 429 07 00, -706, Fax 429 07 44, -45, mikolajki@golebiewski.pl. Ein riesiger Kasten mit 850 Betten, den man nicht übersehen kann. Seine Vorzüge sind das große Schwimmbecken, Kegelbahn, Fitnessstudio, Reitbahn und Tennisplätze. Fahrrad- und Bootsverleih; Organisation von Rundflügen per Hubschrauber und Fesselballon. DZ 235-480 zł.

Zwei neu eröffnete Hotels im Zentrum mit recht hohem Niveau:

Mazur, pl. Wolności 6, im alten Rathaus, Tel. 421 69 41. DZ 195 zł.

Wałkuski, ul. 3 Maja 13, Tel./Fax 421 66 28, 421 54 01. DZ 110-270 zł.

Es gibt mehrere **Pensionen** in Mikołajki:
Natalis, ul. Kościuszki 2a, Tel./Fax 421 63 11. DZ 100 zł.
As: ul. Na Górce 7, Tel./Fax 421 68 89. DZ 80-100 zł.
Na Skarpie, ul. Kajki 96, Tel. 421 64 18. DZ 100 zł.
Wodnik, ul. Kajki 130, Tel. 421 61 41. DZ 100 zł.
Król Sielaw, ul. Kajki 5, Tel. 421 63 23. DZ 100 zł.
Mikołajki, ul. Kajki 18, Tel. 421 64 37, DZ 100 zł.
Jugendherberge, ul. Łabędzia 1, Tel. 421 64 34, Juli/Aug.
Campingplatz ›Wagabunda‹, ul. Leśna 2, Tel. 421 60 18.

Król Sielaw, ul. Kajtki 5, Tel. 421 63 23. Schnell und schmackhaft, mit etlichen Gerichten der polnischen Küche einschließlich Wild, dessen nicht verarbeitete Körperteile (Köpfe inklusive Geweih) von den Wänden auf das Essen herunterglubschen. 8-35 zł.

Cinema Quick, pl. Wolności 19, Tel. 421 61 60. Das Restaurant verdient eine hohe Note; hausgemachte Kost, 8-25 zł.

Lech, Kosewo 8, Tel. 089/ 742 45 76. 14 km westlich von Mikołajki in **Kosewo** gibt es das gute Restaurant mit Hausmannskost. 6-12 zł.

Ausflugsschiffe verkehren nach Ruciane (10, 14.40 Uhr), Giżycko (10.30, 14.40 Uhr) sowie zu einem Rundtrip über den Śniardwy (1,5 Std.) von der Anlegestelle aus (przystań Żeglugi Mazurskiej, Tel. 421 61 02).

Segelboote mietet man in Wioska Żeglarska, ul. Kowalska 3, Tel. 421 55 05. Cicha Zatoka, al. Spacerowa 1, Tel. 421 50 11, allerlei **Wassersportgeräte. Fahrradverleih** in den Hotels Gołębiewski und

Wałkuski. **Reiten** im Hotel Gołębiewski (Tel. 429 07 61) oder im Nachbardorf Zełwągi (Tel. 421 30 83).
Mikołajki: Museum der Polnischen Reformation (ul. Kolejowa 6), tgl. 10–17 Uhr.
Popielno: Zoologische Forschungsstation (Stacja badawcza PAN), Führung – auch auf Deutsch – nach Anmeldung (Tel. 087/423 15 19). In der Saison Führungen 9, 11, 13 Uhr.

Am schnellsten und günstigsten, da der Bahnhof weit außerhalb der Stadtmitte liegt, sind die **Busse** (Stopp neben der evangelischen Kirche). Tgl. häufige Fahrten nach Mrągowo, Giżycko und Ruciane, seltener nach Augustów und Warschau. **Fähre** ab Wierzba (Mikołajki–Popielno): Richtung Mikołajki Mo–Sa 6–16 Uhr jeweils zur vollen Stunde und 17.15 Uhr, So, Fei 7–13 Uhr jeweils zur vollen Stunde und 14.15 Uhr, zurück jeweils etwa 20 Min. später; kostenlos.

Durch die Johannisburger Heide

Masuren-Atlas: S. 226, B 1, 2

Der Süden Masurens ist flach. Die schmelzenden Gletscher hinterließen eine nach Süden hin leicht abfallende Ebene, die aus skandinavischem ›Importmaterial‹, Sand und Steinen unterschiedlicher Größe, gebildet ist. Auf dem sandigen Boden wächst der mit 1000 km^2 größte zusammenhängende Wald Masurens, die **Johannisburger Heide** oder **Puszcza Piska,** die zu 90 % aus Kiefern- und Fichtenwäldern

In der Johannisburger Heide, dem größten zusammenhängenden Wald Masurens

Der Süden Masurens – rund um Mikołajki

DIE ALTGLÄUBIGEN IN WOJNOWO

Konsterniert steht man an einer Brücke über die Krutynia östlich von Krutyń, dem ›Dorf der Staker‹. Was machen die Zwiebeltürme einer russisch-orthodoxen Kirche in Wojnowo (Eckertsdorf)? Wie der freundliche Pope erklärt, wurde sie 1922 mit Petersburger Geldern errichtet, um die Gemeinde der Altgläubigen zu spalten und so zu zerstören. Diese Erklärung lässt aber nur neue Fragen aufkommen: Wer waren denn die Altgläubigen und warum mochte man sie nicht in Russland? Ein Exkurs in die ferne Vergangenheit scheint unumgänglich zu sein.

1650 beschlossen der Zar und der Patriarch Nikon die Reform der russisch-orthodoxen Kirche. Dahinter stand das politische Kalkül, durch die Angleichung der

Altgläubigenkloster in Wojnowo

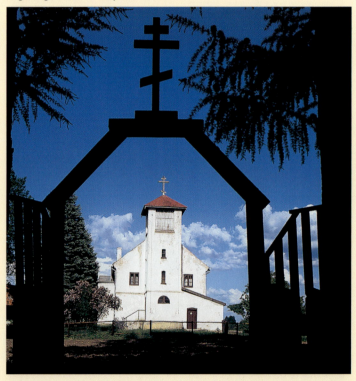

Die Altgläubigen in Wojnowo

Liturgie an die der Griechen den russischen Machtanspruch auf dem Balkan besser durchsetzen zu können. Der niedere Klerus revoltierte dagegen, die Spaltung *(raskol)* wurde unvermeidlich, und die Anhänger des alten Ritus, die Altgläubigen, wurden grausam verfolgt. Nachdenklich stimmen die Gründe, warum man Tausende dem Feuertod überantwortete. Ging es doch um heute so nichtig erscheinende Dinge wie die Frage, ob man sich mit zwei oder drei Fingern bekreuzigen müsse, um die Schreibweise des Namens Jesu, oder ob Prozessionen mit dem oder gegen den Lauf der Sonne abgehalten werden sollten. Der bekannteste Altgläubige aller Zeiten war Jemielian Pugatschow, der 1773-75 den größten Bauernaufstand in der russischen Geschichte befehligte.

Jedenfalls flohen die Altgläubigen gen Westen nach Schweden, Österreich und Polen-Litauen, wurden aber nach und nach von der ›Westerweiterung‹ des russischen Imperiums im 18. Jh. erfasst.

Eine Gemeinde aus der Gegend von Suwałki stellte den Antrag, sich in Ostpreußen niederlassen zu dürfen und so entstanden – mit der Genehmigung im Jahr 1825 – vier russische Dörfer in Masuren. Das wichtigste Dorf, von den russischen Einwanderern Wojnowo genannt, bekam offiziell den Namen Eckertsdorf, nach dem preußischen Vermessungsbeamten, der die Grundstücksgrenzen in der erst zu rodenden Johannisburger Heide festlegte. Heute gibt es im Dorf nur noch fünf Familien von Altgläubigen, die auch Philipponen genannt werden, der Rest wechselte die Konfession oder wanderte aus.

Nach 1956 ging eine große Gruppe nach Hamburg, von wo aus jetzt gelegentlich Alt-Eckertsdorfer vorbeikommen und die Taufzeremonie – im Erwachsenenalter durch dreifaches Eintauchen des ganzen Körpers – im malerischen Duś-See (Duss-See) abhalten.

Ansonsten erinnert wenig an die Zuwanderer. Es steht noch die Molenna, eine Altgläubigen-Kirche in Form eines nicht sehr ›russisch‹ anmutenden Backsteinhauses von 1921 sowie das wunderschön gelegene Nonnenkloster am Ufer des Duś-Sees.

Im Innenraum des Klosters fallen sofort die Unterscheidungsmerkmale eines Altgläubigen-Gotteshauses im Vergleich zu einer russisch-orthodoxen Kirche auf. Keine Ikonostase mit Goldener Pforte ist zu sehen, da die Gemeinden keine Priester anerkennen und dadurch die Ikonenwand mit den Türen für die Priester überflüssig ist. Stattdessen liest ein ausgewähltes Gemeindemitglied *(nastawnik)* die Messen und hält die Zeremonien ab. Das Nonnenkloster geht wohl seinem Ende entgegen: Von einst 40 Nonnen gibt es heute nur noch zwei, die von einem Herrn betreut werden, der den Touristen auch den Innenraum des Klosters aufschließt. Die wertvollsten Ikonen werden im Schloss in Lidzbark Warmiński aufbewahrt, da sie dort besser vor Diebstählen geschützt sind. Und wenn die Nonnen eines Tages nicht mehr sein werden, ist ein ganzes Kapitel der europäischen Kulturgeschichte abgeschlossen.

Masurens Süden – rund um Mikołajki Atlas: S. 222, 226, 227

> ### Übernachtungstipp – Schlafen bei den Prußen
>
> Natur und Komfort bietet das **Galindia-Mazurski Eden**, Iznota, Ukta, Tel. 087/423 14 16, 423 16 69, www.galindia.com.pl, DZ 200-280 zł. Etwa 6 km südl. von Mikołajki, an der Straße nach Ruciane: hinter Bobrówko nach links an der Mündung der Krutynia in den jezioro Bełdan (Restaurant, Tennis, Wassersportgeräte). Hier steht alles unter dem Zeichen des Prußenstammes der Galinder, einschließlich der großen stilisierten Holzfiguren, die an ihn erinnern.

besteht. Anders als im Westen Deutschlands bezeichnete man hier die großen Waldgebiete als Heiden, daher spricht man von der Rominter, Tucheler und eben Johannisburger Heide.

Die Botaniker freuen sich hier über zehn Arten Orchideen. Auch Rehe, Hirsche und Wildschweine sind häufig anzutreffen. Zu den selteneren Bewohnern gehören Seeadler, die 20 Nestplätze besetzen, Schwarzstörche, sogar Luchse und Elche. Der Wald wird im Sommer auch von Gästen frequentiert: Schmackhafte Heidel-, Blau- und Walderdbeeren sowie ein Reichtum an Pilzen bewirken, dass emsig mit Körbchen hantierende menschliche Wesen keine Seltenheit sind. Fast jeder zufällig gewählte Weg lohnt sich, hier konkrete Tips für eine Wanderroute zu geben, ist sehr schwierig. So konzentrieren wir uns im folgenden auf natur- und kulturkundliche Besonderheiten, die in der Reihenfolge von Westen nach Osten geschildert werden.

Ein unscheinbares Backsteinhaus auf einer Nebenstraße zwischen Mikołajki und Piecki, dort, wo sich linker Hand die erste größere Lichtung öffnet, lenkt die Aufmerksamkeit auf den wohl wichtigsten Sohn der Johannisburger Heide. *Ernst Wiechert* (1887–1950) wurde im **Forsthaus Kleinort** bei Peitschendorf (leśniczówka Sosnówka in Piersławek bei Piecki) geboren und verbrachte hier seine Kindheit.

»Ich hatte das Glück, daß zu Beginn meines Lebens nur große Dinge um mich standen und daß sie große Schatten warfen.« Wie er selbst später bekannte, ließ die Waldlandschaft in ihm eine Achtung vor dem einzelnen Menschen entstehen, der im Wald immer allein ist und »zu keiner Gemeinschaft oder gar zu einer Masse« gehört. Sein Widerwillen gegen »Lautsprecher und Geschwätz an einer Straßenecke« brachte ihn später – fast naturgemäß – in Gegnerschaft zum Nationalsozialismus und als Folge in die Haft im KZ-Buchenwald (›Der Totenwald‹). In seinen naturalistischen und mystischen Romanen – ›Jerominkinder‹, ›Wälder und Menschen‹, ›Das einfache Leben‹ – spielen autobiographische Züge seiner masurischen Kindheit inmitten des Waldes, in dem noch »Fußspuren des lieben Gott leuchteten«, eine nicht zu unterschätzende Rolle. Schauplatz der 1941 entstandenen ›Jerominkinder‹ über Jons Ehrenreich, das jüngste der sieben Kinder der Familie Jeromin, ist Sowirog, ein heute verlassenes Dorf am Südufer des Jezioro Nidzkie (Nieder-See).

Atlas: S. 226

Durch die Johannisburger Heide

Die verwahrloste Försterei wurde durch die ›Masurische Gesellschaft der Freunde Ernst Wiecherts‹ 1995 vorbildlich renoviert. Im Erdgeschoss richtete man ein kleines Museum, eine Filiale des Olsztyner Museums, ein. Wie im Falle der Wolfsschanze gab es auch hier ein politisches Gerangel um die Anbringung einer Gedenktafel, da in der kommunistischen Zeit nichts an die deutsche Seite Masurens erinnern sollte. Erst 1987 wurde hier eine Tafel in polnischer Sprache eingeweiht, die 1995 ihr deutschsprachiges Pendant bekam.

Dem nahe gelegenen Dorf **Krutyń** (Kruttinnen) waren und sind solche Sorgen fremd. Seit geraumer Zeit garantieren die Busladungen deutscher Touristen dem Dorf ein profitables Einkommen. Decken und Honig werden feilgeboten, die Restaurants führen einen stillen Konkurrenzkampf untereinander, und »kräftige Bürschchen«, um Lenz zu zitieren, warten im Schatten auf Kundschaft. Hier geht es primär darum, gestakt zu werden: Flache Boote mit vier bis fünf Gästen werden von einem Staker mit einer langen Holzstange dem Strom der Krutynia (Kruttinna) entgegen mühevoll bis hin zum Jezioro Krutyńskie hinaufgestakt und fahren anschließend mit der Strömung wieder zurück (ca. 1,5 Stunden). Ein Nerz wird gezeigt, rote Steinchen vom Flussbett aufgehoben und bewundert, und manche Staker singen auch – auf ostpreußisch-nostalgische Art. Trotz einer gewissen Vermarktung: Es ist tatsächlich einer der schönsten Flecken dieses Landes. Die Bäume, die den Fluss zu einem grünen Tunnel werden lassen, dessen kristallklares Wasser und die Licht-und-Schatten-Spiele der Sonne bilden eine traumhafte Kulisse, vor der die Boote (hoffentlich) still, beinahe etwas unwirklich dahingleiten.

Staker auf der Krutynia

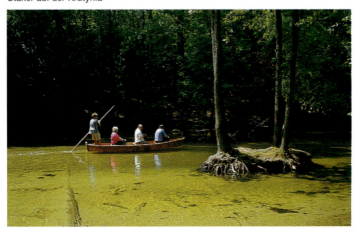

Der Süden Masurens – rund um Mikołajki

WOHER DIE MASUREN KOMMEN

›Kurpie‹ heißt die schon zu Masowien gehörende Region südlich von Masuren. Ertragsarme Sandböden, trockene Wälder und der große Fluss Narew prägen diese Landschaft. Aus Kurpien rekrutierten sich oft die Siedler, die in verschiedenen Kolonisationswellen (nach 1525, nach 1710) das preußische Gebiet besiedelten und zu Masuren wurden. Wenn es auch aufgrund der deutschen Assimilierungsprozesse nach 1870 sowie der Auswanderung in der Nachkriegszeit die Masuren als Ethnie nicht mehr gibt, so lebt doch in ihrem Ursprungsland die Landbevölkerung wie eh und je. Die bunten Trachten werden hier in Orten wie Myszyniec oder Łyse zu den Sonntagsmessen, vor allem zu Fronleichnam, noch häufig getragen. Am Palmsonntag werden in Łyse Wettbewerbe um die schönsten Palmen organisiert, die – bis zu 10 m hoch – später in den Kirchen ausgestellt werden. Sehr eigenwillig sind auch die Volksmusik, die Stickereien und die in ganz Polen berühmte Kunst der Scherenschnitte.

Der beste Ort, um Kurpie kennenzulernen, ist Nowogród Łomżyński an der Narew, über eine Nebenstraße vom südlichen Rand des Jezioro Nidzkie (Nieder-See) über Turośl und Łączki, oder von Pisz nach 52 km problemlos zu erreichen. 1927 wurde hier das zweitälteste Freilichtmuseum in Polen eingerichtet. Es zählt 20 Bauten, allesamt pittoresk am Flussufer gelegen. Eine durch ihre Einfachheit fesselnde Windmühle des Bockmühlentyps ist ebenso zu sehen wie drei Bauernhäuser mit rekonstruierten Innenausstattungen und phantasievoll geschnitzte Bienenstöcke. Ein Teil der Ausstellung ist dem Bernstein gewidmet, der in der Erde um Nowogród häufig gefunden und zum festen Bestandteil der Volkstrachten wurde.

Einige der Gebäude sind übrigens eine doppelte Rekonstruktion, da sie den deutschen Bombardements von 1939 zum Opfer fielen. Daran erinnert auch die nahe steppenartige Landschaft, die mit ihren unzähligen Bombentrichtern einer Mondlandschaft gleicht. Hier befand sich einer der Hauptangriffspunkte der deutschen Wehrmacht im Septemberfeldzug gegen Polen. Guderians Panzerarmee, die hier nach Süden vordrang, kesselte die polnischen Haupttruppen bei Warschau ein und feierte Ende September 1939 die Erfüllung ihrer Aufgabe zusammen mit der Roten Armee bei einer Siegesparade der verbündeten Armeen in Brest am Bug.

Was dem Freilichtmuseum seinen Reiz verleiht, ist seine Abgeschiedenheit; hier hat man die Chance, für einen halben Tag den lärmenden Seglern, den Busladungen der deutschen Heimatreisenden und den alternativ angehauchten Gruppen von Rucksacktouristen zu entfliehen. Auf den Sandwegen zwischen den Katen vergisst man für eine Weile, dass es sich eigentlich um ein fiktives Modelldorf handelt, man meint ein echtes – wenn nicht masurisches, dann eben kurpisches – Dorf zu bewundern.

Durch die Johannisburger Heide

Atlas: S. 226

Dies ist zweifelsohne der schönste Abschnitt der Krutynia, deren Reize sich aber auch an anderen Stellen entfalten. Eine zehntägige Kanufahrt von Sorkwity würde auch die tiefste Sehnsucht nach Natur gewiss stillen, es gibt aber wenige, die sich den Luxus der Abgeschiedenheit so lange gönnen können. Reicht die Zeit nicht aus, kann auch nur eine Teilstrecke befahren werden; welche, lässt sich beim Kanuverleih vereinbaren. Die Wanderer haben schließlich die Alternative, am Fluss entlang bis zum See Krutyńskie zu gehen oder den gelben Markierungen westwärts bis hin zum Mokre-(Mucker-)See zu folgen. Unterwegs passiert man das Naturreservat Zakręt um einen allmählich zuwachsenden See mit einer schwimmenden Insel, sowie ein weiteres namens Królewska Sosna, in dem 200jährige Kiefern und Eichen zu bewundern sind.

In **Kadzidłowo** (Einsiedeln; von der Straße Ukta–Mikołajki kurz nach Nowa Ukta links ab) leitet der Zoologe Andrzej Krzywiński einen privaten Wildpark, in dem man eine Vorstellung davon bekommt, was sich vor Jahrhunderten in der Johannisburger Heide tummelte. Freilich wird man hier keine Auerochsen sehen, da diese in Preußen bereits im 16. Jh. ausgerottet waren und das weltletzte Exemplar 1627 bei Warschau erlegt wurde. Eine ›Nachbildung‹ sind die Tarpane (s. S. 132). In ihrer ganzen Schönheit präsentieren sich Hirsche, Wisente, Luchse, Wölfe und Auerhähne.

Über Ukta, in dem der Fernsehjournalist Klaus Bednarz seine Kindheit verbrachte, der seine Liebe zu dieser Gegend in vielen Sendungen vermittelte, kommt man bald nach **Ruciane-Nida.**

> ## Legendäre Kanufahrt entlang der Krutinna
>
> In Sorkwity beginnt die berühmte Krutynia-(Kruttinna-)Fahrt. Ganze zehn Tage braucht ein mittelmäßiger Kanufahrer, um bis zur Mündung dieses malerischen, sauberen Flüsschens in den Bełdany-(Beldahn-)See unweit Mikołajki zu gelangen. Unterwegs gibt es in Abständen, die einer Tagestour entsprechen, Zeltplätze und einfache Übernachtungsmöglichkeiten des polnischen Fremdenverkehrsverbands PTTK. Ein Teil der Strecke ist vom Dorf Krutyń aus zu bewältigen, dort mietet man auch die Kanus, die an dem Beginn der Tour gebracht und später an deren Ende abgeholt werden.
>
> Näheres bei Touristeninformationen von Mrągowo und Mikołajki oder in Krutyń selbst

Dieses Zentrum des Fremdenverkehrs besteht eigentlich aus zwei Dörfern, Nieden und Rudschanny, die für eine kurze Zeit den Namen Niedersee trugen.

Den Ort prägte eine inzwischen bankrotte Holzplattenfabrik sowie ein denkmalgeschützter Betrieb des 19. Jh., in dem man aus Fichten- und Kiefernzapfen die Samen zur Wiederaufforstung herauslöste. Auf dem kleinen Wielka Guzianka (Guschienen-See) tummeln sich die Segelboote und Ausflugsschiffe, die meist durch eine Schleuse den Weg von Mikołajki über den Bełdany (Beldahn-See) zurücklegen.

Masurens Süden – rund um Mikołajki Atlas: S. 222, 226, 227

Über einen Kanal wagen sie sich auch nach Süden, auf die Perle der masurischen Seen, **Jezioro Nidzkie** alias Nieder-See. 23 km lang, formt er einen nach Norden offenen Halbmond und ist fast gänzlich von der Johannisburger Heide umgeben. Bis auf die Ecke bei Ruciane-Nida sind hier keine Motorboote erlaubt und das Gewässer steht unter Naturschutz. Es ist Mekka für all diejenigen, die Ein- bzw. Zweisamkeit suchen. Nur wenige andere Boote stören beim Segeln, und abends warten menschenleere natürliche Anlegestellen in Form von sandigen Ufern am Waldesrand auf die Wassersportler.

Für Nicht-Segler gibt es eine Anzahl von offiziellen und weniger offiziellen Zeltplätzen, die teilweise nur über Teerstraßen erreichbar sind, sowie etliche Pensionen und Zimmer in den Dörfern Karwica (Kurwien) und Krzyże (Kreuzofen). In Krzyże in der Försterei Pranie (Seehorst) verbrachte einer der wichtigsten polnischen Dichter der Zwischenkriegszeit, *Konstanty Ildefons Gałczyński* (1905–53) die letzten drei Lebensjahre in einer Art innerer Emigration. Jeden Sonntag im Sommer (11 Uhr) finden in einem kleinen Museum Konzerte mit klassischer Musik statt.

Reicht die Zeit nicht aus, in dieser traumhaften Gegend Quartier zu nehmen, so sollte man wenigstens einmal den Jezioro Nidzkie umrunden. Unweit des Dorfes Wiartel bietet sich von seinem hohen, kahlen Südufer der vermutlich schönste Blick auf den See mit einer idyllischen Insel, gesäumt von dem scheinbar endlosen Wald der Johannisburger Heide. Diese abgeholzten Stellen am Ufer, *bindugi*, markieren die Plätze, an denen bis in die 1970er Jahre die Holzstämme zu Flößen zusammengebunden wurden, um auf dem Wasserwege weiter zu den Holzfabriken geflößt zu werden.

Ein paar Kilometer südlich des Sees liegt das Dorf **Hejdyk** (Heidig), fast vollständig noch mit Holzhäusern mit reizvollen Lauben bebaut. Diese Einheitlichkeit macht aber zu Recht misstrauisch. Ein typisches masurisches Bauernhaus besaß keine Laube, nur ein an der Giebelseite etwas vorgezogenes, auf Stützen aufliegendes Dach. Bis auf ganz wenige Beispiele ist diese Bauweise verschwunden. Hier in Hejdyk handelt es sich um Einheitshäuser, die im Zuge der Wiederaufbaumaßnahmen nach den Kriegszerstörungen von 1914 erbaut wurden. Der Feind hatte es nicht weit: Der Waldesrand in Hejdyk markiert die historische Grenze nach Masowien, von wo aus die russische Armee 1914 Ostpreußen angriff.

Ruciane-Nida: ul. Dworcowa 14, Tel. 087/423 19 89, Fax 423 11 40, www.info.powiat.pisz.pl.

Krutyń: Pension Habenda, Tel. 089/742 12 18. Vermietet auch Kajaks. DZ 120-150 zł.
Ruciane-Nida: Hotel Nidzki, ul. Nadbrzeżna, Tel./Fax 423 64 01, -02. Neues und bestes Hotel im Ort. DZ 190 zł.
Von den vielen **Ferienheimen** und **Pensionen** sind folgende hervorzuheben:
Ośrodek Wczasowy NBP, Guzianka 5, Tel. 423 11 38. 150-160 zł.
Pensjonat Janus, Guzianka 1, Tel. 423 64 50. 110-120 zł pro Person.
Ośrodek u Andrzeja, ul. Wczasów 17, Tel. 423 10 12, Fax 423 11 31. Besteht

Durch die Johannisburger Heide/Pisz

aus einer Anzahl von Bungalows, schöne Lage am See, Bootsverleih. 50-100 zł.
PTTK-Herberge, Kamień, Tel. 423 60 22, 10 km Richtung Mikołajki.
Jugendherberge, Gizewiusza 4, Tel. 423 20 27.
Campingplätze: am jez. Nidzkie, südl. Ruciane-Nida, z. B. Kowalik, U Faryja, Wysoka. Kamień, zw. Iznota, und Kamień am Westufer des jez. Bełdan. Camp-Pisz am Ufer des jez. Roś in Pisz, al. Turystów 1, Tel. 423 44 63. Etwa 4 km südwestl. (Straße nach Wiartel) liegt der Campingplatz Jabłoń am schönen Waldsee (Brzozolasek-/Falken-See).

Krutyń: Krutynianka, Tel. 089/742 12 19. Mit schöner Terrasse über dem Fluss und guten Gerichten (Brennesselsuppe, Kleine Maräne); auf dt. Reisegruppen spezialisiert, scheint etwas überteuert zu sein. 10-35 zł.
Ruciane-Nida: Kolorada, ul. Dworcowa (nahe Anlegestelle). Preist seine Schleie in Dillsauce (lin w sosie koperkowym), 6-38 zł.
Kormoran, Tel. 423 10 72. Das benachbarte, noch sozialistisch angehauchte Restaurant wirbt mit Eisbein in Pflaumensauce (golonka po mazursku). 7-20 zł.

Krutyń: Kajak-/ Fahrradvermietung: Verwaltung des Masurischen Landschaftsparks, siedziba zarządu Mazurskiego Parku Krajobrazowego, Krutyń 66, Tel. 742 14 05, auch Führungen in die Naturschutzgebiete (ca. 20 zł/1,5 Std.); wer vor dem Krutynianka-Restaurant einen suchenden Eindruck macht, wird gestakt.
Wojnowo: Altgläubigenkloster, Tel. 087/423 60 30.
Ruciane-Nida: Schiffsausflüge nach Mikołajki und Rundtrips am Jezioro Nidzkie (Nieder-See), ŻM, Tel. 423 10 43. **Wassersportgeräte** verleihen das Zentrum Korektywa, Piaski, 3 km nördl. von Ruciane, Tel. 423 10 22, sowie Ośrodek u Andrzeja, ul. Wczasów 17, Tel. 423 10 12.
Reiten: In den Nachbardörfern Guzianka Nr. 26, Tel. 087/423 11 44, oder Gałkowo Nr. 45, Tel. 087/423 61 23.

Piersławek: Ernst-Wiechert-Museum (leśniczówka Sosnówka), Mo–Fr 10–16, Sa, So 11–14 Uhr.
Kadzidłowo (bei Nowa Ukta): **Wildpark,** tgl. 10 Uhr bis Sonnenuntergang.
Pranie: Ildefons-Gałczyński-Museum, Mi–So 9.30–17 Uhr.

Pisz

Masuren-Atlas: S. 226, B 1

Der Stadt Johannisburg, im Polnischen oder Masurischen **Pisz,** verdankt die Heide ihren Namen. Diese Gegend wurde erst am Ende des 14. Jh. besiedelt. Um diese Zeit entstand auch die kleine, von den Litauern immer wieder zerstörte Deutschordensburg.

Das einschneidendste Ereignis der erst 1645 gegründeten Stadt war ein Treffen zwischen dem sächsischen Kurfürsten und polnischen König August II. dem Starken und dem Großherzog von Preußen und Kurfürst von Brandenburg Friedrich III. (1698). Nachdem eine gehörige Anzahl von Wild, darunter auch Wisente, erlegt worden war, bestätigte König August die Loslösung Preußens aus der polnischen Lehnshoheit und gab seinen Segen für die erste preußische Krönung. 1701 wurde der Kurfürst als Friedrich I. zum ›König *in* Preußen‹ gekrönt. Erst als in Folge der Ersten Polnischen Teilung 1772 die westpreußischen Gebiete ebenfalls in den Staat Preußen einverleibt wurden, konnte der Titel ›König *von* Preußen‹

Masurens Süden – rund um Mikołajki Atlas: S. 222, 226, 227

lauten. Kurioserweise waren diejenigen, die sich den Krönungsplänen aufs ärgste widersetzten, die Deutschordensritter, die allerdings damals schon keine politische Bedeutung mehr hatten.

Pisz war weitgehend von Masuren bewohnt, was die Stadtbevölkerung nicht daran hinderte, 1934 zu 85 % die NSDAP zu wählen. Die heutige Situation der Stadt ist nicht rosig. Nach dem Bankrott der wenigen Industriebetriebe ist mindestens jeder zweite Bewohner ohne Arbeit.

Um den Marktplatz ist eine reizvolle kleinstädtische Bebauung erhalten. Hinter dem Rathaus befindet sich ein kleines Heimatmuseum, in dem ein Sammelsurium von Schriftstücken zur Geschichte der Stadt an eine Ausstellung ausgestopfter Fauna angrenzt. Ein kleines Hinterhaus mit einem Mansarddach (neben dem Kino) ist die evangelische Kirche von Pisz; eine große Fachwerkkirche das katholische Gotteshaus. Seltsamerweise blieb die Zahl der jeweiligen Minderheit gleich: Wenn vor 1945 200 Katholiken in einer Stadt mit 6000 Einwohnern lebten, so sind es heute wieder 200 Protestanten in einer größer gewordenen katholischen Stadt (20 000 Einw.).

pl. Daszyńskiego 16, Tel./Fax 087/425 09 47, cit@pisz.home.pl.

Joseph Conrad, al. Turystów 1, Tel. 423 44 63, Tel./Fax 423 04 59, www.camp.com.pl/hotel. 2004 eröffnetes Hotel am Roś-See. DZ 180 zł.
Nad Pisą, ul. Ratuszowa13, Tel./Fax 423 32 53. Liegt zentral. DZ 100-160 zł.
Ośrodek Roś, al. Turystów 3, Tel. 423 49 60. Schön gelegen am jezioro Roś (Warschau-See). DZ 100 zł.

Restaurant des Hotels **Nad Pisą**, erinnert durch das Interieur an sozialistische Zeiten; leckere Schleie in Sahne. 7-18 zł.
Tabasco, pl. Daszyńskiego 4, Tel. 423 38 15. Hat nicht nur wegen der Brühe mit Fleischtaschen (kołduny litewskie w rosole) einen guten Ruf. 9-15 zł.

Schiffsausflüge von der Anlegestelle (Auskunft bei der Touristeninformation). **Wassersportgeräteverleih:** Camp-Pisz, Tel. 423 32 82, Fax 423 04 59. **Fahrradverleih:** Fart, ul. Warszawska 17, Tel. 423 05 03.

Heimatmuseum (Muzeum Ziemi Piskiej): pl. Daszyńskiego 8: Di–So 8–15 Uhr.

Sowohl Ruciane-Nida als auch Pisz liegen an der **Bahnstrecke** Olsztyn–Ełk. Es gibt eine direkte Verbindung nach Warschau. Es verkehren auch **Fernbusse** vom Busbahnhof neben der ev. Kirche nach Olsztyn, Warschau, Ełk.

Ełk und der Biebrzański-Nationalpark

Masuren-Atlas: S. 223, D 4, S. 227, E 1
Die ›Hauptstadt Masurens‹ zählte vor dem Zweiten Weltkrieg knapp 17 000 Einwohner, und ihr hauptstädtischer Charakter war höchstens an der Existenz eines polnischen Konsulats zu erkennen, das die polnischnationalen Masuren – eine Minderheit unter den loyalen deutschen Staatsbürgern – betreuen sollte. Ebensowenig kann man heute von einer Metropole Ełk (Lyck) sprechen. Seine 40 000 Einwohner leben

Ełk und der Biebrzański-Nationalpark

nach den Kriegszerstörungen meist in wenig einladenden Beton-Wohnblocks. Eine Deutschordensburg auf einer Insel, die durch Brücken mit dem Festland verbunden ist, ist die einzige Sehenswürdigkeit der Stadt. Das ist natürlich sehr wenig, zumal sie sich in einem ewigen Renovierungsprozess befindet und der Einzug des hier geplanten Museums in die ferne Zukunft gerückt ist.

Immerhin erinnern die massiven Mauern der Burg an die turbulente Geschichte des Ortes. Zuerst lebten hier die prußischen Galinder; nachdem sie von den Ordensrittern mit Schwert und Feuer vernichtet und z. T. umgesiedelt worden waren, blieb hier nur wüstes, menschenleeres Land, die ›Große Wildnis‹. Die Kolonisation – seit der zweiten Hälfte des 14. Jh. – schritt nur zaghaft voran, ihre Erfolge wechselten mit Rückschlägen ab, verursacht durch Tatareneinfälle und Pestepidemien. Zwar wurden die Reparationszahlungen nach dem deutsch-französischen Krieg von 1870 in die deutschen Ostgebiete gesteckt, zwar machte der Bau der Eisenbahn den Anschluss an die allgemeine Wirtschaftsentwicklung möglich, aber das Ende der Welt war es nach wie vor. »Wo sich die Kultur aufhört, dort fängt sich Masuren an« – bewusst falsches Deutsch sollte die Masuren in dieser Redewendung verspotten. Aber Masuren und der restliche Süden Ostpreußens war doch nicht nur finsterste Provinz. Aus dem kleinen Hansdorf stammte beispielsweise Emil von Behring (1854–1917), der als Begründer der Serumtherapie gegen Diphterie als ›Retter der Kin-

> ## Die zwei letzten masurischen Holzkirchen
> Zählt man das ja eigentlich in Oberland gelegene Rychnowo (s. S. 91) nicht hinzu, so liegen die zwei letzten historischen Holzkirchen Masurens in Ostrykół (Ostrokollen, in der NS-Zeit Scharfenrade; 20 km südlich von Ełk, bei Prostki) sowie in Wieliczki (Wielitzken, in den 30er Jahren Wallenrode) bei Olecko. In der ehemals evangelischen Kirche in Ostrykół aus dem Jahr 1667 blieb eine altertümliche Innenausstattung mit Kanzel, Altar, Taufengel und Hirschkopfleuchter durch alle Kriegswirren erhalten. In der Sakristei der Kirche von Wieliczki (1674) steht noch der Altar aus dem Vorgängerbau, der 1656 von Tataren verbrannt wurde.

der‹ in die Geschichte eingegangen ist – wofür er den ersten Nobelpreis für Medizin erhielt. 1926 wurde in Lyck der Schriftsteller Siegfried Lenz geboren.

Lenz verewigte eine zischende und qualmende Einrichtung (›Eine Kleinbahn namens Popp‹, in ›So zärtlich war Suleyken‹), die bis heute die touristische Hauptattraktion von Ełk bildet. Die *Schmalspurbahn* wurde 1910–17 errichtet und verläuft Richtung Nordosten über Turowo (Auersberg) bis zum Ausflugsort Sypitki (eine zweite Strecke nach Zawady ist eingestellt). Diese 36

Masurens Süden – rund um Mikołajki   Atlas: S. 222, 226, 227

km lange Strecke bewältigt unser ›blitzschneller‹ Zug, der aus einer Minilok, einem Personen- und einem Güterwagen besteht, in sage und schreibe zwei Stunden. Bei diesem betulichen Vorwärts-Tuckern, Knattern, Quietschen und Pfeifen findet man die Lenzsche Beschreibung der Bahn völlig bestätigt, dass sie sich »… eine gewisse Beschaulichkeit dadurch bewahrte, daß sie an den Steigungen erschöpft stehenblieb und den Fahrgästen Gelegenheit gab, mit Wassereimerchen zum nahen See zu laufen, um Flüssigkeit für den Dampfkessel zu holen«.

Der mit Abstand interessanteste Ausflug von Ełk aus führt nach Rajgród im Biebrza-Tal. Dabei ist man historisch bereits in Litauen, wie eine *Grenzsäule* aus dem Jahr 1545 in *Prostki* (Prostken) dokumentiert. Dieses im Wald versteckte, 3 m hohe Backsteindenkmal mit den Wappen des Herzogtums Preußen und des Großherzogtums Litauen stand dort, wo die Grenzen Preußens und der beiden Teile des polnisch-litauischen Staates zusammentrafen. Es ist allerdings nur eine Kopie, das Original befand sich bis 1945 im Königsberger Schloss und ist heute verschollen.

In **Rajgród** angelangt, steht man vor den Toren des größten, erst 1992 geschaffenen Nationalparks des Landes, des **Biebrzański Park Narodowy.** Er schützt einen Großteil des 164 km langen Biebrza-Flusses, der zu den letzten auf ihrer gesamten Länge naturbelassenen Flüssen des europäischen Kontinents zählt. Der Park umfasst auch

Gänsehüter in der Nähe von Ełk (Lyck)

Ełk und der Biebrzański-Nationalpark

Atlas: S. 227

das flächenmäßig größte Sumpfgebiet in Europa (die GUS-Staaten ausgenommen). Seine Sümpfe und Torfmoore bieten den Vögeln geradezu paradiesische Lebensbedingungen. 253 der 280 Brutvogelarten Europas leben hier. Zu den seltenen Arten gehören Wasserrallen, Doppelschnepfen und Kampfläufer. Berühmtheit erlangte die letztgenannte Vogelart, weil jedes Männchen während der Balzzeit ein anderes Gefieder hat. Aber auch zahlreiche Säugetiere haben sich die Biebrza-Sümpfe als ihr Lebensareal ausgesucht. Neben dem Kampinowski-Nationalpark bei Warschau lebt hier mit etwa 200 Stück die größte Elchkolonie Zentraleuropas. Sie werden jedes Frühjahr von Hubschraubern aus gezählt.

Die Superlative, die der Park verdient, können nicht verbergen, dass er relativ schwer zugänglich ist. Für Kajaktouren eignet sich der Fluss vorzüglich, allerdings braucht man wegen der oft unzugänglichen Ufer und der Unwegsamkeit der Umgebung Ausdauer und Lust auf Abenteuer. Erst langsam entstehen erste Pensionen in den Dörfern *Lipsk* und *Osowiec,* die durch ihre Festungen aus dem 19. Jh. bekannt sind. Auf den neuen Karten des Nationalparks sind Wanderwege markiert, auf denen man – z. B. von Woźnawieś bei Rajgród – in das Herz der Sümpfe vordringen kann.

Ełk: ul. Armii Krajowej 58, Tel./Fax 621 70 10, www.turystyka.elk.pl.
Goniądz: Parkdirektion, Osowiec, twierdza 8 (in der Festung), Tel. 086/272 06 20, 272 08 02, www.biebrza.org.pl. Info-Büro neben der Parkdirektion ist behilflich bei Übernachtung, Ausflügen und Führer, Tel. 086/272 07 85, eco-travel@biebrza.com.

Ełk: Rzydzewski, ul. Armii Krajowej 32, Tel. 087/610 37 53, 621 60 53, www.rydzewski.pl. Gute Adresse in der Stadtmitte; organisiert Ausflüge mit Schmalspurbahn und zu den Biebrza-Sümpfen. DZ 170 zł.
Einfache Hotels in der Stadtmitte:
Zodiak, ul. Kajki 1, Tel. 610 24 91. DZ 65-130 zł.
Horeka, ul. Wojska Polskiego 63, Tel. 621 37 69, www.horeka.elk.com.pl. DZ 179-220 zł.
Jugendherberge, ul. Sikorskiego 7a, Tel. 610 24 14, Juli/Aug.
Szeligi: Gryfia-Mazur, ca. 5 km östl. der Stadt, Tel./Fax 621 58 73. Malerisch am jezioro Selmęt Wielki gelegen. DZ 60-100 zł.
Goniądz: Bartlowizna, ul. Nadbiebrzańska 32, Tel. 272 01 30, -32. Die beste Übernachtung im Bereich des Nationalparks, Sauna, DZ 120-150 zł.
Rajgród: Kniejа, ul. Leśna 21, Tel. 086/72 14 68, Fax 72 14 07. DZ 130 zł.
Campingplätze: Ełk, ul. Parkowa, Tel. 610 97 00, am Stadtrand. **Szeligi,** ca. 5 km östl. der Stadt, Tel. 610 27 23.

Giżycko: Smętek, ul. Puławskiego 19, Tel. 087/621 14 53. Am Seeufer. 15-30 zł.
Mesa, ul. Grunwaldzka 2, Tel. 087/621 75 75. Bester gebratener Fisch. 15-30 zł.

Schmalspurbahn (Bahnhof: Ełk Wąskotorowy) fährt nur in der Saison Sa/So um 10 Uhr über Turowo (Auersberg) bis zum Ausflugsort Sypitki. Die Polnische **Eisenbahn** (PKP, Tel. 610 00 00) veranstaltet auch Sonderfahrten inkl. Fotostopps und Picknicks (Auskunft in der Touristeninformation). Verleih von **Wassersportgeräten:** PTTK-Station (Stanica wodna), ul. Kąpielowa 2, Tel. 610 38 19.

IM NORDOSTEN POLENS – RUND UM SUWAŁKI

Kamaldulenserkloster in Wigry

Masuren-Atlas S. 223, E F/2-4

Im Nordosten Polens – Rund um Suwałki

Atlas: S. 223

IM NORDOSTEN POLENS – RUND UM SUWAŁKI

Etwa 200 Seen gibt es hier, die teilweise noch unberührter sind als die masurischen. Unter ihnen der naturbelassene See Wigry im gleichnamigen Nationalpark sowie der kristallklare jezioro Hańcza. Ein Fünftel der Region nimmt das Waldgebiet der Puszcza Augustowska ein. Nördlich von Suwałki ist die Landschaft mit ihren tiefen Tälern und hohen Hügeln so abwechslungsreich, dass Geologen sie ›Museum für nacheiszeitliche Formationen‹ nennen.

Der Nordosten Polens

Masuren-Atlas: S. 223

Der nordöstliche Winkel Polens ist mit seinen Seen, Wäldern und Moränenhügeln landschaftlich Masuren sehr ähnlich. Nur weichen die roten Backsteinhäuser den niedrigen Holzbauten. Geschichtlich und kulturell handelt es sich um eine gänzlich andere Region, die Suwalszczyzna. Bis auf die Jahre von 1795 bis 1807 sowie die Zeit der beiden Weltkriege hat das Land nie zu Deutschland gehört; es hat auch nie eine nennenswerte deutsche Minderheit gegeben. Neben der polnischen Mehrheit leben oder lebten hier Litauer, Weißrussen, Russen, Juden und Tataren. In Bezug auf die letzten beiden Völker ist allerdings die Vergangenheitsform zu gebrauchen. Die Juden fielen dem nationalsozialistischen Wahn zum Opfer. Die Nationalsozialisten, die das Land Ostpreußen zugeschlagen und Suwałki in Sudauen umgetauft hatten, führten außerdem einen erbarmungslosen Krieg gegen die starke polnische Untergrundbewegung. Die Tataren assimilierten sich bereits im 19. Jh., und von ihrer Kultur ist kaum mehr übrig geblieben als einige verwitterte Grabsteine mit arabischer Schrift auf dem Friedhof in Suwałki. Weiter südlich bei Białystok leben aber noch heute Nachkommen der tatarischen Kriegsgefangenen, die von den polnischen Königen im 17. Jh. hier angesiedelt wurden.

In der Suwałki-Region ist man abseits vom Touristenrummel. Dies liegt an der unterentwickelten touristischen Infrastruktur und daran, dass sich für die deutschen Besucher keine unmittelbaren historischen Bezüge eröffnen. Gerade diese Ursprünglichkeit ist ein Grund, zumindest einen Ausflug dorthin zu unternehmen.

Atlas: S. 223

Suwałki

Masuren-Atlas: S. 223, E 3

Suwałki war bis zum 19. Jh. ein kleines Dorf, das die Mönche des nahe gelegenen Kamaldulenser-Klosters gegründet hatten. Erst im ›Kongresspolen‹, dem unter der Herrschaft des russischen Zaren stehenden Ersatz für die polnische Staatlichkeit, den der Wiener Kongress 1815 ins Leben rief, wurde der Ort etabliert. Damals wurde die an Łódź erinnernde Stadtstruktur angelegt, ähnlich wie dort ohne Marktplatz, aber mit einer breiten Straße (ul. Kościuszki), die die Hauptachse bildet.

Als Sitz einer Woiwodschaft bekam Suwałki eine Anzahl von Amtshäusern in neoklassizistischer Manier. Dazu zählt das Rathaus, das Gymnasialgebäude (ein Werk Antonio Corazzis) und die Gymnasialkirche. Am interessantesten ist die 1820–45 erbaute *Alexanderkirche* (kościół św. Aleksandra, pl. Wolności), an deren Bau zwei andere wichtige Vertreter des polnischen Neoklassizismus, Christian Aigner und Enrico Marconi, beteiligt waren.

Ausländische Namen sind bis zur Hälfte des 19. Jh. in Polen unter den Architekten fast die Regel: Deutsche, holländische und italienische Künstler

Etwa 200 unberührte Seen liegen rund um Suwałki

Im Nordosten Polens – Rund um Suwałki

Atlas: S. 223

machen das Land zum spannenden Treffpunkt verschiedener Strömungen der europäischen Kunstgeschichte.

Im *Kreismuseum* gibt es neben Ausstellungen zu den Sudauern und zur Stadtgeschichte noch ein weiteres Beispiel für die Internationalität der polnischen Kunst. Die realistischen Bilder des 1849 hier geborenen Künstlers Alfred Wierusz-Kowalski (gest. 1915) sind meist in München entstanden. Wierusz-Kowalski war zwar nicht der beste, aber immerhin ein bekannter Verteter der sogenannten Polnischen Münchner Schule. Mit dem vom bayrischen Hof hofierten Józef Brand an der Spitze befriedigten diese Maler das Bedürfnis des Bürgertums nach exotischen Sujets in der Historienmalerei, wie Türkenkriege, Kosaken und Reiterkämpfe.

Biuro CIT, ul. Kościuszki 45, Tel. 087/566 58 72, Fax 555 12 27, www.suwalki-turystyka.info.pl. **PTTK-Büro,** ul. Kościuszki 37, Tel. 566 59 61, www.suwalki.pttk.pl.

Dom Nauczyciela, ul. Kościuszki 120, Tel. 566 69 00, 566 69 08, Fax 566 62 70. DZ 160-180 zł.
Hańcza, ul. Wojska Polskiego 2, Tel. 566 62 23, Fax 566 66 33. DZ 130-200 zł.
Wigry, ul. Zarzecze 26, Tel. 566 60 18. DZ 48 zł.
Jugendherberge, ul. Wojska Polskiego 9/11, Tel. 566 58 78, Juli/Aug.
Privatquartiere vermitteln: Touristenbüro und SMPT Wigry, ul. Kościuszki 84.
Stary Folwark: PTTK-Herberge, Tel. 563 77 27. Östl. von Suwałki und nahe am Wigry-Nationalpark.

Empfehlenswerte Restaurants im **Hotel Hańcza,** 15-90 zł. sowie im **Dom Nauczyciela,** Wildschweingerichte! 5-36 zł .
Rozmarino, ul. Kościuszki 75, Tel. 566 59 04. Pizzeria. 4-25 zł
Tivoli, ul. Minkiewicza 3, Tel. 567 76 55. Pizzeria. 8-24 zł.
Szanghai, ul. Kościuszki, Tel. 565 14 60. Chinesisches Restaurant. 6-23 zł.

Information zur **Kanufahrt** auf der Czarna Hańcza im PTTK-Büro.

 Kreismuseum (Muzeum Okręgowe): ul. Kościuszki 81: Di–Fr 8–16, Sa, So 9–17 Uhr.

Züge nach Olsztyn und Warschau verkehren vom 2 km außerhalb des Zentrums liegenden Fernbahnhof. Die **Linienbusse** vom Busbahnhof am Marktplatz fahren ebenfalls nach Olsztyn (über Giżycko), Danzig, einmal tgl. auch nach Grodno (Weißrussland) und Wilna (Litauen), nur 160 km entfernt (das litauische Konsulat in Sejny kann behilflich sein).

Von Szwajcaria nach Puńsk

Masuren-Atlas: S. 223, E 3, F 2

Sudauer oder Jatwinger nannte man das Volk, das 5 km nördlich von Suwałki ein Gräberfeld hinterließ. Es befindet sich in einem Dorf, das sich etwas übertrieben Szwajcaria (poln. für ›Schweiz‹) nennt. Die Sudauer unterschieden sich von den anderen prußischen Stämmen so stark, dass es sich scheinbar um ein eigenständiges Volk innerhalb der baltischen Sprachfamilie handelte. Leider weiß man wenig über ihre Naturreligion und Gebräuche. Seit dem 2. Jh. n. Chr. hier beheimatet, galten sie unter den Nachbarn als kriegs-

Atlas: S. 223 — Suwałki/Von Szwajcaria nach Puńsk

lustiges Volk. Sie verheerten häufig die masowischen Gebiete im Süden und kamen 1220 in einem Kriegszug sogar bis nach Krakau. Bis 1283 wurden sie vom Deutschen Orden und Polen – die späteren Erzfeinde erinnerten sich einige Jahrhunderte später nur ungerne an diese gemeinsame Aktion – unterjocht und dezimiert. Viele Sudauer flohen nach Litauen, die anderen wurden nach Samland zwangsumgesiedelt und verschwanden bald als eigenständiges Volk. Was blieb, sind hier in Szwajcaria Gräber in Form von Rundhügeln mit einem Durchmesser von 3 bis 20 m. Sie waren ursprünglich mit Steinen verkleidet, heute sind sie weitgehend verfallen und so überwuchert, dass eine gehörige Portion Phantasie dazugehört, sich diese Überbleibsel als Gräber eines geheimnisumwitterten Volkes vorzustellen.

Das nächste Ziel weiter nördlich ist **Wodziłki,** ein Dorf der Altgläubigen (2 km zu Fuß aus Szeszupka [roter Wanderweg] oder 3 km aus Błaskowizna am jezioro Hańcza [blauer Weg]). Es ist älter als Wojnowo in Masuren, da es bereits in der zweiten Hälfte des 18. Jh. gegründet wurde (s. S. 136 f.). Hier steht eine der drei Molennas, also der Altgläubigenkirchen, in der Suwałki-Region. Die anderen beiden befinden sich in Grabowe Grądy bei Augustów und in Suwałki selbst. Nur in Suwałki kann man die Molenna gelegentlich besuchen, wenn Gottesdienste stattfinden. Das pittoreske, inmitten einer wunderschönen Landschaft gelegene Wodziłki wird nur noch von wenigen Altgläubigen bewohnt. Die Männer erkennt man an ihren langen Bärten.

Ein Glaubenszeichen: Wegekreuz

Von weither ist **Cisowa Góra**, eine Moränenerhebung (256 m), sichtbar. Sie ist zwar nicht die höchste der Gegend, aber aufgrund ihrer konischen Form der bekannteste der hiesigen Berge. Der mühsame Aufstieg vom Ort Gulbieniszki aus wird belohnt durch einen wunderschönen Ausblick auf den Suwałki-Landschaftspark. Das Land ist sehr hügelig, stellenweise sogar fast gebirgig. In einem tief gelegenen Tal fließt die Czarna Hańcza. Die Seen Hańcza, Jaczno und Szurpiły haben steile, steinige Ufer wie Gebirgsseen. Felder mit glazialen Findlingen beim Dorf Bachanowo und bei Rutka erhöhen die Attraktivität dieser Gegend ebenso wie die tiefen Wälder östlich des Hańcza-Sees. Sie kann von den Dörfern Smolniki, das über drei hervorragende Aussichtspunkte verfügt, oder

Im Nordosten Polens – Rund um Suwałki   Atlas: S. 223

›Trockensee‹ im Wigry-Nationalpark

Jaczno aus erkundet werden; blau, schwarz und rot markierte Wanderwege führen zu den schönsten Flecken.

Die Seen *Jaczno* und *Szurpiły* werden häufig als die schönsten im Norden Polens bezeichnet. Auch hier wird ein stiller Kampf um den Erhalt dieser Landschaft geführt. Zwar ist offiziell der gesamte Nordosten Polens in eine ›Grüne Lunge‹ verwandelt worden, aber die Freunde einer Modernisierung um jeden Preis legen immer neue Pläne vor. In Jaczno wollte man kürzlich ein Kraftwerk bauen, dessen Energie aus dem Niveauunterschied zweier Seen geschöpft werden sollte. Immer wieder geistern hier russische Pläne durch die Amtsstuben, eine Schnellstraße zwischen Weißrussland und dem Gebiet von Kaliningrad (Königsberg), die Litauen umgehen würde, zu bauen.

Sie sind 2002 wieder aktuell geworden, da Russland angesichts des EU-Beitritts von Polen und Litauen für die Bürger seiner Exklave Kaliningrad die Möglichkeit visafreier Reisen in das ›Mutterland‹ gewährleistet sehen wollte. Der russische Druck konnte aber in diesem Fall nichts gegen die polnischen Ängste bezüglich einer solchen exterritorialen Autobahn ausrichten. Die Erinnerungen an den ›Polnischen Korridor‹ zwischen dem Reich und Ostpreußen und an Hitlers Forderungen waren noch zu lebendig.

Andere Ängste haben die Einwohner des Städtchens **Puńsk**, die zu 80 % Litauer sind. Sie gehören zu den etwa 30 000 Mitgliedern der litauischen Minderheit in Polen. Als Anfang der 1990er Jahre der zweite Grenzübergang nach Litauen in Budzisko eröffnet werden sollte, protestierten dagegen ausgerechnet die Einwohner von Puńsk. Wie sich herausstellte, wollten sie verhindern, dass sich in der Stadt Zöllner und Grenzbeamte niederlassen, die häufig jung und heiratswillig sind. Die Angst, assimiliert zu werden, ist sehr stark.

In Puńsk gibt es ein litauisches Gymnasium, ein Haus der Kultur, ein ethnologisches Museum, dessen Exponate von Juozas Vaina, einem passionierten Freund der litauischen Volkskultur, zusammengetragen wurden, sowie ein kleines malerisches Freilichtmuseum. Die beste Zeit, um Puńsk zu besuchen, ist während der Feiertage, an denen noch Volkstrachten getragen werden. In

Wigry-Nationalpark

Masuren-Atlas: S. 223, E F 3
Unmittelbar östlich von Suwałki beginnt der Wigry-Nationalpark (Wigierski Park Narodowy). Dieser 1989 gegründete Park umfasst in einem breiten Gürtel den größten See der Suwałki-Region, den verwinkelten, knapp 20 km langen **Wigry**. Er weist zum Teil den Charakter eines Rinnensees mit der entsprechenden Tiefe von 73 m auf, teils ist er ein großer Flachsee mit insgesamt 15 Inseln. Rundherum wächst Mischwald, der vorwiegend aus Kiefern, Fichten und Haselnussbäumen besteht, und stellenweise Primärwaldcharakter besitzt. Insgesamt 50 kleinere Seen befinden sich innerhalb der Grenzen des Nationalparks, allerdings werden auch kleine verlandende Tümpel (sucharki) dazu gezählt. Hier finden Elche, Dachse, Biber

der Johannisnacht wird am Sejwy-See ein großes Lagerfeuer angezündet, wo gemeinsam gegessen und anschließend Kränze ins Wasser geworfen werden – ein Relikt aus heidnischen Zeiten.

 Puńsk: SODAS, ul. Mickiewicza 17, Tel. 516 13 14. DZ 50 zł.

Gutes Restaurant im **SODAS**: ul. Mickiewicza 17, Tel. 516 13 14. Mit litauischen Spezialitäten. Probieren Sie *czernaki bliny litewskie* und als Nachspeise *mrowisko*. 2-11 zł.

Puńsk: Museum, Anmeldung im Dom Kultury Litewskiej, ul. Mickiewicza 56, Tel. 516 10 32, oder Aušra, Gesellschaft der Litauer in Polen, ul. Mickiewicza 23, Tel. 516 14 16.

Übernachtungstipp – Nachtruhe in einer Einsiedelei

Ähnlich wie bei der Burg in Reszel (Rössel) wurden die Klosterbauten des Kamaldulsenserklosters in Wigry zum Künstlerdomizil umfunktioniert. Seit der Wende kann jedermann in den Eremitenhäuschen gut übernachten und sich in einem Restaurant verpflegen lassen. Wenn keine Tagungen stattfinden, ist man hier allein und kann sich ganz der Beobachtung der wunderschönen Sonnenuntergänge widmen.
Wigry, Dom Pracy Twórczej, Tel. 087/563 70 18, Fax 563 70 00

Im Nordosten Polens – Rund um Suwałki

Atlas: S. 223

– das Symbol des Parks – und Fischotter optimale Lebensbedingungen.

Am besten lernt man den Park vom Wasser aus kennen, mit Kajak, Kanu oder Segelboot, oder auch über einen 49 km langen, grün markierten Wanderweg. Dieser führt um den ganzen See herum und ist in drei Tagen zu bewältigen (Zeltplätze in Abständen von je einer Tageswanderung sind vorhanden). Als Basis für die Ausflüge in den Nationalpark bieten sich die Dörfer Gawrych Ruda und Stary Folwark an.

Auf der Kloster-Halbinsel (Wigry, Półwysep Klasztorny), in einer traumhaften Gegend, liegt das ehemalige barocke *Kamaldulenserkloster*. Der Italiener Pietro Putini baute 1694–1745 die *Klosterkirche* und die dazugehörigen Einsiedeleien. Die Mönche kamen 1667 aus Krakau, auf Bestreben des Königs Johann Kasimir Wasa (Jan Kazimierz), der sie reichlich beschenkte. Erst die preußischen Behörden lösten das Kloster, das 30 Dörfer besaß, 1804 auf.

Durch den Wigry-See fließt die **Czarna Hańcza,** ein 140 km langer Nebenfluss der Memel, von dem sich 108 km auf polnischem Boden befinden. Er ist ein wahres Paradies für Kanufahrer. Einige Wasserfreunde ziehen diesen Fluss auch der Krutynia vor, was zumindest mit Hinblick auf das Gedränge, das dort mittlerweile herrscht, durchaus sinnvoll scheint. In der Regel führen die organisierten Kanutouren von Augustów über den Augustów-Kanal bis hin zum Wigry-Nationalpark, seltsamerweise meist gegen die Strömung, wohl um die Teilnehmer sportlich zusätzlich zu animieren. Eine lohnende Alternative bieten die PTTK-Büros in Augustów und Suwałki: Zuerst paddelt man von Augustów bis zum Serwy-See, von dort werden die Boote zum Wigry-See transportiert und man gönnt den Teilnehmern drei Tage Ruhe, um den Reiz des Nationalparks genießen zu können. Anschließend geht es mit der Strömung der Czarna Hańcza nach Augustów zurück.

Ganz in der ›Ecke‹ des Landes, dort wo die polnische Grenze von der West-Ost-Richtung nach Süden abbiegt, liegt **Sejny**. Dieses Städtchen, in dem die Zeit scheinbar vor hundert Jahren stehen geblieben ist, ist stolz auf seine **Dominikanerkirche**. Samt eine von Türmen flankierten Klosteranlage wurde sie in einem verspäteten, provinziellen Renaissance-Stil 1610–19 erbaut. Die Doppelturmfassade und die Innenausstattung der Kirche sind allerdings das Ergebnis eines Umbaus um 1760. In einem Seitenaltar steht das größte Heiligtum der Stadt und zugleich ein kunsthistorisches Juwel, eine Schreinmadonna aus der ersten Hälfte des 15. Jh., die geöffnet die Dreifaltigkeit zeigt.

Am anderen Ende der Stadt findet man eine **Synagoge** aus dem Jahr 1860. Nachdem die Juden Sejnys von den Nationalsozialisten ermordet worden waren und im Gotteshaus zunächst die Feuerwehr untergebracht war, wurde es in der Nachkriegszeit wenig pietätvoll als Lagerraum genutzt. Frisch renoviert, beherbergt die Synagoge heute die Räume eines kleinen *Museums*, das an die Geschichte der Juden erinnert, die vor 1939 etwa ein Viertel der Stadtbewohner bildeten. Eine interessante In-

Dominikanerkirche in Sejny

Sejny

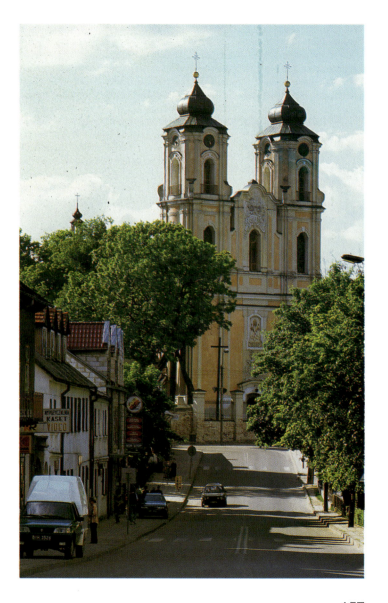

Im Nordosten Polens – Rund um Suwałki   Atlas: S. 223

itiative ist die kulturelle ›Stiftung Grenzland‹ mit Sitz neben der ehemaligen Synagoge. Ihre jungen schwungvollen Mitglieder organisieren Veranstaltungen, die die Kultur Litauens, Weißrusslands, der Ukraine und Russlands fördern sollen.

🛏 **Wigry-Halbinsel: Wigry, Dom Pracy Twórczej,** Tel. 087/563 70 18, Fax 563 70 00. Schönstes Quartier im ehem. Kamaldulenserkloster. DZ 120-150 zł.
Gawrych Ruda (Nr. 109): Pension Anser, Tel. 087/27 34 85. Am anderen Ende des Nationalparks. DZ 70 zł.
Sejny: Hotel Skarpa, ul. Piłsudskiego 13, Tel. 087/516 20 65. DZ 50-70 zł.
Błaskowizna: Jugendherberge am Hańcza-See, Juli/Aug.
Campingplatz in Gawrych Ruda: Nad Stawem, Tel. 087/563 93 21, 567 40 52, Mai–Sept. Da südlich des Nationalparks gelegen, gut zu seiner Erkundung.

Wassersportverleih in Stary Folwark, Tel. 563 71 23.
Sejny: Stiftung Grenzland (ośrodek Pogranicze), ul. Piłsudskiego 37, Tel. 516 21 89. Das **litauische Konsulat** in Sejny, ul. Piłsudskiego 28, Tel. 516 22 14, 516 22 73, kann bei Ausflügen behilflich sein.

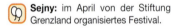 **Sejny:** im April von der Stiftung Grenzland organisiertes Festival.

 Krzywe: Museum des Wigry N. P.: Mo–Fr 7–15 Uhr.

Augustów und Umgebung

Masuren-Atlas: S. 223, E F 4
Der Jagiellonenkönig Sigismund August gründete 1558 die Stadt Augustów, als Symbol des kurz zuvor nochmals besiegelten Friedens mit dem Herzogtum Preußen, wo gleichzeitig die Stadt Marggrabowa (Olecko/Treuburg) von Albrecht von Brandenburg-Ansbach aus ›wilder Wurzel‹ angelegt wurde. Einen bescheidenen wirtschaftlichen Aufschwung sicherte der Stadt im 19. Jh. der Augustów-Kanal.

In der Zwischenkriegszeit wurde die Stadt zur bekannten Sommerfrische der Warschauer Elite, die mit dem bekannten Zug ›Luxtorpedo‹ aus der Metropole schneller als heute hier anreisen konnte.

Lediglich zwei Museen, das Museum für Stadtgeschichte und das Museum über den Augustów-Kanal sind Alternativen für die Freizeitgestaltung an einem regnerischen Tag. Etwas außerhalb des Zentrums steht das alte *Wandererheim,* heute Hotel Hetman (ul. Sportowa), das einzige in Polen ausgeführte Gebäude des bekannten Architekten Maciej Nowicki.

22 km nördlich von Augustów liegt **Dowspuda** mit dem Palast (nurmehr als Ruine erhalten) des litauischen Generals Michał Ludwik Pac (1780–1835). Die Pac-Familie war, neben den Sapiehas und Radziwiłłs, eine der zahlreichen Adelsfamilien Litauens, die sich, wie praktisch die gesamte Oberschicht des Landes, seit dem 15. Jh. vollständig polonisieren ließ.

Als 1791 der polnische Reichstag die Autonomie Litauens abschaffte, war das kein national motivierter Akt, da das Litauische zu diesem Zeitpunkt bereits ausschließlich von Bauern gesprochen wurde. Erst die nationale Bewegung Litauens im 19. Jh. wertete diese Spra-

Augustów und Umgebung

DIE KURZE LAUFBAHN DES ARCHITEKTEN MACIEJ NOWICKI

In der ersten, später aktualisierten Ausgabe des Standardwerks zur Geschichte der Architektur von Nikolaus Pevsner ist von dem talentierten, früh verstorbenen Architekten russischer Herkunft Maciej Nowicki die Rede. In Wirklichkeit ein gebürtiger Warschauer, war Nowicki (1910–51) gerade 28, als er ein Wandererheim (heute Hotel Hetman, ul. Portowa 1) in Augustów entwarf – mit einem markanten geschwungenen Portikus auf vier dünnen Stützen. Dieses sehr bescheidene Werk sollte das einzige allein entwickelte Projekt des wichtigsten polnischen Architekten des 20. Jh. und Pioniers der Moderne sein, das er in seiner Heimat ausführen konnte. Sein visionärer Entwurf für den Wiederaufbau seiner vernichteten Heimatstadt wurde nicht verwirklicht.

1946 reiste er in die USA als polnischer Delegierter in der Kommission für den Bau des UNO-Sitzes in New York, kehrte aber nicht in das kommunistische Polen zurück. In Raleigh (North Carolina) nahm er eine Professur an, dort entstand auch das bei Pevsner erwähnte Paraboleum. Dieser Ausstellungs- und Schaupavillon, dessen Dach aus zwei ineinandergesetzten Flächen besteht und auf einer dünnen Stahl-Glas-Konstruktion aufliegt, markierte den Beginn seine Weltkarriere. Der nächste Schritt war ein Projekt für die später von Le Corbusier realisierte indische Stadt Chandighar und Entwürfe für das UNO-Gebäude in New York. Dies war auch der letzte Schritt, da Nowicki bei einem Flugzeugabsturz in der Sahara ums Leben kam.

che als Trägerin der litauischen Kultur wieder auf. Viele der Zwistigkeiten zwischen Polen und Litauen im 20. Jh. sind aus der Geschichte erklärbar – die litauische Angst vor der polnischen ›Überfremdung‹ und die polnische teils paternalistische, teils schlicht arrogante Art, mit diesen Ängsten des Nachbarn umzugehen. Vom **Pac-Palast** in Dowspuda, 1820–23 im Stil der englischen Neugotik errichtet und umgeben von einem romantischen Park, ist heute nur das Eingangstor mit dem ›Storchenturm‹ übriggeblieben. Der Palastbau zeugte wahrscheinlich ohnehin nicht von hohem Geschmack, da bis heute der im übertragenen Sinne gebräuchliche Spruch *wart Pac pałaca* besagt, dass er ebensowenig wert war wie die mäßigen Verdienste seines Besitzers als Oberbefehlshaber der polnischen Armee im November-Aufstand 1830/31. Allerdings verdankt die Kirche im nahen Raczki seinem Mäzenatentum zwei Flachreliefs von Antonio Canova.

Der **Augustów-Kanal** lockt die Besucher aus dem ganzen Land an. Der Kanal wurde in den Jahren 1824–39 nach dem Entwurf des Generals Ignacy Prądzyński, des Helden des polnischen November-Aufstands gegen die Rus-

Im Nordosten Polens – Rund um Suwałki   Atlas: S. 223

sen (1830/31), erbaut. 102 km lang, verband er über Narew und Biebrza die Weichsel mit der Memel.

Hintergrund war der russisch-preußische Zollkrieg ab 1822 und das Bestreben, das Holz des unter russischer Hoheit stehenden Polen auf einem anderen Weg als über Danzig bis zum baltischen Ostseehafen Windau (Ventspils) transportieren zu können. Schon bald machte die Eisenbahn den Kanal überflüssig, den Todesstoß gab ihm die künstliche Grenzziehung nach 1945, die dazu führte, dass eine der Schleusen (Kurzyniec) durch die Grenze buchstäblich zweigeteilt wurde und daher – wie das unter ›Bruderländern‹ so üblich war – 50 Jahre lang vor sich hin gammelte.

Zu seiner Zeit war der Bau des Kanals unter Anwendung neuer Techniken (Beton mit wasserresistentem Kalk) eines der ehrgeizigsten Ingenieurprojekte Europas, das erst ein halbes Jahrhundert später vom französischen Canal du Midi überholt wurde. Wesentlich breiter als der Oberländische Kanal, wurde mit Hilfe von 18 großen Schleusen die Wasserscheide zwischen Weichsel und Memel mit etwa 40 m Höhenunterschied überwunden. Von den heute 14 in Polen befindlichen Schleusen wurden einige im Krieg beschädigt und teilweise ahistorisch aufgebaut, der Rest steht seit den 1970er Jahren unter Denkmalschutz.

Da zum Holztransport nach Westen heute große Lkws verwendet werden, wird der Kanal ausschließlich touristisch genutzt. Im Sommer verkehren Ausflugsschiffe auf verschiedenen Routen, von denen der ganztägige Ausflug bis zum Paniewo-See am in-

Typisches Holzhaus in Gawrych Ruda

Augustów und Umgebung

teressantesten ist. Landschaftlich lohnt der Ausflug, auch wenn nicht alle der insgesamt 26 Seen, die wie Perlen an einer Kette durch den Kanal verbunden sind, durchfahren werden können.

Der Kanal durchzieht die **Puszcza Augustowska,** die Augustów-Heide. Nach den niederschlesischen Wäldern nördlich von Bolesławiec (Bunzlau) ist sie mit ca. 1000 km^2 der größte zusammenhängende Waldkomplex Polens. In ihren Fichten- und Kiefernwäldern wachsen auch Ulmen, Weißbuchen, Lärchen und Eichen. Das Repertoire an Säugetieren und Vögeln ähnelt mit Elchen, Bibern und Schreiadlern dem weiter westlichen Gebiet der Großen Masurischen Seenplatte.

ul. Zygmunta Augusta 44, Tel./Fax 087/643 28 83, www.augustow.pl, cit@augustownet.com.pl. **PTTK-Büro,** ul. Nadrzeczna 70a, Tel. 643 38 50.

Warszawa, ul. Zdrojowa 1, Tel. 643 28 05, Fax 643 36 57. Das beste Hotel des Ortes. DZ 230-270 zł.
Hetman, ul. Sportowa 1, Tel. 644 53 45, Fax 643 42 89. Die ehemalige PTTK-Herberge, von Maciej Nowicki entworfen, liegt etwas außerhalb der Stadtmitte am jezioro Necko. DZ 65-105 zł.
Turmot, ul. Mazurska 4, Tel. 643 28 67, Fax 643 20 57. DZ 60-115 zł.
Günstige Alternativen:
Dom Nauczyciela, ul. 29 Listopada 9, Tel. 643 20 21, Fax 643 54 10. Zentral gelegen. DZ 70-120 zł.
Pension U Marianny, ul. Rajgrodzka 98, Tel. 644 57 11. DZ 80 zł.
Szekla, PTTK-Herberge, ul. Nadrzeczna 70a, Tel. 643 38 50.
Campingplätze: ul. Sportowa 1, beim Hetman-Hotel.

Goła Zośka (›Nackte Sophie‹), an der Straße nach Suwałki, 2 km außerhalb der Stadt.

Das einfache Angebot an Restaurants beschränkt sich auf jene im **Hetman-Hotel,** 13-30 zł., und im **Motel Turmot,** 4-60 zł., sowie in der Stadtmitte das Restaurant **Albatros,** ul. Mostowa 3, Tel. 643 21 23. 3-15 zł.

Im Hetman-Hotel (ul. Sportowa 1, Tel. 643 34 55) und Dom Nauczyciela (ul. 29 Listopada 9, Tel. 643 20 21) kann man **Kanus und Kajaks** mieten. **Segelboote** (auf Wunsch mit Kapitän) sind bei ośrodek Żeglarski (ul. Nadrzeczna 70a, Tel. 643 38 50) zu leihen. **Ausflugsboote** auf dem Augustów-Kanal verkehren von der Anlegestelle (ul. 29 Listopada 7, Tel. 643 28 81, 643 21 52), 1. Mai–30. Sept., häufiger 27. Juni–31. Aug. (v. a. bis Przewięż und Swoboda, bis Paniewo muss extra bestellt werden). Die Tickets kauft man am selben Tag.

Um das Schloss herum wird alljährlich im vorletzten August-Samstag ein **Festival der keltischen Musik** organisiert (Info, Tel. 087/ 566 37 43).

Museum für Stadtgeschichte (Muzeum Ziemi Augustowskiej: ul. Hoża 7, Tel. 643 27 54): Di–So 9–16 Uhr. **Museum des Augustów-Kanals** (Muzeum Kanału Augustowskiego: ul. 29-go Listopada 5a): Di–So 9–16 Uhr (15. Mai–15. Sept., außerhalb dieser Zeit kann das Museum auf Anfrage im Museum für Stadtgeschichte geöffnet werden).

Mit zwei direkten **Zügen** pro Tag kommt man von Warschau zum Fernbahnhof, der weit außerhalb des Zentrums liegt. Es gibt häufig verkehrende **Busse** nach Suwałki und Ełk.

EIN ABSTECHER NACH DANZIG UND MARIENBURG

Gdańsk
(Danzig),
Rechtstädti-
sches Rathaus
und Turm der
Marienkirche

Masuren-Atlas S. 220, A 1, A 4

Abstecher nach Danzig und Marienburg

Atlas: S. 220

EIN ABSTECHER NACH DANZIG (GDAŃSK) UND MARIENBURG (MALBORK)

Ein Abstecher nach Danzig und zur Marienburg ist eine Bereicherung jeder Masuren-Reise. Der Stadtbummel führt zur gotischen Marienkirche, zum Krantor und zum Großen Zeughaus; Strandleben genießt man im nahen Sopot (Zoppot). Die Kleinstadt Malbork liegt im Schatten der ehemaligen Residenz der Hochmeister des Deutschen Ordens. Das bloße Ausmaß der Mauern, Türme und Tore überwältigt. Der Hochmeisterpalast präsentiert sich als eine der elegantesten spätgotischen Profanarchitekturen.

Danzig (Gdańsk)

Masuren-Atlas: S. 220, A 1

Die einst reichste Stadt an der Ostsee hat unzählig viele Gesichter, und so wechselt in ihren Beschreibungen höchstes Lob ab mit scharfer Kritik. Während es für viele eine bezaubernde, trotz des Wiederaufbaus den Charme ihrer einstigen Größe und heutigen Bedeutung ausstrahlende Metropole ist, sehen andere im heutigen Danzig eine kümmerliche Nachbildung im Disneylandstil ohne historisch verwurzelte Bevölkerung.

Die einen betonen den Anteil der Stadtbewohner am Kampf gegen das Unrechtssystem und ihre Beteiligung an den heutigen Transformationsprozessen, die anderen – so die stolzen Einwohner von Krakau – verweisen auf die Mängel der hiesigen Universität, das Fehlen eines Kulturlebens von Niveau und die Scharen der Neureichen, deren Luxuskarossen sichtbarstes Zeichen frischen Wohlstands sind.

Man mag Argumente für beide Wahrnehmungen der Stadt nachvollziehen. Was letztendlich zählt, ist aber die pure Bewunderung, die man mitten auf dem Langen Markt (Długi Targ) empfindet. Die Frage der Echtheit der Gebäude tritt in den Hintergrund. Wenn auch nicht jeder Stein über eine mittelalterliche Urkunde verfügt, so kann man doch für die Rekonstruktion nur dankbar sein.

Die Rechtstadt

Vor der Rechtstadt breitet sich der **Kohlenmarkt** 1 (Targ Węglowy) aus, wo gewöhnlich die Stadtführung beginnt. Er ist ein Potpourri aus alter und

Danzig (Gdańsk): Rechtstadt

neuer Architektur. Preußische Verwaltungsgebäude grenzen an das moderne Theatergebäude. Vergeblich sucht man nach der im mauretanischen Stil gehaltenen Synagoge, die der ›Reichskristallnacht‹ 1938 zum Opfer fiel.

Perlen in dieser Baulandschaft sind die Stadttore sowie das **Große Zeughaus** 2 (Wielka Zbrojownia) aus den Jahren 1602–05. Schöpfer dieses martialischen Baukomplexes soll der niederländische Festungsbaumeister Anthonis van Opbergen gewesen sein. Bezeichnend ist, dass hier ein Militärbau in die Stadtmitte gesetzt wurde – eine Mahnung für all diejenigen, die den Freiheiten der Stadt ein Ende setzen wollten.

Die Seite zum Kohlenmarkt besteht aus vier Giebelfassaden, so als ob man vier identische Bürgerhäuser zu einem Gebäude zusammengefasst hätte. Die aufwändigere Fassade zur Piwna (ehemalige Jopengasse) ist zusätzlich von zwei hohen Türmen flankiert und mit einer Figur der Minerva verziert, der römischen Entsprechung der griechischen Athena, zuständig für Kriege, Weisheit und Künste.

Die Stadt Danzig war seit dem 16. Jh. von mächtigen Bastionen umgeben, die sie uneinnehmbar machten, so dass die schwedischen Armeen 1626 und 1655 unverrichteter Dinge wieder abziehen mussten. In diesen Erdbefestigungen gab es eine Anzahl von Toren, die seit der partiellen Schleifung der Bastionen im 19. Jh. etwas verwaist wirken, wie das **Hohe Tor** 3 (Brama Wyżynna), direkt an der Hauptstraße neben den Straßenbahnschienen. Dieses wuchtige Gebäude wurde in den Jahren 1586–88 von Willem van den Blocke mit Dekorationen versehen. Die Westfassade zieren die Wappen Danzigs, Polens und Königlich Preußens (die Ostfassade mit dem Wappen der Hohenzollern kam im 19. Jh. hinzu) und eine Inschrift *Iustitia et pietas duo sunt regnorum omnium fundamenta* – ›Gerechtigkeit und Ehrfurcht sind Fundament aller (guten) Regierungen‹.

Nur ein paar Schritte vom Hohen Tor entfernt stehen der **Stockturm** und die **Peinkammer** 4 (Wieża Więzienna i Katownia), zum Teil noch mittelalterlicher Herkunft, einst genutzt von der Danziger Gerichtsbarkeit. Ein erhaltenes Podest diente der Zurschaustellung der Gefangenen und deren Hinrichtung. Allerdings fanden hier nur die Zugereisten und die Mitglieder der niederen Klassen den Tod; Patrizier und Adlige besaßen das Privileg, vor dem Artushof hingerichtet zu werden.

Den eigentlichen Eingang in die Rechtstadt bildet das **Goldene Tor** 5 (Złota Brama, erbaut 1612–14 von Abraham van den Blocke), das den Verlauf der mittelalterlichen Stadtmauer markiert. Das Renaissance-Gebäude in der Form eines Triumphbogens zeigt ionische Säulen im Erdgeschoss und korinthische darüber. Die krönenden Figuren verkörpern Frieden, Freiheit, Reichtum, Ruhm, Frömmigkeit, Eintracht, Gerechtigkeit und Besonnenheit.

Eine lateinische Inschrift besagt, dass durch Eintracht kleine Staaten wachsen, durch Zwietracht selbst große zu Grunde gehen. Und wie einen frommen Wunsch lesen wir an der Ost-

Abstecher nach Danzig und Marienburg

Atlas: S. 220

Stadtplan: S. 166

Danzig (Gdańsk): Rechtstadt

Sehenswürdigkeiten
1. Kohlenmarkt
2. Großes Zeughaus
3. Hohes Tor
4. Stockturm und Peinkammer
5. Goldenes Tor
6. St.-Georgs-Bruderschaft
7. Uphagen-Haus
8. Langer Markt
9. Artushof
10. Rathaus (Museum für Stadtgeschichte)
11. Goldenes Haus
12. Grünes Tor
13. Postgebäude
14. Frauengasse
15. Marienkirche
16. Nationalmuseum
17. Krantor (Schifffahrtsmuseum)
18. Gelände der Deutschordensburg
19. Dominikanerkirche
20. Kaufhalle
21. Katharinenkirche
22. Holzmarkt mit Sobieski-Denkmal
23. Brigittenkirche
24. Denkmal für die gefallenen Werftarbeiter
25. Große Mühle
26. Altstädtisches Rathaus

Übernachten
27. Hanza
28. Królewski
29. Holiday Inn
30. Mercure Hevelius
31. Novotel
32. Mercure Marina
33. Zaułek
34. Dom Nauczyciela

Essen & Trinken
35. Pod Łososiem (Zum Lachs)
36. Tawerna
37. Mestwin
38. U Szkota
39. Gdańska
40. Pod Wieżą
41. Kubicki
42. Studentklub Żak

fassade ein Zitat aus Psalm 122: »Es möge wohl gehen denen, die dich lieben! Es möge Friede sein in deinen Mauern und Glück in deinen Palästen!«

Nördlich schließt an das Goldene Tor das **Gebäude der St.-Georgs-Bruderschaft** 6 (Dwór Bractwa Św. Jerzego) an. In diesem harmonischen spätgotischen Gebäude (1487–94) veranstalteten die Patrizier ihre dem Rittertum abgeschauten Spiele.

Hinter dem Tor beginnt ul. Długa, einst die **Lange Gasse,** die beiderseits mit repräsentativen Bürgerhäusern bebaut ist. Cafés und Restaurants, Straßenmusikanten und Scharen von Touristen bestimmen das Bild dieser Fußgängerzone. Das 1776–79 erbaute **Uphagen-Haus** erwartet uns bei Nr. 12 (s. S. 168).

Am Langen Markt

Mittelpunkt der Stadt ist der Długi Targ, der **Lange Markt** 8 der eigentlich das breitere letzte Drittel der Lan-

Abstecher nach Danzig und Marienburg

Atlas: S. 220

> **Besichtigungstipp: Uphagen-Haus – Erst 1998 aus den Trümmern auferstanden**
>
> Ein ganz besonderes Juwel ist das 1776–79 erbaute **Uphagen-Haus** 7 (Dom Uphagena), an dessen Restaurierung sich auch die ›Deutsch-polnische Stiftung für Zusammenarbeit‹ beteiligte. Bereits kurz vor dem Zweiten Weltkrieg wurde hier ein Museum für Inneneinrichtung eröffnet, denn das Gebäude, dessen Diele und Wohnräume für die Patrizierwohnhäuser typisch sind, gilt als eines der besterhaltenen Beispiele im Rokokostil. Teile des Mobiliars konnten ausgelagert und gerettet werden, der größere Teil ist eine durchaus beachtenswerte minutiöse Rekonstruktion, die zum Tausendjährigen Jubiläum der Stadt 1997 hätte abgeschlossen sein sollen, letztlich aber mit einjähriger Verspätung als das ›jüngste Baudenkmal‹ Danzigs ihre Pforten öffnete.

gen Gasse bildet. Er ist das Zentrum der Rechtstadt (Główne Miasto), eines der vier städtischen Organismen Danzigs. Hier konzentrieren sich die wichtigsten Bauten, hier zeigte sich geballt die Macht und Bedeutung der Stadt, verkörpert durch prächtige Bürgerhäuser, das monumentale Rathaus und das ›Grüne Tor‹. Auf dem Höhepunkt seiner Entwicklung, im 16. Jh., zählte Danzig 50 000 Einwohner und war wesentlich größer als Krakau, Berlin oder Königsberg.

Die mehrheitlich deutsche Bevölkerung hatte 1454 das Joch der Deutschordensherrschaft abgeschüttelt und sich der polnisch-litauischen Monarchie unterworfen. Des Deutschen Ordens wurde man nicht deswegen überdrüssig, weil seine Mitglieder Deutsche waren, wie manche polnische Veröffentlichung nahelegte, sondern weil seine Herrschaft in Politik und Wirtschaft repressiv und mit der Verfassung einer autonomen Hansestadt nicht vereinbar war.

Der polnische König, in dessen Machtbereich weitgehend friedlich 14 größere Nationen lebten, garantierte den Danzigern schlicht das, wonach sie strebten: niedrige Steuern, eigene Währung, freie Entfaltung ihrer Wirtschaft und möglichst wenig Einmischung in die inneren Belange der Stadt. Diese Symbiose überdauerte immerhin 338 Jahre.

Zwar gab es immer wieder Könige, die die Selbständigkeit Danzigs beschränken wollten, aber letztendlich profitierten beide Seiten ungemein von dieser Liaison. 70 % des gesamten polnischen Außenhandels wurden in dieser Zeit über Danzig abgewickelt. Aus dieser Vermittlung bezog Danzig einen Reichtum, der noch heute in seiner Architektur abzulesen ist. Seine Schiffe segelten von Amsterdam bis nach Portugal, seltener bis Venedig, meist mit polnischem Getreide. Schiffe aus aller Herren Länder kamen nach Danzig, um Lieferungen abzuholen. Allein im Jahr 1642 legten hier – wie ein

Danzig (Gdańsk): Am Langen Markt

britischer Konsul berichtete – sage und schreibe 2042 Schiffe an.

Als sich Preußen 1792 mit Waffengewalt die Stadt einverleibte und viele Patrizier ihr auf Nimmerwiedersehen den Rücken kehrten, hatte dies wiederum nichts mit nationalen Problemen zu tun, sondern mit der schlichten Erkenntnis, dass die Zeit der goldenen Geschäfte ihr Ende gefunden hatte.

Der Lange Markt ist heute ein lebendiger Treffpunkt. Im Sommer breiten sich hier die Biergärten und Auslagen der Andenkenläden aus. Reisegruppen bummeln unter der Obhut von Lokalführern, die nur mühsam eine ruhige Ecke finden, um mit ihren Ausführungen fortfahren zu können.

Ein Zeichen der neuen Offenheit nach der Wende ist das breite Spektrum diverser Jugendsubkulturen, sichtbar beispielsweise an den lärmenden und malerischen Umzügen der Hare-Krishna-Anhänger. Inmitten des Geschehens steht der **Neptunbrunnen,** bekrönt von der Bronzefigur des Meeresgottes mit dem Dreizack (1612–15). Natürlich verstand sich die Stadt selbst als die Herrscherin über die Meere, also dem Neptun ebenbürtig.

An seiner markanten, 1616 gestalteten Fassade mit drei großen Spitzbogenfenstern ist der **Artushof** 9 (Dwór Artusa) zu erkennen. In diesem 1476–81 errichteten und später umgebauten Gebäude hielten die reichen Patrizier ihre Gildeversammlungen ab. Das Gewölbe des *Versammlungssaals* ruht auf schlanken Säulen, die aus der geschleiften Deutschordensburg stam-

Danzig, Langer Markt mit Artushof und Neptunbrunnen

Abstecher nach Danzig und Marienburg

Atlas: S. 220

men. Ihre Anbringung hier ist symbolisch als Triumph über den einstigen Herrscher der Stadt zu verstehen und als Mahnung an potenzielle neue Zwingherren, dass sich die Stadt nicht unterwerfen lassen würde.

Beachtenswert ist im großen Saal eine große hölzerne Figur des *hl. Georg mit dem Drachen* (1485) von der Hand des bekannten Hans Brandt und ein wunderschöner *Renaissance-Kachelofen* (1545), dessen Scherben die Restauratoren nach 1945 in mühseliger Kleinarbeit wieder zusammensetzten. Ein Gemälde aus dem 16. Jh. stellt die Belagerung der Marienburg durch Polen und Danziger im Dreizehnjährigen Krieg (1454–66) dar und ist somit eine wichtige Bildquelle für das Aussehen der Burg vor deren Umbau. Es vermittelt uns einen ersten Eindruck, bevor wir die Burg in natura zu sehen bekommen.

Das **Rathaus** 10 (Ratusz Głównego Miasta) wird von einem hohen Turm und der Fassade zum Langen Markt hin beherrscht, in der hohe Blendnischen dominieren. Im Äußeren gotisch (1379–82, umgebaut 1486–92), gibt sich das Rathaus in den Innenräumen bereits frühneuzeitlich.

Die Eingangsdiele mit einer rekonstruierten Wendeltreppe vermittelt einen Vorgeschmack auf das größte künstlerische Juwel der Stadt, den *Roten Saal*. Am Ausgang des 16. Jh. besonders prachtvoll ausgestattet, diente er den Ratsherren als Versammlungssaal. Die Holzintarsien wären schon an sich ein Kunstwerk, dazu gesellen sich aber noch über 20 Gemälde des berühmten Jan Vredemann de Vries und von Izaak van den Blocke, die in die Wände und in die Decke eingelassen wurden. Die Mitte der Decke

Danzig, ›Roter Saal‹ von Hans Vredemann de Vries im Rechtstädtischen Rathaus

Danzig (Gdańsk): Am Langen Markt

Stadtplan: S. 166

beherrscht das größte, die Apotheose der Stadt darstellende Bild, auf dem das Panorama Danzigs mit einem Triumphbogen unter einem Regenbogen und der Hand Gottes abgebildet ist. Die Weichsel, die als Transportweg für das Getreide als die Quelle des Danziger Reichtums angesehen wurde, wird hier in ihrer ganzen Länge von den Karpaten bis zur Mündung gezeigt. 1942 ausgelagert, ist die Innenausstattung des Roten Saals vollständig original – eine Seltenheit in Danzig.

Das *Museum zur Geschichte der Stadt,* das sich im Rathaus befindet, zeigt unter anderem Fotos, die das Ausmaß der Zerstörungen von 1944/45 veranschaulichen. Nur ein kleiner Teil des Stadtkerns wurde von den alliierten Bombardements zerstört, der weitaus überwiegende Teil wurde während der Belagerung und Eroberung der Stadt durch die Rote Armee sowie – durch mutwillige Zerstörungsakte – erst danach zu Schutt und Asche.

Tief bewegend ist die Ansicht der ehemaligen Frauengasse, auf der bis hin zur Mottlau nur eine Trümmerlandschaft zu sehen ist; dort blieb keine einzige Wand stehen. Man sollte es sich genau einprägen, bevor man die schier unzähligen Treppen des Rathausturmes hinaufsteigt. Erst von oben ist das ganze Ausmaß des Wiederaufbaus richtig einzuschätzen.

Zurück auf der Straße, gilt unser Blick den Bürgerhäusern. Der Wiederaufbau nach 1945 rekonstruierte meist nur die Fassaden wahrheitsgetreu. Im Inneren wurden Arbeiterwohnungen eingerichtet und oft mehrere Häuser über ein großes Treppenhaus

Das ›Gold der Ostsee‹: Bernstein

miteinander verbunden. Es gibt Straßen, bei denen nur die Häuser einer Seite wiedererrichtet wurden, was den damaligen Idealvorstellungen von Grünflächen und lockerer Bebauung entsprach. Ganze Straßenzüge sind schließlich keine Rekonstruktionen, sondern ahmen historische Stile nach (s. S. 60 f.).

Den Fassaden waren die sogenannten Beischläge – Terrassen auf dem Niveau des Hochparterre – vorgeblendet. Zwar gibt es sie auch in Lübeck, Lüneburg oder Tallinn (Reval), aber nirgendwo waren sie so breit und so kunstvoll ausgearbeitet wie hier in Danzig. Ihr Ursprung liegt im Dunkeln, ihre Funktion aber ist bekannt: Sie waren Orte der Kommunikation, gleichzeitig dienten sie als Eingänge in die zur Straße hin

Abstecher nach Danzig und Marienburg

Atlas: S. 220

> **Besichtigungstipp: Ein Haus, einmal nach Berlin und zurück**
>
> Ein seltsames Schicksal erfuhr das Bürgerhaus in der ul. Chlebnicka 14 (ehem. Brotbänkengasse). Von seiner spätgotischen, eleganten Form ließ sich 1828 der spätere König Friedrich Wilhelm IV., damals noch Kronprinz, so beeindrucken, dass er es abbauen und auf der Pfaueninsel in Berlin-Wannsee als ›Danziger Haus‹ aufstellen ließ. Beim Wiederaufbau Danzigs fuhr eine Delegation der polnischen Denkmalschützer dorthin, vermaß und fotografierte das Haus, so dass in der ul. Chlebnicka eine identische Kopie errichtet werden konnte.

vorgezogenen Weinkeller. Die schönsten Beischläge hat es auf der ehemaligen Frauengasse, heute ul. Mariacka, gegeben. Sie waren aber bereits in den 80er Jahren des 19. Jh. überall in Danzig entfernt worden und erst vor dem Zweiten Weltkrieg neu errichtet worden. Nach ihrer abermaligen Zerstörung ist der Wiederaufbau in den 50er Jahren nichts als die Rekonstruktion des bereits Rekonstruierten.

Intakt blieb die Fassade des Steffenshauses, auch **Goldenes Haus** [11] (Złota Kamienica, neben dem Artushof) genannt. Diese prächtigste Danziger Fassade erinnert an die Bauten Antwerpens und Brüssels. Ihre vergoldeten Figuren und Reliefs stellen unter anderem antike Helden dar: Kleopatra, Antigone, Achilles und Ödipus.

Das 1564–68 errichtete **Grüne Tor** [12] (Zielona Brama), das den Langen Markt zum Fluss hin abschließt, war als städtische Residenz der polnischen Könige erbaut worden, wurde aber kaum benutzt, da die Herrscher lieber den privaten Einladungen reicher Patrizier folgten. Über drei Durchgänge, die mit dem Stadtwappen (zwei Kreuze mit einer Krone), dem Wappen Königlich Preußens (Adler mit einer Krone um den Hals) und dem polnischen Adler verziert sind, gelangt man zum Kai. Das vierte Tor mit dem preußischen Adler stammt erst aus dem 19. Jh.; zuvor hat hier die Stadtwaage gestanden.

Missverständnisse in reicher Zahl haben sich um diese Machtsymbole gebildet. In den letzten hundert Jahren oft abgeschlagen oder abgedeckt, werden all die polnischen Adler von alten Danzigern häufig für polnische Geschichtsklitterungen nach 1945 gehalten. In Wirklichkeit hat es keine andere polnische Stadt gegeben, die im 16. und 17. Jh. so oft Statuen der Könige und Wappen der polnisch-litauischen Krone an ihren Bauten anbrachte wie Danzig. Man denke nur an die Fassade des Artushofs oder an den ›guldnen Kerl‹, den Jagiellonenkönig Sigismund August, der den Rathausturm krönt. Das bedeutete aber wiederum nicht – wie einige Polen meinten – dass die Stadt ethnisch polnisch war. Vielmehr schmeichelten die Patrizier denjenigen, von denen ihr Reichtum letztendlich abhängig war.

Am Mottlau-Kai

Zurück in der Gegenwart ist man spätestens am Kai der **Mottlau** (Motława), eines Nebenflusses der Weichsel. Im Sommer tobt hier das Leben – Matrosen, Rucksacktouristen, Reisegruppen drängen sich im Dickicht der Verkaufsstände, zu denen sich auch die die Zukunft voraussagenden Roma sowie ›echte‹ Piraten gesellen. Von einer der Brücken aus ist das ganze Panorama des Mottlau-Kais zu bewundern.

Danzigs Stadtplan basierte ursprünglich auf dem als Hafen fungierenden Flussufer und den quer zu ihm verlaufenden Straßen. Sie öffnen sich zur Mottlau hin mit mächtigen Stadttoren, die, allesamt rekonstruiert, die Namen der jeweiligen Gassen trugen: *Brotbänken-, Hunde-, Frauen- und Hl.-Geist-Tor*. Gegenüber der Rechtstadt lag die **Speicherinsel,** die sich nach der Zerstörung von 1945 immer noch im Wiederaufbau befindet. Wie die bereits entstandenen Bauten bezeugen, entstehen hier keine Rekonstruktionen – dafür fehlt die Dokumentation – sondern hinter vorgespielten Fachwerkmauern verbergen sich moderne Räume.

Am Kai liegen Segelboote und Ausflugsschiffe. Von hier werden regelmäßig Ausflüge zur Westerplatte organisiert, die als Rundtrip etwa knappe zwei Stunden dauern. Dabei wird man in jene Zeit versetzt, in der das friedliche multinationale Leben Danzigs nachhaltig gestört wurde. Nach den Polnischen Teilungen und dem kurzen Intermezzo der napoleonischen Freistadt Danzig unter General François

Danzig, Mottlau-Kai vom Brotbänkentor bis zum Krantor

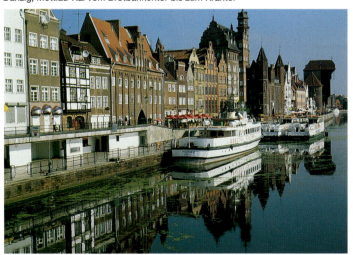

Abstecher nach Danzig und Marienburg

Atlas: S. 220

Lefebvre (1807–14) gehörte die Stadt zur preußischen bzw. deutschen Provinz Westpreußen.

Der Versailler Vertrag von 1920 schuf erneut die Freistadt Danzig, die zu 90 % von Deutschen bewohnt war, das Post- und Zollwesen wie auch die außenpolitischen Belange aber wurden von Polen vertreten. Diese Lösung, mit der keine der beiden Seiten so recht glücklich war, fand am 1. September 1939 ihr Ende. Die Schüsse des Panzerkreuzers ›Schleswig-Holstein‹ auf das polnische Munitionsdepot mit 182 Mann Besatzung markierten den Beginn des Zweiten Weltkriegs. Seine anschließende siebentägige Verteidigung wurde zum nationalen Heldenmythos, ähnlich wie die vierzehnstündige Verteidigung des **Postgebäudes** 13 (heute Muzeum Poczty Polskiej) durch die polnischen Postbeamten, die Günter Grass in der ›Blechtrommel‹ verewigte. Die Verteidiger der Post wurden anschließend hingerichtet – ein Fall von Justizmord durch den NS-Staat, dessen Opfer erst 1998 durch ein Lübecker Gericht rehabilitiert wurden.

Heute steht auf der Halbinsel **Westerplatte** ein monumentales *Denkmal;* ein kleines Museum im ›Wachthaus Nr. 1‹ schildert die Belagerung. Unterwegs zum Denkmal passiert man das Hafengelände sowie auf der rechten Seite die **Seefestung Weichselmünde.** Die Kenner sehen in diesem Bau, dessen Kern, ein Leuchtturm aus dem 15. Jh., von einem hundert Jahre jüngeren Ring aus Häusern, dem ›Fort Carré‹ umgeben ist, eine der wenigen erhaltenen Seefestungen in Europa. Die Restaurierung des Baus von unschätzbarem Wert ist sehr aufwändig, da der Schwefel, der im nahen ›Nordhafen‹ umgeladen wird, stark an den eichenen Fundamenten genagt hat.

Marienkirche und Krantor

Ein kurzer Abstecher von der Mottlau führt die einstige **Frauengasse** 14 (ul. Mariacka) entlang zu der sich von weitem ankündigenden Marienkirche. Unterwegs genießt man die schönste Danziger Gasse mit ihren auffällig großen Beischlägen. Schmuck aus Silber und Bernstein wird hier in etlichen Läden angeboten. Bei der Verfilmung der Buddenbrooks in den 70er Jahren stufte man diese Gasse als typisch hanseatisch ein und nutzte sie als Filmkulisse.

Die **Marienkirche** 15 (kościół Mariacki) ist ein monumentales Denkmal, das sich das selbstbewusste Patriziat Danzigs zwischen 1342 und 1502 setzte. Diese dreischiffige Hallenkirche mit einem breiten Querschiff, Seitenkapellen und einem Turm, der nie vollendet wurde, ist mit ihren Abmessungen von 105 x 68 m die größte mitelalterliche Backsteinkirche der Welt. Aber nicht nur die bloßen Ausmaße machen staunen, sondern auch die Qualität der Architektur. Das Aufwärtsstreben des Baus betonen schmale Treppentürmchen und überdimensionale Spitzbogenfenster.

Im *Inneren* beeindrucken die Zellen-, Netz- und Sterngewölbe. Sie wurden allerdings nach 1945, als die Kirche ausgebrannt mit eingestürzten Dächern dastand, neu gespannt.

Danzig: Marienkirche und Krantor

Stadtplan: S. 166

Der leere, karge Eindruck, den der Sakralraum heute vermittelt, hat aber nur teilweise mit dem Krieg zu tun: Bereits kurz nach 1525 wurden bei der Umwandlung der Kirche in ein protestantisches Gotteshaus die Wände weiß getüncht und viele Kunstwerke entfernt. Freilich ist mit der Auslagerung von Kunstwerken im Zweiten Weltkrieg der Innenraum noch leerer geworden. Was übrig blieb und sich in den riesigen Dimensionen etwas verliert, ist immer noch so viel, dass hier nur die ›Highlights‹ erwähnt werden können.

Bemerkenswert ist der *Hauptaltar* von Meister Michael aus Augsburg (1511–17) sowie ein zweiter Altar flämischer Provenienz im linken Querschiff mit charakteristisch geschwungener Bekrönung.

Eine böse Geschichte gehört zu dem eindrucksvollen spätgotischen *Kruzifix* in der Kapelle rechts im Chor. Der Künstler soll den Verlobten seiner Tochter selbst ans Kreuz genagelt haben, um den Gesichtsausdruck Christi möglichst naturalistisch wiedergeben zu können. An den Kirchenwänden erblickt man Reste der spätgotischen Fresken, Epitaphien und frei stehende Grabmale, wie die von Simon und Judith Bahr im nördlichen Querschiff (1614–20, Abraham van den Blocke), in denen die Verstorbenen kniend dargestellt sind. Eine Grabplatte am Boden des nördlichen Seitenschiffs verewigt *Martin Opitz* (1597–1639), den großen barocken Dichter schlesischer Herkunft und Meister der deutschen Sprache.

Viele der Kunstwerke verdanken ihre Rettung der Tatsache, dass sie

> ### Besichtigungstipp: Astronomische Uhr und das Los seines Schöpfers
>
> Im nördlichen Querhaus steht die *astronomische Uhr* Hans Düringers aus den Jahren 1464-70, eine europäische Seltenheit: Es gibt nur fünf andere Uhren gleicher Bauweise, drei davon befinden sich in Deutschland, in Münster, Lübeck und Rostock. Der Überlieferung zufolge wurde der Meister nach ihrer Fertigstellung geblendet, damit er nie wieder ein ähnliches Wunderwerk konstruieren könne.

rechtzeitig ausgelagert wurden, die anderen – wie der Orgelprospekt und Teile des Taufbeckens – stammen aus der Johanniskirche, deren Wiederaufbau noch immer auf sich warten lässt. Ein Meisterwerk hängt in der Kapelle links vom Eingang: ›Das Jüngste Gericht‹, 1473 von *Hans Memling* vollendet. Die Mitte des Flügelaltars besetzt der Erzengel Michael, der die Seelen wägt – links treten die bereits bekleideten Seelen auf einer Art Treppe aus Glaskristallen in den Himmel hinauf, rechts herrscht das Grauen der nackten, mit Feuer gequälten Körper in der ewigen Verdammnis. Das Bild in der Marienkirche ist lediglich eine Kopie – das Original wurde aus konservatorischen Gründen in das **Nationalmuseum** [16] (Muzeum Narodowe, ul. Toruńska 1) gebracht.

Abstecher nach Danzig und Marienburg

Atlas: S. 220

Etliche Kunstwerke – mittelalterliche Skulpturen aus Pommerellen sowie ausländische und polnische Malerei der Frühneuzeit und der Moderne, darunter Werke von Agnolo Bronzino, Jan Breughel d. Ä., Anton Raphael Mengs, Lovis Corinth und den Danzigern Anton Möller und Daniel Chodowiecki – sind dort im ehemaligen *Franziskanerkloster* ausgestellt.

Wieder an der Mottlau, gelangt man nach links bald zum Aushängeschild der Stadt – dem **Krantor** 17 (Żuraw). Es war gleichzeitig Stadttor und Kran zum Heben schwerer Lasten (4 t auf 27 m) auf die Schiffe sowie zum Aufstellen der Masten. Dies ermöglichten zwei Treträder, die noch heute im dortigen *Schifffahrtsmuseum* zu sehen sind. Eine Dependance des Museums befindet sich in drei *Speichern* am gegenüberliegenden Mottlau-Ufer, das mit einer kleinen Fähre zu erreichen ist.

Der Blick wandert vom Krantor aus nach Norden. Dort, wo die Mottlau eine Biegung nach rechts macht, um bald in die Tote Weichsel zu münden, nahm die Stadt ihren Anfang. Bereits im Jahr 999 wird in der Vita des heiligen Adalbert ein Fischerdorf genannt, von dem aus 997 der spätere Heilige zu den Prußen aufgebrochen sein soll. Dies bot tausend Jahre später einen willkommenen Anlass, eine große Jubiläumsfeier zu organisieren.

Danzig wird jedenfalls ab dem 12. Jh. zum Hauptort des christlichen slawischen Herzogtums Pommerellen, dessen Zugehörigkeit zu Polen seit dem Antritt der eigenständigen kaschubischen Dynastie der Samboriden immer lockerer wurde. Als das Herrschergeschlecht am Ende des 13. Jh. erlosch, meldeten Brandenburger, Polen und Deutschordensritter Ansprüche auf das Erbe an. Zunächst polnisch geworden, wurde Danzig 1308 von den Brandenburgern belagert und vom damaligen Verbündeten Polens, dem Deutschen Orden, entsetzt. Dieser nutzte jedoch die Gelegenheit und gliederte die Stadt in seinen Herrschaftsbereich ein. Er vertrieb die polnische Besatzung und ermordete die mit Polen oder Brandenburg sympathisierenden Stadtbürger. Für die folgenden 146 Jahre gehörte die Stadt den Deutschordensrittern, die an der Stelle der Samboriden-Burg eine **Deutschordensburg** errichteten, dort, wo an der besagten Mottlau-Biegung noch ein Stück roter Mauer zu sehen ist 18. In dieser Zeit entwickelte sich die Stadt zu einer reichen Hansestadt, in der der Wunsch nach mehr Autonomie immer größer wurde. Für die Danziger Kaufleute wurden die mit Hilfe von Wirtschaftsmonopolen regierenden Ordensherren zunehmend zu Konkurrenten und gar Feinden. Als der Orden 1410/11 zu Einschüchterungsmaßnahmen griff und den Bürgermeister ermorden ließ, war der Weg zum Bündnis mit Polen und zum Aufstand von 1454 vorgezeichnet. Und was dann kam, haben wir bereits im Abschnitt über den Langen Markt gehört (s. S. 167f.).

Rund um die Dominikanerkirche

Das Krantor schließt die ul. Szeroka, die alte Breite Gasse, ab. Dort befindet sich das renommierteste Restaurant Danzigs **Pod Łososiem** (was soviel

Danzig: Rund um die Dominikanerkirche

Stadtplan: S. 166

wie ›Zum Lachs‹ bedeutet. Wie der Name besagt, sind es vor allem Fische, die hier in stilvollem Ambiente zu entsprechenden Preisen angeboten werden. Nach dem Essen wird gewöhnlich Danziger Goldwasser serviert, eine Likörspezialität mit Goldblättchen, die in eben diesem Haus im Jahr 1598 zum ersten Mal in Danzig produziert wurde. Das Geheimrezept geht auf Ambrosius Vermollen zurück, der als Mennonit aus seiner holländischen Heimat vertrieben worden war. Im toleranten Danzig fanden sowohl Mennoniten Aufnahme als auch Hugenotten, protestantische Schotten und sogar Antitrinitarier.

Weiter der Straße folgend kommt man an einen trutzigen Backsteinbau, es ist die alte **Dominikanerkirche** [19] (kościól dominikanów św. Mikołaja). Mit ihrem Bau hatten die Krakauer Dominikaner bereits kurz nach ihrer Ansiedlung in Danzig im Jahr 1227 begonnen, und so ist die Kirche eines der ältesten Gebäude der Stadt. Der Blick in den *Innenraum* ist lohnend, denn neben einer kleinen Kirche auf der Anhöhe über dem Hauptbahnhof (Fronleichnamskirche/kościól Bożego Ciała) ist dies das einzige Gotteshaus, das die Kriegswirren unbeschädigt überstanden hat. Die barocken Altäre strotzen vor Gold und bilden einen starken Kontrast zum gotischen Raumeindruck. Dieser Reichtum war aber eher die Ausnahme. In der protestantischen Stadt waren die Dominikanerkirche und die Königliche Kapelle neben der Marienkirche die einzigen katholischen Kirchen und standen als solche unter der besonderen Obhut der polnischen Könige. Die protestantischen Kirchen waren zweifelsohne nicht

so üppig ausgestattet, auch wenn sie bestimmt reicher waren als heute, da die Narben des Krieges noch nicht gänzlich verheilt sind.

Im 19.Jh. abgebrochen wurde das neben einem heute noch existierenden Stadtturm gelegene Dominikanerkloster. Der merkwürdige Name des Turmes ›Kieck en de Kök‹ bezog sich auf die Möglichkeit, von dort aus einen Blick in die wohl betriebsame und nicht gerade arme Klosterküche zu erhaschen.

An der Stelle des Klosters wurde eine große neugotische **Kaufhalle** [20] (Hala Targowa) errichtet, die sich in ihrer ursprünglichen Funktion noch heute großer Popularität erfreut. »Stopfgarn und Räucherfisch, amerikanische Zigaretten und polnische Senfgurken, Mohnkuchen und viel zu fettes Schweinefleisch, Plastikspielzeug aus Hongkong, Feuerzeuge aus aller Welt, Kümmel und Mohn in Tütchen, Schmelzkäse und Perlonstrümpfe« – so sah Günter Grass in den ›Unkenrufen‹ das dortige Angebot. Heute hat der Westen verstärkt Einzug gehalten, die Kontraste werden größer. Der Anblick einer Großmutter mit ihren im Vorgarten gezogenen Knoblauchknollen, Bohnen oder Petersiliensträußchen vergegenwärtigt einprägsam die Kosten der polnischen Gründerzeit vor allem für die älteren Menschen.

Altstadt

Nur ein paar Schritte trennen die Dominikanerkirche von der Altstadt. Im ersten Moment verwirrt diese Bezeichnung, sie hat aber ihre Richtigkeit. Die Altstadt ist die kleinere, bescheidenere

Abstecher nach Danzig und Marienburg

Atlas: S. 220

Schwester der Rechtstadt. Sie ist älter – bereits im 12. Jh. hat es hier eine Ansiedlung um die Katharinenkirche gegeben –, stand aber später im Schatten des größeren städtischen Organismus. Während die Rechtstadt in großer Mehrheit von Deutschen und Niederländern bewohnt war, lebten in der Altstadt bis in die Neuzeit hinein viele polnische und kaschubische Handwerker.

Nach der Katastrophe des Jahres 1945 wurde nur der Rechtstadt die Ehre zuteil, wiedererstehen zu dürfen. In der Altstadt dagegen wurden lediglich die wichtigsten Baudenkmäler rekonstruiert. So präsentiert sich dieser Stadtteil heute als eine heterogene Ansammlung von sozialisitischen Wohnblocks mit vereinzelt eingestreuten historischen Bauten von Rang.

Die Silhouette bestimmt hier die **Katharinenkirche** 21 (kościół św. Katarzyny) mit ihrem markanten Turm, der von fünf barocken Helmen gekrönt wird. Dort befand sich bis 1945 das berühmte *Glockenspiel,* das nach langer Unterbrechung seit 1989 wieder erklingt.

Im Chor liegt der berühmte Astronom *Johannes Hevelius* (eigentlich Johann Hövelcke, 1611–87) bestattet, dessen Grabmal 1986 wiederentdeckt wurde. Er ist neben dem Physiker Daniel Gabriel Fahrenheit (1686–1736), dem Radierer und Maler Daniel Chodowiecki (1726–1801) und dem Philosophen Arthur Schopenhauer (1788–1860), der allerdings die Stadt mit vier Jahren für immer verließ, die wichtigste Identifikationsfigur des kulturellen Lebens der Stadt.

Hevelius beschrieb als erster die Oberfläche des Mondes, was ihm die Bezeichnung ›Vater der Selenographie‹ einbrachte. Seine Studien finanzierte er teilweise über den Betrieb einer eigenen Brauerei. Noch immer ist das Bier ›Heweliusz‹ die bekannteste Marke der Stadt, und der bestirnte Himmel auf dem Etikett soll gewiss zu Himmelsbeobachtungen nach dem Konsum des Bieres anregen.

Hinter der Katharinenkirche liegt die **Brigittenkirche** 23 (kościół św. Brygidy), die neben dem **Denkmal für die gefallenen Werftarbeiter** 24 (s. S.

Besichtigungstipp: Der berittene König zwischen Lemberg und Danzig

Das *Denkmal* des aus der Wiener Schlacht gegen die Türken 1683 bekannten Polenkönigs *Jan III. Sobieski* ziert seit 1965 den ehemaligen **Holzmarkt** 22 (Targ Drzewny). Die Statue des berittenen Königs ist aber älter und stand seit 1893 in Lwów (Lemberg, Lviv); sie durfte nach 1956 hierher gebracht und neu aufgestellt werden. So lebt die Heimat der Vertriebenen weiter: ca. ein Drittel der Danziger Bevölkerung hat ihre Wurzeln im ehemaligen Ostpolen, meist in Wilno (Wilna, Vilnius) oder eben in Lemberg. Auch ist der König hier nicht fehl am Platze: Er stiftete in Danzig beispielsweise die Königliche Kapelle neben der Marienkirche und finanzierte teilweise die astronomischen Studien von Hevelius.

Danzig (Gdańsk): Altstadt

180 f.) wie kaum ein anderer Bau in Polen die neueste Geschichte des Landes symbolisiert. Diese sehenswerte gotische Hallenkirche mit Sterngewölbe ließ Henryk Jankowski, der Pfarrer der Lenin-Werft, in den 1970er Jahren wieder aufbauen. Inzwischen durch seine nationalistischen Äußerungen in die politische Randzone gerückt, machte er damals die Kirche zu einem Treffpunkt für die Gegner des Systems.

Die geschmackvolle moderne *Ausstattung* – die Kanzel, die Bronzetür, eine Gedenktafel – befasst sich mit Ereignissen, die heute zwar überall thematisiert werden, damals aber noch als streng tabuisierte Themen galten, z. B. das sowjetische Massaker an den polnischen Offizieren in Katyń 1940. Die symbolische Grabplatte des 1984 vom Geheimdienst ermordeten Priesters Jerzy Popiełuszko stellt seinen Leichnam in Bronze so dar, wie der Körper in der Weichsel gefunden wurde.

Gegenüber der Katharinenkirche steht die zur Einkaufspassage umfunktionierte **Große Mühle** 25 (Wielki Młyn). Hier wurde im 14. und 15. Jh. mit Hilfe von 18 Rädern das Mehl für die Brote hergestellt, die laut Gesetz den Bedarf der Danziger Stadtbürger decken mussten. Strenge Vorschriften gab es auch für die Qualität dieser Brote, einerlei war es allerdings, welches Gebäck, ob mit oder ohne Beimischung von Sägemehl, man den Zugereisten zumutete.

Ein nahe gelegenes quadratisches Backsteinhaus mit eleganten manieristischen Formen und einem Dachreiter auf dem Dach ist das **altstädtische Rathaus** 26 (Ratusz Staromiejski). Anthonis van Opbergen, dem auch das Große Zeughaus zugeschrieben wird, ließ diesen Bau in den Jahren 1587–95 entstehen. Die musealen Innenräume beeindrucken auf den ersten Blick durch ihre Renaissance-Möbel, enttäuschen aber beim zweiten. Man erfährt, dass es sich beim Mobiliar um ein Sammelsurium aus verschiedenen Gebäuden handelt, das im 19. Jh. zusammengestellt wurde. Dass die einzelnen Stücke reizend sind, will aber niemand leugnen, außerdem besitzt das Rathaus ein Café (Kawiarnia Staromiejska), in dem man Rast einlegen kann, bevor der Weg zurück in die Rechtstadt führt.

Das **Büro** gegenüber dem rechtstädtischen Rathaus (ul. Długa 45, Tel. 058/301 91 51, Fax 301 60 96) ist zwar kleiner, aber effizienter und günstiger gelegen als das **Haupttouristenbüro** in der Nähe des Hevelius-Hotels (Centralny Ośrodek Informacji Turystycznej, ul. Heweliusza 27, Tel. 301 43 55, Tel./Fax 301 66 37).

Hanza 27, ul. Tokarska 6, Tel. 305 34 27, Fax 305 33 86, hotel@hanza-hotel.com.pl. Liegt nah am Krantor. DZ 595 zł.
Królewski 28, ul. Ołowianka 1, Tel. 326 11 11, Fax 326 11 10. Brandneues Hotel gegenüber dem Krantor. DZ 280 zł.
Holiday Inn 29, ul. Podwale Grodzkie 9, Tel. 300 60 00, Fax 300 60 03, rsvn@gdansk.holidayinn.pl. Hat eine gute Lage gegenüber dem Bahnhof: DZ 148-194 €.
Mercure Hevelius 30, ul. Heweliusza 22, Tel. 321 00 00, Fax 321 00 20, mer.hevelius@orbis.pl Liegt in der Altstadt und ist trotz seines Alters die beste Adresse in der Stadtmitte und war das Vorzeigehotel in den Zeiten der Volksrepublik: DZ 105-128 €.
Novotel 31, ul. Pszenna 1, Tel. 300 27 50, Fax 300 29 50. Ideal auf der Speicherin-

LENIN-WERFT UND ›SOLIDARNOŚĆ‹ – DAS ENDE DES KOMMUNISMUS

Zur Zeremonie offizieller Visiten in der Stadt gehört die Kranzniederlegung am Denkmal der gefallenen Werftarbeiter von 1970 vor den Toren der ehemaligen Lenin-Werft. Hier wurde, so sagt man, das Ende des Unrechtssystems eingeläutet. Die historische Wahrheit ist freilich komplizierter. Das kommunistische System war im katholischen, freiheitsliebenden Polen schon immer als Import der Sowjetunion angesehen worden. Natürlich arbeiteten in diesem System Millionen Polen mit. Dies geschah aber eher aus Opportunismus oder aufgrund der Ansicht, dass es vorläufig keinen anderen Weg gab, als aus Überzeugung.

Die Ausschreitungen der Volkspolizei 1956 in Posen und 1968 in Warschau unterhöhlten das Vertrauen in das Regime nachhaltig. 1970 kam es zur blutigen Niederschlagung von Hafenarbeiterstreiks in Danzig, Gdynia (Gdingen) und Stettin, bei denen fast hundert Menschen umkamen.

Die nächste Streikwelle von 1976 vereinte Arbeiter und Intellektuelle im Kampf gegen den Kommunismus, der in der friedlichen Revolution von 1980/81 gipfelte. Hinter den Toren der Lenin-Werft mussten am 31. August 1980 die Machthaber vor der Vertretung der Arbeiter kapitulieren und unterschrieben das ›Danziger Abkommen‹, in dem sie sich verpflichteten, 21 Forderungen der Arbeiter, darunter das Recht zur Gründung einer autonomen Gewerkschaft, zu erfüllen. ›Solidarność‹, die damals entstand und

Das Ende des Kommunismus

10 Mio. Mitglieder zählte, wollte nicht die Macht übernehmen. Das wäre angesichts der außenpolitischen Bedingungen innerhalb des Warschauer Paktes und der ›Breschnew-Doktrin‹, der zufolge eine ›Gegenrevolution‹ in einem der Mitgliedsstaaten durch die anderen ›Bruderländer‹ militärisch bekämpft werden sollte, auch unrealistisch gewesen. Die Gewerkschaft unter Führung des Elektrikers Lech Wałęsa (Jg. 1943) verlangte jedoch die weitgehende Demokratisierung des Landes.

In dieser Zeit entstand das bewegende Denkmal aus rohem Stahl in Form von drei Ankern, die die Hoffnung symbolisieren. Ein Gedicht aus dem Jahr 1950 des Nobelpreisträgers Czesław Miłosz (Jg. 1911) gemahnt die Herrschenden:

»Der du Unrecht getan
hast dem einfachen Menschen,
Über das Unrecht lauthals lachend,
Umgeben von einer Schar von Narren,
Wo Gut und Böse sich arg
vermengen, (...)

Sei nicht so sicher,
Der Dichter merkt es,
Du kannst ihn töten –
ein neuer folgt ihm,
Reden und Taten werden
verzeichnet.«

Die weitere Geschichte ist nur zu gut bekannt: Die Revolution wurde von General Wojciech Jaruzelski mit der Ausrufung des Kriegsrechts (13. Dezember 1981) vorläufig gestoppt. Der General ließ 13 000 Gewerkschaftsaktivisten und Intellektuelle internieren. Etwa 100 Menschen fallen den Kämpfen mit der Volkspolizei und den Meuchelmorden des Geheimdienstes zum Opfer. Die Partei und mit ihr die sozialistischen Parolen verschwanden von der Bildfläche: ihr folgte eine Militärjunta. Für fast eine Dekade breitete sich über das Land ein schwarzer Schleier allgemeiner politischer und wirtschaftlicher Apathie, verstärkt durch einen tragischen Aderlass – bis zu zwei Millionen Menschen kehrten der Volksrepublik seit 1980 den Rücken.

Trotzdem überlebte ›Solidarność‹ die Zeit der Verfolgungen und war dank der gut organisierten Strukturen imstande, 1989 die Macht zu übernehmen. Zum ersten Mal in einem Ostblockland wurde damals ein Nicht-Kommunist, genauer gesagt sogar ein Antikommunist, Tadeusz Mazowiecki, Premierminister. Lech Wałęsa wurde Staatspräsident bis zu seiner Wahlniederlage 1995 gegen Aleksander Kwaśniewski. Kurioserweise bedeutete das neue demokratische Polen das Ende der historischen Lenin-Werft. Auf ihren Ruhm pochend, verschlief sie die Angebote zu ihrer Restrukturierung und ging Ende der 90er Jahre endgültig bankrott; kurz davor stand 2002 die Stettiner Werft.

Falls es in dieser Geschichte eine Moral gibt, so lautet sie, dass die Zeit nicht zurückzudrehen ist. Das Fiasko des Kriegsrechts in Polen war dem russischen Machthaber Michail Gorbatschow wohl bewusst und trug acht Jahre später sicher zu seiner Einsicht bei, die Ostblockstaaten ihre eigenen Wege gehen zu lassen.

Denkmal für die gefallenen Werftarbeiter in Gdańsk

Abstecher nach Danzig und Marienburg

Atlas: S. 220

sel; ein übliches Produkt dieser Kette. DZ 81-107 €.
Meercure Marinar 32, ul. Jelitkowska 20, Tel./Fax 558 91 00, Fax 553 04 60, nov.marina@orbis.pl. Die beste Wahl in Sopot und Umgebung: DZ 90-135 €.
Zaułek 33, ul. Ogarna 107/108, Tel. 301 41 69. Eine einfache Bleibe in der Rechtstadt. DZ 20-50 zł.
Dom Nauczyciela 34, in Wrzeszcz, ul. Uphagena 28, Tel./Fax 341 91 16. Eine akzeptable Alternative. DZ 70-100 zł.
Jugendherbergen, ul. Wałowa 21, Tel. 301 34 61. Nah am Tor der ehem. Lenin-Werft. al. Niepodległości 751, Tel. 551 14 93. Durchaus komfortabel.
Privatzimmer, ul. Podwale Grodzkie 8 (in der Unterführung), Tel. 301 48 16.
Campingplatz in Brzezno, ul. Hallera 234, Tel. 343 55 31. Nah am Strand.

Pod Łososiem (›Zum Lachs‹) 35, ul. Szeroka 54, Tel. 301 76 52. Die beste Adresse in Danzig, Vorbestellung oft notwendig; mit Fischgerichten wie Lachs in Krebssauce und dem bekannten Goldwasser. 40-90 zł.
Tawerna 36, ul. Powroźnicza 19/20, Tel. 301 41 14. Ebenfalls direkt am Langen Markt gelegen; elegant und zugleich relativ teuer, Vorbestellung sinnvoll. 30-95 zł. Zu den älteren Spitzenreitern kommen in letzter Zeit neue gehobene Restaurants:
Mestwin 37, ul. Straganiarska 21/22, Tel. 301 78 82. kaschubische Spezialitäten stehen auf dem Menü. 25-50 zł.
U Szkota 38, Chlebnicka 9/12, Tel. 301 49 11. Nicht nur mit schottischem Whisky, sondern auch mit von dort stammenden Gerichten. 15-38 zł.
Gdańska 39, ul. św. Ducha 16, Tel. 305 76 72. ›Alt-Danziger‹ Gerichte wie Wildschwein, Gans und Flunder. 25-80 zł.
Die Lage in der Rechtstadt macht auch die simpleren Restaurants zu verhältnismäßig teuren Etablissements, darunter ist

Pod Wieżą 40, ul. Piwna 51, Tel. 301 39 24, nah bei der Marienkirche. Wegen seiner guten Suppen empfehlenswert. 18-50 zł.
Kubicki 41, ul. Wartka 5, Tel. 301 00 50. Auf dem Gelände der ehem. Deutschordensburg. Bis vor kurzem ein Geheimtipp; inzwischen allgemein entdeckt, bietet es immer noch altpolnische Küche in sehr guter Qualität. 16-40 zł.

Ausflüge zur **Westerplatte** und nach Hel von der Anlegestelle Zielona Brama (am Grünen Tor; Tel. 301 49 26). Die **Oper** (Opera Bałtycka) befindet sich in Gdańsk-Wrzeszcz, al. Zwycięstwa 15, Tel. 341 46 44. Im **Studentenklub Żak** 42, Wały Jagiellońskie 1, Tel. 301 41 19, wird allabendlich gute Jazzmusik live gespielt; im selben Haus ein Programmkino, oft mit Klassikern in Originalfassung

Uphagenhaus (Dom Uphagena), ul. Długa 12, Di-Sa 10-16, So 11-16 Uhr.
Artushof (Dwór Artusa), Di-Sa 10-17, So 11-16 Uhr (außerhalb der Saison jeweils 1 Std. kürzer).
Museum der Stadtgeschichte im Rathaus der Rechtstadt (Muzeum Historii Miasta Gdańska), Di-Sa 10-17, So 11-16 Uhr (außerhalb der Saison jeweils 1 Std. kürzer).
Museum der Polnischen Post (Muzeum Poczty Polskiej), ul. Obrońców Poczty Polskiej 1/2, Mo, Mi 10-16, Sa, So 10.30-14 Uhr.
Westerplatte, Wachthaus Nr. 1 (Wartownia), 1. Mai-31. Okt. tägl. 9-16 Uhr.
Festung Weichselmünde, Wisłoujście, ul. Stara Twierdza 1; Anfahrt Richtung Stogi über ul. Majora Sucharskiego, Bus 106, 15. Juni-15. Sept. Di-So 10-17 Uhr.
Nationalmuseum (Muzeum Narodowe), ul. Toruńska 1, Tel. 301 68 04, in der Saison Mi-Fr, So 10-16, Di, Sa 10-17 Uhr; außerhalb der Saison Mi, Fr, So 9-16, Di, Sa 11-17 Uhr.

Stadtplan: S. 166 **Danzig (Gdańsk)/Die Umgebung: Oliwa**

Schifffahrtsmuseum (Centralne Muzeum Morskie), ul. Szeroka 67/68, in der Saison tgl. 10–18 Uhr, außerhalb der Saison Di–Fr 9.30–16, Sa, So 10–16 Uhr.
Altstädtisches Rathaus (Nadbałtyckie Centrum Kultury), ul. Korzenna 33/35, Tel. 301 10 51, tgl. 10–16 Uhr (falls keine andere Veranstaltung).

Im Juli/Aug. findet ein **Orgel-Festival** in der Kathedrale zu Oliwa statt (in der Touristeninformation nach den einzelnen Konzerten fragen).
Alle drei Jahre findet die **Internationale Triennale der Keramikkunst** statt (Juni–Aug., das nächste Mal im Jahr 2000).
Jährlich im Aug. spielen Theater aus ganz Europa im **Teatr Wybrzeża** am Targ Węglowy 1 (Tel. 301 70 21) ihre besten Shakespeare-Inszenierungen.

Der Danziger **Flughafen** liegt in Rębiechowo, 40 Min. von der Stadtmitte entfernt. Verbindungen nach Warschau (5 x tgl.), Frankfurt/M. und Hamburg (1x tgl.), London (2 x wöchentl.).
Fähren verbinden Danzig und Gdynia mit Nynäshamn und Karlskrone und (Schweden) und Helsinki (Finnland; Tel. 30 43 18 87, 30 43 69 78). Reservierungen im LOT-Büro beim Hohen Tor, Wały Jagiellońskie 2/4, Tel. 301 11 61, 301 40 26).
Nah bei der Altstadt liegt der riesige Neurenaissance-**Bahnhof**, den man aufgrund seiner Größe kaum übersehen kann. Verbindungen mit allen größeren polnischen Städten (ca. 3,5 Std. nach Warschau, alle Züge dorthin halten nach 40 Min. in Malbork/Marienburg; ca. 4 Std. nach Posen, 5,5 Std. bis Stettin), auch direkte Züge 1 x tgl., 8 Std. Fahrt nach Berlin (der Nachtzug fährt ab in Gdynia); Kaliningrad (Königsberg, poln. Królewiec) nach St. Petersburg (Tel. 301 11 12, 308 52 60).
Der in der Nähe liegende **Busbahnhof** verbindet die nah gelegenen Orte (Tel. 301 11 12, 308 52 60).
In der Dreistadt benutzen Sie die **S-Bahn** vom Hauptbahnhof bis Gdynia (über Wrzeszcz, Oliwa, Sopot); in der Hauptverkehrszeit alle 6 Min., sonst ca. alle 30 Min.
In den **Straßenbahnen** und **Bussen** muss man eine Fahrkarte - bilety - entsprechend der erwarteten Fahrzeit entwerten (drei Zeitzonen: bis 10 Min., bis 30 Min. und darüber). Am besten kauft man eine Tageskarte (bilet całodzienny).
Funktaxen bestellt man unter Tel. 301 91 91 (Halo-Taxi) oder Tel. 301 63 16 (City Taxi), sie sind günstiger als die privaten Taxen an den Taxiständen.

> **Unterhaltungstipp – Dominikanermarkt**
>
> Dominikanermarkt (Jarmark Dominikański) 31. Juli–15. Aug.: Seit 1260 wird die große Kirmes zu Ehren des hl. Dominikus veranstaltet. Heutzutage werden in dieser Zeit kulturelle Veranstaltungen organisiert; auf etlichen Straßen in der Rechtstadt ist alles Erdenkliche – Thorner Lebkuchen, kaschubische Keramik, böhmisches Glas, russische Pelze, Bernstein – zu kaufen.

Die Umgebung Danzigs

Oliwa und Sopot

Masuren-Atlas: S. 220, A 1
Oliwa (Oliva) ist ein Stadtviertel Danzigs, allerdings ganze 10 km von der Stadtmitte entfernt, mit der Straßenbahn oder einer Art S-Bahn vom Hauptbahnhof

Abstecher nach Danzig und Marienburg

Atlas: S. 220

(Dworzec Główny) aus zu erreichen. Unterwegs passiert man das Stadtviertel, das sich heute *Wrzeszcz* nennt. Hier in Langfuhr wurde 1927 Günter Grass (s. S. 36) geboren, dessen ›Danziger Trilogie‹, vor allem aber die ›Blechtrommel‹ – ein Panorama des Danzig der 30er und 40er Jahre – die passende Lektüre zum Besuch dieser Stadt ist.

In Oliwa gilt es, die berühmte **Zisterzienserkirche** zu besuchen, nicht zuletzt, um den Klang der dortigen Orgel zu genießen. Nach dem Motto *ora et labora* – »bete und arbeite« – wählten sich die Zisterzienser immer die schönsten und abgelegensten Fleckchen dieser Erde, mit Vorliebe dort, wo am Waldesrand ein Bach plätscherte. Hier, im Freudental oder Dolina Radości, wo heute der schönste Zoo Polens liegt, bauten die Mönche, die über Kołbacz (Kolbatz) bei Stettin ursprünglich aus dem dänischen Esrom gekommen waren, bereits 1186 das erste Kloster und die Kirche. Es entstanden Wassermühlen, auch Ölmühlen, woher der Name Oliwa vermutlich kommt. Andere Theorien leiten den Namen vom Ölberg Christi ab. Jedenfalls wurde hier die mit 107 m längste Kirche in Polen erbaut; ein Konglomerat romanischer (Pfeiler des Schiffes), gotischer (Gewölbe), Renaissance-(ehemaliger Hauptaltar im Querhaus links) und barocker Stilelemente.

Im Sommer gibt es stündlich eine Orgelvorführung. Sie ist ein Leckerbissen für Kenner wie auch Laien, da die 1763–88 von Johann Wulff aus Wormditt erbaute Orgel mit 5000 Pfeifen (heute gar 7000) zu den klangvollsten Europas zählt. Dabei schweift der Blick über den barocken Hauptaltar mit der Darstellung der Himmelssphäre, einer merkwürdigen watteähnlichen Struktur, aus der Engelköpfchen herunterschauen. Weiter oben bewundert man das Sterngewölbe des Kirchenschiffs.

Sopot

Masuren-Atlas: S. 220, A 1

Eine weitere Pause, diesmal am Strand, sollte man in Sopot (Zoppot) einlegen. Diese etwa 50 000 Einwohner zählende, wohlhabende Stadt ist schon immer ein Ort für Badefreunde, aber auch für die Schickeria gewesen. Heute gehört sie zur Dreistadt, d. h. dem Städtekomplex, der aus Gdańsk, Gdynia und eben Sopot besteht. Hier flanieren wie eh und je diejenigen, die sich diese Art Urlaub leisten können, spielen im Casino (im Grand Hotel), beäugen die Möwen auf der mit 517 m längsten Mole der Ostseeküste und bevölkern die zahlreichen Cafés im Freien.

Bereits 1808 entdeckte Jean Georg Haffner, ein Arzt der napoleonischen Armee, die klimatischen Vorzüge Sopots und ließ die ersten sechs Umkleidekabinen errichten. Vor dem Krieg war es der wichtigste Strand der Freistadt Danzig. In Sopot wurde Klaus Kinski, damals Nikolaus Nakszyński, 1926 geboren. Nach seinem Tode 1991 wurde, nach heftigen Diskussionen, in der ul. Kościuszki 10 für ihn eine Gedenktafel eingelassen. Stein des Anstoßes war Kinskis im kirchlichen Sinne unsolider Lebenswandel.

Auch andere Berühmtheiten sind in Sopot zu Gast gewesen, wo sie im einst sehr noblen, heute etwas patinierten

Die Umgebung Danzigs: Oliwa und Sopot

Grand Hotel abstiegen, so Omar Sharif, Fidel Castro und der Schah von Persien mit seiner schönen Frau Soraya. Adolf Hitler unterzeichnete 1939 hier seinen einzigen schriftlichen Mordbefehl, den ›Euthanasiebefehl‹.

Viel mehr als Spazierengehen ist in Sopot nicht zu tun, das Baden ist nur bedingt zu empfehlen; zwar ist es nicht mehr verboten, aber sauber ist die Danziger Bucht, Sammelplatz osteuropäischer Abwässer, auch nicht zu nennen.

ul. Dworcowa 4, Tel. 058/550 37 83, Fax 555 12 27, www.sopot.pl.

Rezydent, pl. Kostytucji 3 Maja 3, Tel. 555 58 00, Fax 555 58 01, www.HotelRezydent.com.pl. Nobles Haus, Fitnesszentrum. DZ 675-765 zł.
Grand Hotel, ul. Bohaterów Warszawy 12/14, Tel. 551 00 41, Fax 551 61 24. Der Glanz gehört der Geschichte an. DZ 370-410 zł.

Zwei Hotels der gehobeneren Klasse liegen in **Jelitkowo** am Strand nahe bei Oliwa und Sopot (etwa 10 km von der Stadtmitte; Straßenbahn Nr. 2, 6):
Posejdon: ul. Kapliczna 30, Tel. 511 30 00, Fax 511 32 00, posejdon@orbis.pl. DZ 64-98 €.
Akzeptabel sind **Maryla,** al. Sępia 22, Tel. 551 00 34. DZ 170-300 zł. und
Miramar, ul. Zamkowa Góra 25, Tel. 551 80 11, Fax 551 07 27. DZ 85-350 zł.
Jugendherberge, ul. Kartuska 245, Tel. 32 41 87. Für diese Kategorie durchaus komfortable Herberge.
Campingplätze, ul. Jelitkowska 23, Tel. 53 27 31, in Jelitkowo bei Sopot. Nah am Strand.
ul. Zamkowa Góra 21/25, Tel. 551 80 11.
ul. Bitwy pod Płowcami 69/73, Tel. 551 65 23.

Restaurant im **Grand Hotel**: ul. Powstańców Warszawy 12/14, Tel. 551 00 41. Spezialitäten: Ente, Zander und Lachs auf kaschubisch, 34-65 zł.

Sopot (Zoppot), die berühmte Mole und das Grand Hotel

Abstecher nach Danzig und Marienburg Atlas: S. 220

Tawerna Hiszpańska, ul. 3 Maja 7, Tel. 551 77 00. Serviert schmackhafte Paellas. 30–50 zł.

Das **Festival des Liedes** in Sopot wird alljährlich im August organisiert und hatte schon gewisse Höhepunkte zu verzeichnen, wie die Entdeckung einer bis dahin unbekannten schwedischen Gruppe namens Abba. Das Festival findet in der 1909 errichteten ›Waldoper‹ statt, in der vor 1945 Wagner-Festivals veranstaltet wurden (Opera Leśna, ul. Moniuszki 12, Tel. 551 18 12).

Marienburg (Malbork)

Masuren-Atlas: S. 220, A 4

In der Marienburg im heutigen Malbork ist man in der größten Backsteinburg Europas, für deren Bau etwa 10 Mio. Backsteine verwendet wurden. Sie ist auch flächenmäßig eine der größten Burgen überhaupt, vergleichbar mit dem Moskauer Kreml oder dem Prager Hradschin. Was Monumentalität und Einheitlichkeit der Architektur angeht, sind aber alle Vergleiche hinfällig: Die Marienburg ist einmalig. Auch vom Aufbau her – eine Mischung aus weltlicher Residenz und Kloster für die Ritterbrüder.

Zur Einstimmung bietet sich ein Blick vom Westufer der Nogat an, einem Mündungsarm der Weichsel. Vor allem am Nachmittag, wenn die Sonne die Mauern noch röter erscheinen lässt als sie ohnehin schon sind, entfaltet sich ein überwältigendes Panorama. Hier werden einem die Ausmaße der Burg und der an sie gekoppelten Stadt bewusst – sie reichen von einer Brücke bis zur anderen und nehmen das gesamte Blickfeld ein.

Als im 19. Jh. die Eisenbahnlinien in Westpreußen erbaut wurden, durchschnitt man die Vorburg und zerstörte einige Türme. So ist die Marienburg eine der wenigen Burgen Europas mit involviertem Zugverkehr – in diesem Fall der Strecke Warschau–Danzig.

Der Blick vom Nogatufer aus wandert nach links hinüber und streift dabei die modernen Wohnblocks an der Stelle der zerstörten **Altstadt** (nur die Pfarrkirche,

Marienburg (Malbork)

das Rathaus und zwei Stadttore blieben stehen) und den Kubus des Hochschlosses mit dem hohen Turm und dem diagonal hinausgeführten Gang zum **Dansker** [1], dem Abortturm. Zwei mächtige Türme markieren das **Brückentor** [2]; weiter nördlich liegt das Mittelschloss mit dem zum Fluss hin vorkragenden Bau des Hochmeisterpalastes. Das über die Zinnen ausladende Dach ist allerdings ein Restaurierungsfehler des 19. Jh., da die großen quadratischen Zinnen und die Erker ursprünglich nicht überdacht waren.

Der offizielle Eingang in die Burg befindet sich im Norden. Dort in der Vorburg parkt man das Auto, kauft die Eintrittskarte, wobei die Burg nur mit einer Führung (auch auf deutsch) zu betreten ist. In der ehemaligen **Vorburgkapelle** [3] und den anschließenden Wirtschaftsräumen liegen das beste Hotel am Ort sowie ein Restaurant. Eine hervorragende Bogratsch-Suppe wird hier angeboten, die zudem – nach all den hier anzusprechenden Tief- und Glanzpunkten des deutsch-polnischen Verhältnisses – mit ihrer ungarischen Herkunft so beruhigend neutral schmeckt.

Über eine rekonstruierte Toranlage tritt man auf den weitflächigen, trapezförmigen **Hof des Mittelschlosses** [4]. Er ist von drei Seiten mit Wohnflügeln umgeben; nach Süden hin eröffnet sich der Blick auf das Hochschloss, den ältesten Teil der Burg. Um 1280 begonnen, war das **Hochschloss** [5] ein typisches Konventshaus des Deutschen Ordens, auch Komturburg genannt. Eine solche Burg war das Zentrum einer Komturei, d. h. eines der etwa 25 Bezirke des Staates. Dort übten der Komtur und, in Anlehnung an die Zahl der Apostel, zwölf Ordensbrüder die gesamte politische, wirtschaftliche, religiöse und juristische Macht aus. Im Hauptgeschoss einer solchen Burg befanden sich die Kirche, der Remter (Refektorium) zum Speisen, der Kapitelsaal für die Versammlungen, die Firmarie für die Kranken sowie das Dormitorium, wo die Ordensbrüder den Statuten gemäß angezogen und bei Licht schlafen mussten. Die Marienburg, rechtwinklig und dreischiffig, gehörte noch zu den älteren Konventshäusern, spätere Kastelle wie in Gniew (Mewe) oder Radzyń Chełmiński (Rehden) waren auf dem Grundriss eines idealen Quadrats angelegt.

Das Konventshaus war noch nicht fertig gestellt, als 1308 die Entscheidung fiel, den Hochmeistersitz von Venedig hierher zu verlegen. Nach dem Verlust Palästinas und der Verfolgung der Templer in Frankreich stand die Absicht dahinter, das sichere Preußen zum Zentrum der Ordenstätigkeit zu machen. Die gleichzeitige gewaltsa-

---

Sehenswürdigkeiten
1. Dansker
2. Brückentor
3. Vorburgkapelle
4. Hof des Mittelschlosses
5. Hochschloss
6. Großer Remter
7. Hochmeisterpalast
8. Bernsteinausstellung
9. St.-Annen-Kapelle
10. Goldene Pforte

Abstecher nach Danzig und Marienburg

Atlas: S. 220

me Eingliederung des Gebietes westlich der Weichsel, Pommerellens mit Danzig, das von Marienburg aus leichter erschlossen werden konnte, hat zu diesem Beschluss gewiss beigetragen.

Die Marienburg wurde für die folgenden 90 Jahre zur größten Baustelle des Ordenslandes Preußen. Das alte Konventshaus wurde zum Hochschloss mit verbreiteter Schlosskirche, für die Ordensbeamten entstand das Mittelschloss, schließlich baute man am Ende des 14. Jh. den eleganten Hochmeisterpalast und verlegte die Wirtschaftsfunktionen in die neu angelegte große Vorburg.

1410 belagerten Polen und Litauen ergebnislos die Burg, deren Verteidigung der Schwetzer Komtur und spätere Hochmeister Heinrich von Plauen organisierte. Er hatte nicht an der Schlacht bei Tannenberg (s. S. 25) teilgenommen, ließ sich von der allgemeinen Panik nicht beeinflussen und konnte durch seine geschickte Verteidigung die Integrität des Ordensstaates retten.

Knappe 50 Jahre später war es aber soweit: Die vom bankrotten Hochmeister nicht bezahlten böhmischen Söldner übergaben für die immense Summe von 190 000 ungarischen Florin, vergleichbar mit 5 Mio. € – Danzig stellte einen großen Teil des Geldes zur Verfügung – die Burg an den polnischen König Kasimir IV. den Jagiellonen. Für die nächsten drei Jahrhunderte war Marienburg die Residenz der polnischen Könige auf ihren Reisen nach Norden.

Nach den schwedischen Kriegen im 17. Jh. verschlechterte sich aber zunehmend ihr Bauzustand. Als 1772 das Land preußisch wurde, brach man aus Zweckmäßigkeitsüberlegungen viele Mauern ab. Um Haaresbreite wäre die ganze Burg für die Gewinnung der Backsteine geschleift worden.

Die romantische Geisteshaltung, genauer gesagt ein dramatischer Appell Max von Schenkendorffs ›Über die Zerstörungssucht in Preußen‹ rettete 1804 die Anlage. Es folgten Wiederaufbaumaßnahmen, von denen die erste unter Beteiligung des Baumeisters (und Malers) Karl Friedrich Schinkel (1781–1841) allerdings zum Abbruch originaler Elemente und deren Ersetzung durch neugotische führte. Die Romantiker wussten halt besser, wie eine mittelalterliche Burg auszusehen hat.

Aus der Sicht der heutigen Denkmalpflege verdient erst die Tätigkeit Conrad Steinbrechts und Bernhard Schmids, die zwischen 1882 und 1944 die Burg weitgehend rekonstruierten, ein Lob. Gleichzeitig aber wurde die Marienburg als Symbol der deutschen Kulturüberlegenheit im Osten Europas instrumentalisiert.

Während der sinnlosen vierwöchigen Verteidigung am Ende des Zweiten Weltkriegs wurde die gesamte Ostfront der Burg zerstört. Die ideologische Diskussion im Polen der Nachkriegszeit über den Sinn des Wiederaufbaus des deutschesten Denkmals schlechthin wurde glücklicherweise zugunsten dieses Baus von Weltrang entschieden, und so stellte man seit 1960 die Marienburg wieder her. Aus finanziellen und denkmalpflegerischen Gründen ist lediglich die Schlosskirche mit einer außenstehenden, 8 m hohen Marienfigur bis heute nicht fertiggestellt; die Reste der Figur

Marienburg (Malbork)

Die Marienburg vom Westufer der Nogat

sind im Untergeschoss des Hochmeisterpalastes zu besichtigen.

In jüngster Zeit sind neue Probleme aufgetreten. Nachdem um 1900 die Nogat durch den Bau einer Schleuse zum stehenden Gewässer gemacht wurde, rotten die Eichenpfähle der Fundamente, und der gesamte Westteil der Burg sinkt langsam ab. Der am meisten gefährdete **Große Remter** [6] im Mittelschloss – der größte Raum der Burg mit auf Säulen gestütztem Gewölbe – wurde Anfang der 1990er Jahre mit Eisenankern befestigt. Trotzdem wird er noch lange nicht zu besichtigen sein.

Nur die Höhepunkte der Fülle von Sehenswürdigkeiten können hier aufgezählt werden. Unbedingt sollte der 1383–99 errichtete **Hochmeisterpalast** [7] angeschaut werden. In diesem spätgotischen, von Licht durchfluteten Bau weht ein anderer Geist als im älteren Konventshaus – der Geist einer weltlichen Ritterkultur. Große quadratische Fenster beleuchten den Sommerremter, einen Einstützenraum, der mit einem ausgeklügelten Radialgewölbe abgeschlossen ist, das wegen seines Aussehens ›Palmengewölbe‹ genannt wird. Dem Hochmeisterpalast gegenüber gibt es im Gästeflügel eine ständige **Bernsteinausstellung** [8] (wystawa bursztynu). Das ›Gold der Ostsee‹ ist 10 Mio. Jahre altes, erhärtetes Harz. Seit Jahrhunderten wird Bernstein als Schmuckmaterial geschätzt und in Kunstgegenständen, Schmuckstücken oder Möbeln verarbeitet – die Ausstellung legt die Geschichte seiner Verarbeitung faszinierend dar.

Wenn man kurz vor dem Tor des Hochschlosses nach links abbiegt, ge-

Abstecher nach Danzig und Marienburg

Atlas: S. 220

langt man bald zur **St.-Annen-Kapelle** 9, der Grabkapelle der Hochmeister. Nur drei der ursprünglich elf Grabplatten überdauerten den letzten Krieg. Das wichtigste hier sind die Giebelfelder in den beiden Portalnischen, auf denen verschiedene neutestamentarische Szenen, darunter das Jüngste Gericht, dargestellt sind.

Das Hochschloss besitzt einen Hof mit Arkaden. Im Hauptgeschoss liegen die Eingänge in die wichtigsten Räume, z. B. in den Kapitelsaal mit den zwei schlanken Säulen. Die benachbarte **Goldene Pforte** 10 (Złota Brama) ist eigentlich das Portal der seit dem Jahr 2000 zugänglichen, aber noch nicht sanierten Schlosskirche. Auffällig sind die großen glasierten Terrakottaplatten mit den Fabelwesen an den Seitenwänden der Vorhalle ebenso wie die Portalfiguren der Klugen und Törichten Jungfrauen sowie die phantasievollen Dämonen. Das Portal, errichtet kurz nach 1280, gehört zur ältesten Bauphase der Burg.

Den Rundgang beschließt man am besten mit dem Besteigen des hohen Turmes. Hier kann man die organisierte Führung verlassen und auf eigene Faust die scheinbar unzähligen Treppen bewältigen. Das Gebäude war ein Glocken- und Wachtturm und kein Bergfried, der den Verteidigern eine letzte Zuflucht bieten sollte, wie dies bei vielen anderen Deutschordensburgen der Fall war. Eine nicht zu unterschätzende Funktion des Turmes lag in dessen Symbolik: Ein von weit her sichtbarer Turm im Kern des Deutschordenslandes Preußen zeigte einprägsam, wer hier das Sagen hatte. Von oben lässt sich die gesamte Anlage genau erkennen, man sieht den breiten Fluss und die fruchtbaren Böden ringsum. Dieses Panorama ist zweifelsohne der Höhepunkt der Reise.

ul. Piastowska 15, Tel. 2734990, www.malbork.pl, nur im Sommer.

Hotel Zamek, ul. Starościńska 14, Tel. 272 84 00, Fax 272 33 67. Elegantes Hotel in einem gotischen Vorburggebäude. DZ 210-300 zł.
Dedal, ul. Generała de Gaulla 5, Tel. 272 68 50, Tel./Fax 272 31 37. Akzeptabel, aber ungünstig weit von der Burg entfernt. DZ 166 zł.
Zbyszko, ul. Kościuszki 43, Tel. 272 26 40, Tel./Fax 272 33 94. Man bekommt ein schlichtes Bett im immerhin renovierten Haus. DZ 170 zł.
Jugendherberge, ul. Żeromskiego 45, Tel. 272 24 08, Juli/Aug.
Campingplatz, ul. Portowa 3, Tel. 272 24 13.

Zamkowa, ul. Starościńska 13, Tel. 272 27 38, in der Vorburg. Das eleganteste Lokal der Stadt. 20-60 zł.
In der Stadtmitte gute polnische Standardküche :
Zbyszko, ul. Kościuszki 43. 12-19 zł.
Nad Nogatem, pl. Słowianski 5. 14-45 zł.

Muzeum Zamkowe, ul. Starościńska 1, Tel./Kasse 272 33 64-211: Mai–Sept. Di–So 9–17 Uhr. Mo ist nur das Gelände der Burg zugänglich; außerhalb der Saison bis 15 Uhr. Im Sommer fragen Sie nach den *son-et-lumière*-Darbietungen im Hof des Mittelschlosses.

In 40 Min. ist Malbork mit dem **Zug** von Danzig erreichbar. Der Bahnhof liegt 20 Min. von der Burg entfernt.

REISEINFOS VON A BIS Z

Alle wichtigen Informationen rund ums Reisen auf einen Blick – von A wie Anreise bis Z wie Zeitungen

Extra: Ein Sprachführer mit Hinweisen zur Aussprache, wichtigen Redewendungen und kulinarischen Begriffen

Reiseinfos von A bis Z

INHALT

Anreise	
… mit dem Flugzeug	193
… mit dem Zug	193
… mit dem Bus	193
… mit der Fähre	193
… mit dem Auto	194
… mit öffentlichen Verkehrs-	
… mitteln	195
… mit dem Taxi/Stadtverkehr	196
Angeln	196
Ärztliche Versorgung/Apotheken	197
Baden	197
Behinderte	197
Diplomatische Vertretungen	197
Einreisebestimmungen	198
Feiertage	198
Foto- und Videoaufnahmen	199
Geld, Geldwechsel	199
Haustiere	200
Informationsstellen	200
Karten und Stadtpläne	200
Literaturtipps	201
Notruf und Notfälle	201
Öffnungszeiten	201
Post/Telefon	202
Sicherheit, Polizei	202
Souvenirs	203
Toiletten	204
Trampen	204
Trinkgeld	204
Unterkunft	
….Hotels, Betriebsheime,	
….Privatzimmer	205
….Jugendherbergen,	
….Wanderheime	205
….Campingplätze	205
Zeitungen/Zeitschriften	206
Zoll	206
Sprachführer	207
Register	211
Masuren-Atlas	219
Abbildungs- u. Quellennachweis	228
Impressum	228

Reiseinfos von A bis Z

Anreise

... mit dem Flugzeug

Es gibt immer noch wenige regelmäßige Flugverbindungen direkt in den Norden Polens. Nur LOT bedient tgl. die Route Hamburg–Danzig (weiter Warschau). In der Regel muss man von einem deutschen Flughafen bzw. aus Wien oder Zürich nach Warschau fliegen und von dort aus nach Danzig.

Auskünfte zu Flugplan und Reservierungen erteilen die Büros der polnischen Fluglinie LOT, die übrigens nach der Wende ihre gesamte Flotte austauschte und so von allen europäischen Fluggesellschaften über die modernsten Maschinen verfügt. Seit 2002 gehört LOT mit Lufthansa zu Star Alliance, der weltgrößten Airline Allianz; beide Linien bieten gemeinsame Flüge:
Frankfurt/M., Terminal 2
Gebäude 149
Tel. 069/ 24 00 10 10
Fax 24 00 10 29
Auskunft/Buchung bundesweit:
Tel. 0 18 03 00 03, -46

1010 Wien
Mariahilfer Str. 103
Tel. 01/700 73 27 85
Buchung/Reservierung:
Tel. 08 10 81 08 85 (deutsch/englisch)
Tel. 08 10 81 08 55 (polnisch)

Zürich, Flughafen
Tel. 014 38 16 61 99, -88
Buchung/Reservierung:
Tel. 08 44 55 52 32

www.aua.com/at/deu/Austrian/star
www.star-alliance.com

... mit dem Zug

Es gibt täglich zwei Nachtzüge von Berlin nach Danzig. Einer der Züge fährt bis Kaliningrad (Königsberg) weiter und hält in Malbork (Marienburg), Elbląg (Elbing) und sogar Braniewo (Braunsberg); der andere wird im Sommer über Iława (Deutsch Eylau) bis nach Olsztyn (Allenstein) geführt.

Eine Alternative bietet die Anreise über Warschau, da inzwischen die Züge von Berlin nach Warschau (zwei Eurocitys tgl.) nur noch 6 Std. brauchen und sich die Fahrzeit in den nächsten Jahren noch weiter verringern soll. In der polnischen Hauptstadt angelangt, können Sie vom selben Bahnhof aus nach Olsztyn oder Suwałki weiterreisen. Auch bei der Anreise von Süddeutschland muss man in Warschau umsteigen.

... mit dem Bus

Die preiswerteste Art nach Polen zu kommen, sind die Fernbusse, die von den Busbahnhöfen vieler deutscher Großstädte regelmäßig verkehren. Sie dienen meist den Heimatbesuchen der in Deutschland lebenden Polen und verkehren daher am häufigsten dorthin, wo die Mehrzahl der Emigranten der 1980er Jahre herkam (Danzig, Oberschlesien). In einem harten Konkurrenzkampf sind inzwischen die meisten ominösen Firmen verschwunden, trotzdem erkundigen Sie sich genau nach Zeiten, Konditionen und Preisen, da diese häufig stark variieren.

... mit der Fähre

Nach Danzig oder Gdynia (Gdingen) kann man auch mit einer Fähre von diversen skandinavischen Häfen (u. a. Kopenhagen) aus gelangen.

Auskunft: deutsche Vertretung der Reedereien Polferries und Unity Line: Reisebüro Darpol,
Kaiser-Friedrich-Str. 19, 10585 Berlin, Tel. 030/342 00 74, Fax 342 24 72, www.darpol.com.

... mit dem Auto

Trotz der (teilweise berechtigten, s. Sicherheit) Schauermärchen fahren Millionen Touristen mit dem eigenen Wagen nach Polen. Dazu brauchen Sie nur den nationalen Führerschein und den Kraftfahrzeugschein, den Aufkleber mit dem Kennzeichen Ihres Herkunftslandes sowie die Grüne Versicherungskarte (falls Sie mit einem Anhänger unterwegs sind, ist eine zweite Karte vonnöten). Wer mit einem geliehenen Auto reist, sollte eine amtlich beglaubigte Vollmacht vorweisen können, damit das Auto nicht als gestohlen betrachtet wird.

Während für die Lkws die polnische Grenze ein Ärgernis sondergleichen bedeutet, ist das Passieren der Grenze für Pkws in der Regel unproblematisch. Nur bei Ferienbeginn sowie an den Wochenenden, wenn die in Deutschland lebenden Polen zu Besuch in ihre alte Heimat oder die Deutschen der Grenzgebiete sich auf die Suche nach Billigbenzin und Gartenzwergen begeben, kann es zu kleinen Staus kommen.

Vor allem folgende Grenzübergänge kommen in Betracht: Linken-Lubieszyn (westl. von Stettin), Pomellen-Kołbaskowo (südwestl. von Stettin an der Autobahn), Kietz-Kostrzyń (östl. von Berlin) und Frankfurt/O.-Świecko (Autobahn Richtung Posen, Warschau). Beachten Sie, dass der Grenzübergang Ahlbeck-Świnoujście auf der Insel Usedom nur für Fußgänger geöffnet ist.

Die Straßen in Polen scheinen aus allen Nähten zu platzen. Seit 1990 verzehnfachte sich der Verkehr; allein in Warschau gibt es jetzt auf je 1000 Einwohner 400 Autos, doppelt so viele wie beispielsweise in Amsterdam. In den ganzen letzten zehn Jahren wurde nur die Strecke Wrocław – Gliwice (Breslau – Gleiwitz) im Süden des Landes fertig gestellt. Jetzt erst wird der Ausbau der bereits vorhandenen Fernstraßen intensiver betrieben, was das Fahren zusätzlich erschwert. Diese Horrorvisionen gelten allerdings mehr für den Süden des Landes. Der nicht so dicht bevölkerte und industrialisierte Norden ist damit weniger konfrontiert. Deswegen wählen Sie lieber den Weg über Stettin und Danzig nach Osten, wo die gut ausgebaute Straße noch relativ leer ist. Die Strecke über Poznań (Posen) und Toruń (Thorn) ist dagegen voll, und in beiden Städten gibt es Staus. In Masuren herrscht noch kein Gedränge. Nur bei schlechtem Wetter begegnet man recht häufig anderen Urlaubern auf dem Weg zu wetterunabhängigen Attraktionen.

Einige Vorschriften: Die Geschwindigkeitsbegrenzung liegt bei 130 km/h auf (in diesem Landesteil nicht existierenden) Autobahnen, 110 km/h auf Schnellstraßen, 90 km/h auf anderen Wegen, eine Vorschrift, die ohnehin niemand beachtet. Ernst zu nehmen ist

Reiseinfos von A bis Z

dagegen die Begrenzung der Höchstgeschwindigkeit auf 60 km/h in den Ortschaften, nicht zuletzt wegen häufiger Radarkontrollen. Wenn Sie die warnende Lichthupe entgegenfahrender Autos verschlafen haben und sich erwischen ließen, sollten Sie Ihre gute Laune behalten. Da die Bußgelder zwar nach Tabellen, aber mit großem Ermessensspielraum der Polizisten verhängt werden, ist Freundlichkeit und ein lächelndes »Ich wußte nicht ...« hier die beste Waffe. Wenn Sie doch zahlen müssen: Mit Strafzettel ist teurer als ohne, wobei im zweiten Fall das Geld garantiert nicht der Staatskasse zugute kommt.

Die Promillegrenze liegt bei 0,2 %, auch wenn manche einen Fahrstil pflegen, der den dringenden Verdacht aufkommen lässt, dass das Verbot umgangen wurde. Große Vorsicht sollten Sie nachts oder an Wochenenden auf den meisten Landstraßen walten lassen: von Saufgelagen Heimkehrende, Mütter mit Kinderwagen, Panje-Wagen ohne Beleuchtung, aber mit der surrealen, da vollkommen nutzlosen Kreideaufschrift *brak świateł* (›keine Lichter‹) – das alles will, neben Ihrem und anderen Autos, Platz auf der Fahrbahn finden.

Es herrscht eine generelle Anschnallpflicht sowie die Vorschrift, im Winterhalbjahr vom 1. Okt. bis zum 1. Mai das Abblendlicht auch tagsüber angeschaltet zu haben. Bei den beliebten Kreisverkehren hat das im Kreisverkehr befindliche Auto Vorfahrt sowie auch generell die Straßenbahn. Schließlich sollten Sie bei den Bahnübergängen vorsichtig fahren, da die Schienen manchmal so hoch aus dem Straßenbelag herausragen, dass man vom Bahnübergang direkt zur Autowerkstatt fahren muss (bei Pannen: **Notruf** 981.)

Und noch einige **praktische Hinweise:** Nachts sollte man das Auto nur auf bewachten Parkplätzen stehen lassen (s. Sicherheit).

Diesel oder bleifreies Benzin zu tanken, ist inzwischen kein Problem mehr. Da mancherorts aber Tankstellen gehäuft auftreten und später dann meist für lange Zeit nichts kommt, warten Sie mit dem Tanken am besten nicht bis auf den letzten Tropfen Treibstoff.

Die meisten **Leihwagenfirmen** in Deutschland lassen ihre Autos wegen der Diebstahlgefahr nicht nach Polen fahren. Im Land selbst gibt es inzwischen Niederlassungen aller wichtigeren Autoverleih-Firmen, darunter in Warszawa:
Avis: al. Jerozolimskie 65/79 (im Marriott-Hotel), Tel. 022/630 73 16, Flughafen Tel. 6504872
Europcar: ul. Jana Pawla II. 22 (Hotel Mercure), Tel./Fax 624 85 66, Flughafen Tel. 6502564, wawt01@european.com.pl
Hertz: ul. Nowogrodzka 27, Tel. 21 13 60

Die Verleihpreise sind höher als in Deutschland, beispielsweise ca. 80 € pro Tag für einen Kleinwagen (Opel Corsa).

... mit öffentlichen Verkehrsmitteln

Das Schienennetz ist dicht, aber viele Verbindungen wurden nach der Wende, als man sich bemühte, die Rentabilität der Polnischen Eisenbahn (PKP) zu steigern, eingestellt. Die Züge sind langsam, dafür aber sehr preiswert. Wenn Ihre Reise nur auf Nordpolen begrenzt ist, ist der ›Polrailpass‹, mit dem Sie z. B. einen Monat lang herumfahren können, keine gute Idee, da Sie häufig auf Busse angewiesen sind. Einen besonderen Spaß bieten die Schmalspurbahnen, wie jene bei Ełk (Lyck).

Informationen zu den Fahrplänen erhält man in der Vertretung der Polnischen Staatsbahnen (PKP): Panoramastr. 1, 10178 Berlin
Tel. 030/242 34 53, 34 72 99 98
Fax 24 72 99 99
www.pr.pkp.pl

Zwischen den masurischen Städten sind die **Überlandbusse (PKS)** vorzuziehen. Es gibt Eilbusse, die auf den Abfahrtstafeln rot markiert sind und normale, die sozusagen an jeder Milchkanne anhalten. Die Buskarten kauft man in den Busbahnhöfen am Schalter oder bei Durchgangsbussen im Bus, wobei es nicht immer sicher ist, dass genügend Plätze vorhanden sind und man auch mitkommt. Die Zugbahnhöfe und die Fernbusbahnhöfe liegen häufig nebeneinander. Seit 1995 gibt es eine Konkurrenz zu den PKS-Bussen, die private Firma ›Polski Express‹, deren Busse für längere Strecken zu empfehlen sind.

... im Stadtverkehr mit Taxen

In Danzig und Elbląg gibt es ein Busnetz und die Straßenbahn, in Olsztyn nur Busse, die zwischen 4.30 und 23 Uhr verkehren; später nur seltene Nachtbusse. Die Fahrkarten kauft man am Zeitungskiosk (bilet na autobus, bilet na tramwaj) und entwertet sie im entsprechenden Verkehrsmittel; sie sind für jeweils eine Fahrt gültig. Das System in Danzig ist etwas komplizierter, da der Preis von der Fahrzeit abhängt. Tageskarten kommen in verschiedenen Städten bereits vor; das System hat sich aber noch nicht überall durchgesetzt, so dass solche Karten oftmals nur unter Schwierigkeiten zu bekommen sind.

Taxen haben einen Taxameter, der als Folge der seit 1989 galoppierenden Inflation bis vor kurzem oft einen Betrag angab, der erst später aufgrund von Multiplizierungstabellen in den eigentlichen Fahrpreis umgewandelt wurde. Inzwischen zeigt der Taxameter meist den richtigen Betrag, aber passen Sie auf, dass er überhaupt eingeschaltet wird. Die Preise liegen wesentlich niedriger als in Deutschland, solange Sie nicht auf einen Betrüger stoßen, die v. a. in Warschau häufig auftreten. Um dem vorzubeugen, ist es am besten, nicht an einem Taxistand einzusteigen, sondern telefonisch (in vielen Städten 919) in einer der etlichen Kooperativen ein Taxis zu bestellen, die ohnehin billiger sind. Nach 22 Uhr und an Sonn- und Feiertagen zahlt man fast den doppelten Tarif.

Angeln

Die masurischen Seen mit ihren Kleinen Maränen, Forellen, Zander, Renken und Aalen, die auch schon mal über einen Meter lang sein können, gehören natürlich zu den Traumgebieten jedes Anglers. Bevor man sich

Reiseinfos von A bis Z

aber ans Ufer setzt, muss man einen Angelschein für eine bestimmte Region und eine genau festgelegte Anzahl von Tagen kaufen. Am einfachsten bekommt man ihn beim Polnischen Anglerverband (PZW), ul. Twarda 42, 00105 Warszawa, Tel. 022/620 89 66, Fax 620 50 85, 620 50 88, oder in der Filiale in Olsztyn (PZW), ul. Bałtycka 2, 10136 Olsztyn, Tel. 089/527 34 60; gelegentlich auch in den örtlichen Reisebüros. Außerdem benötigt man eine Aufstellung der in Polen geltenden Schonzeiten sowie schließlich das Wissen, dass in Polen nur natürliche Köder zugelassen sind.

Ärztliche Versorgung/Apotheken

Ärztliche Leistungen werden bar oder über den Auslandskrankenschein E111 abgerechnet. Da aber nicht alle Leistungen inbegriffen sind, ist der Abschluss einer Zusatzversicherung ratsam. Die Erste Hilfe, die bei Notfallaufnahmen (*pogotowie ratunkowe,* **Notruf 999**) geleistet wird, ist aber kostenlos.

Die Apotheken *(apteka)* sind in der Regel von 8 bis 19 Uhr geöffnet, später finden Sie am Eingang jeder Apotheke die Adressen derer, die gerade Nachtdienst haben.

Baden

Unter den Tausenden Seen im Nordosten Polens gibt es nur wenige, in denen das Baden wegen der Wasserqualität nicht empfehlenswert ist. Dies gilt für Niegocin bei Giżycko (Lötzen) und Jezioro Mikołajskie bei Mikołajki (Nikolaiken). Eine goldene Regel lautet, dass das Wasser um so sauberer ist, je weiter der See von größeren Ortschaften entfernt liegt. Es gibt allerdings recht wenige Stellen, wo Sandboden den Zugang zum tieferen Wasser bequem macht, ansonsten schwabbelt der Boden mit seinen Wasserpflanzen und undefinierbaren Gegenständen etwas unbehaglich unter den Füßen. Am besten schwimmt man sofort, noch im seichten Wasser, los.

Die Wassertemperaturen im Juli und August hängen von der Wärme des jeweiligen Sommers sowie von der Größe des Sees ab; grundsätzlich kann man an heißen Tagen gut baden.

Die Sitte des FKK-Badens ist in Polen auf eine elitäre Gesellschaft begrenzt, die ihr beispielsweise in Chałupy auf der Hela-Halbinsel frönen. Ansonsten konnten sich die ›naturzyści‹ noch nicht richtig durchsetzen.

Behinderte

In öffentlichen Einrichtungen werden inzwischen behindertengerechte Aufzüge eingebaut, doch gibt es noch große Mängel. Infos: Polnischer Behinderten-Verband, Krajowa Rada Osób Niepełnosprawnych, Warszawa, ul. Zamenhofa 8, Tel. 022/ 831 46 37.

Diplomatische Vertretungen

... in Deutschland

Botschaft der Republik Polen:
Lassenstr. 19–21, 14193 Berlin
Tel. 030/22 31 30, Fax 22 31 31 55
www.botschaft-polen.de
www.weh-berlin.de

Reiseinfos von A bis Z

Generalkonsulate:
Lindenallee 7, 50968 Köln
02 21/93 73 00, Fax 34 30 89
Trufanowstr. 25, 04105 Leipzig
Tel. 03 41/5623300, Fax 5623333
Ismaninger Str. 62a, 81675 München
Tel. 089/418 60 80, Fax 47 13 18
Gründgensstr. 20, 22309 Hamburg
Tel. 040/61 18 70, Fax 632 50 30

... in Österreich
Hietzinger Hauptstr. 42c, 1130 Wien
Tel. 01/870 15, Fax 87 01 52 22

... in der Schweiz
Elfenstr. 20a, 3006 Bern,
Tel. 03 13 58 02 02, Fax 03 13 58 02 16

... in Polen
Botschaft der BRD
ul. Dąbrowiecka 30
03932 Warszawa
Tel. 022/584 17 00, 584 19 00
Fax 584 17 39
Generalkonsulat:
al. Zwycięstwa 23, 80219 Gdańsk
(Danzig, im Stadtviertel Wrzeszcz)
Tel. 058/340 65 40, Fax 340 65 60

Botschaft der Republik Österreich
ul. Gagarina 34, 00748 Warszawa
Tel. 022/841 00 81, -84
Fax 841 00 85
Generalkonsulat:
ul. Śląska 17, 81319 Gdynia
Tel. 058/21 19 93, Fax 620 19 93

Botschaft der Schweiz
al. Ujazdowskie 27
00540 Warszawa, Tel. 022/628 04 81,
Fax 621 05 48

Bei Verlust des Reisepasses wird Ihnen von Ihrer Botschaft ein Ersatzpapier ausgestellt; dazu sind zwei Passbilder und die Verlustanzeige der örtlichen Polizei vorzulegen.

Einreisebestimmungen

Für die Einreise nach Polen benötigen Sie einen noch für ein weiteres halbes Jahr gültigen Reisepass. Mit dem Einreisestempel sind Deutsche, Österreicher und Schweizer berechtigt, drei Monate im Lande zu bleiben. Die Kontrollen werden ohnehin zunehmend lässiger, was mit dem polnischen Beitritt in die EU einerseits und mit der Verschärfung der Reisebestimmungen für die polnischen Anrainerstaaten im Osten andererseits zusammenhängt; wundern Sie sich also nicht, wenn Sie keinen Stempel bekommen.

Mit einem Personalausweis dürfen offiziell nur die deutschen Einwohner der Grenzbezirke nach Polen einreisen. Wenn Sie von weiter her kommen, ist es riskant, nur den Ausweis mitzunehmen und sich auf den guten Willen des polnischen Grenzbeamten zu verlassen. Kinder bis 16 Jahre müssen im Pass der Eltern eingetragen sein oder einen eigenen Kinderausweis mit Lichtbild (!) besitzen.

Feiertage

Arbeitsfreie Tage sind die katholischen Feiertage (Weihnachten, Ostermontag, Fronleichnam, Mariä Himmelfahrt am 15. Aug. sowie Allerheiligen am 1. Nov.), die auch in der kommunistischen Zeit nicht abgeschafft wurden. Der in der Volksrepublik als Nationalfeiertag begangene 22. Juli wurde durch den 11. November abgelöst. An diesem Tag des Jahres 1918 kehrte Józef Piłsudski aus der Festung Magdeburg mit einem Sonderzug nach Warschau zurück und rief die Wiedererstehung des polnischen Staates nach der Zeit der Teilungen aus. Neben Neujahr und dem 1. Mai wird auch der 3. Mai gefeiert, da an diesem Tag im Jahr 1791 in Polen die erste Verfassung Europas verabschiedet wurde.

Foto- und Videoaufnahmen

Fotoausrüstung und -material ist in Polen in größeren Städten erhältlich. Seltenere Batteriesorten und Diafilme sollte man aber vorrätig haben, da sie in kleineren Ortschaften oft nicht zu kaufen sind. In der Regel haben die Menschen nichts gegen das Fotografieren; man fragt aber lieber vorsichtshalber: Czy mogę zrobić zdjęcie? (›Kann ich ein Bild machen?‹). Schilder mit durchkreuztem Fotoapparat sind gelegentlich an Brücken, Kasernen und Bahnhöfen zu sehen. Man sollte sie respektieren, auch wenn diese Verbotsschilder meist Überbleibsel der realsozialistischen Spionageparanoia sind.

Geld, Geldwechsel

Die polnische Währung ist der Złoty (›der Goldene‹). 100 Groszy ergeben einen Złoty. 1 € ist ca. 4,50 zł. wert. Die Inflationsrate betrug für 2003 etwa 2 %.

Das lang andauernde Durcheinander mit Millionenbeträgen und den alten und neuen gleichzeitig gültigen Banknoten (Folge der galoppierenden Inflation seit 1989) ist seit dem Abschluss der Denomination Ende 1997 vorüber; die alten Banknoten sind jetzt nicht mehr gültig.

Geld wechselt man in den Wechselstuben (kantor), die in jeder Stadt zahlreich vorhanden sind. An der Grenze sowie in besseren Hotels ist der Kurs in der Regel etwas ungünstiger. Bei einem stabilen Złoty sind die ominösen Gestalten, die Ihnen auf der Straße im Flüsterton einen genialen Kurs anbieten, nichts als Betrüger. Sie nützen die Gleichsetzung von Polen mit einem gigantischen Schwarzmarkt aus, die noch in vielen Westler-Köpfen herumschwirrt.

Die Wechselstuben tauschen Euroschecks bis zu 200 € ein. Geldautomaten sind noch sehr selten anzutreffen. Hotels, Restaurants und Läden (auch Tankstellen), die etwas auf sich halten, akzeptieren Kreditkarten (meist American Express, VISA, Euro- und MasterCard). Die Mitnahme von Reiseschecks, die sich mühsam und nur bei größeren Banken einlösen lassen, ist nicht zu empfehlen.

Sowohl Złoty als auch fremde Devisen können in beliebiger Höhe ein- und ausgeführt werden, allerdings sollte die ausgeführte Summe nicht um ein vielfaches die eingeführte übersteigen. Wenn Sie mehrere tausend Euro bei sich haben, ist es eine gute Idee, eine Devisenerklärung auszufüllen – fragen Sie den Zöllner danach.

Reiseinfos von A bis Z

Haustiere

Nehmen Sie den Impfpass mit dem Nachweis einer gültigen Tollwutimpfung, die spätestens drei Wochen und frühestens ein Jahr vor Reiseantritt durchgeführt wurde, mit auf die Reise. Zudem benötigt man eine amtliche Gesundheitsbescheinigung des Tierarztes. Die Hotels berechnen häufig einen Aufpreis für Haustiere. 1998 erließen einige Gemeindevorsteher der Ostseebäder ein Strand-Verbot für Vierbeiner. In Masuren gibt es diese Verbote aber nicht, und sie sind auch nicht in Sicht.

Informationsstellen

... in Deutschland
Polnisches Fremdenverkehrsamt
Kurfürstendamm 71, 10709 Berlin
Tel. 030/21 00 92-0, Fax 21 00 92-14
... für Österreich und die Schweiz
Polnisches Fremdenverkehrsamt
Mariahilfer Str. 32–34/102, 1070 Wien
Tel. 01/524 71 91, 524 71 91 20
Austro-Orbis
Lilienbrunnengasse 5, 1020 Wien
Tel. 01/214 76 88, Tel./Fax 212 13 56
... im Internet
www.polen-info.de
www.welcome2masuria.com
www.gdansk.pl

Nützlich können auch die Büros von **Polorbis**, des auf Polen spezialisierten Reiseveranstalters, sein:
Hohenzollernring 99, 50672 Köln
Tel. 02 21/95 15 34-0, -03, -41
Fax 95 15 34 40

In den meisten größeren Orten gibt es eine mit **IT** gekennzeichnete Touristeninformation, die sich allerdings in der Qualität ungemein unterscheiden.

Überregionale Auskünfte erteilt ›IT‹ in Warschau auf dem Schlossplatz (pl. Zamkowy 1/13, Tel. 022/635 18 81). Auch die ›Orbis‹-Büros sowie in besseren Hotels die Rezeption können bei der Informationssuche weiterhelfen. Beachten Sie auch die Büros des **Polnischen Wandervereins (PTTK)**, die in der Regel gut mit Material und Infos ausgestattet sind (Hauptbüro in 00075 Warszawa, ul. Senatorska 11, Tel. 022/826 25 06).

Karten und Stadtpläne

Empfehlenswert sind Polenkarten von Euro-Cart, die es im Maßstab 1:300 000 in vier Ausschnitten des Staatsgebietes gibt. Der nordöstliche Ausschnitt (Mazury, Mazowsze) ist sowohl in Polen als auch in Deutschland (hier mit den Namen größerer Orte auch auf deutsch) erhältlich.

Es gibt eine Anzahl von Karten, die die alten deutschen Namen, oft in der nationalsozialistischen Version, genauer als die heutigen Namen wiedergeben (z. B. im Rautenberg-Verlag), und die für nationalbewusste Reisende nützlich sein können. Bei der Suche nach familiären Wurzeln sind aber vermutlich die Reprints der Vorkriegskarten (plus der heutige Karte für die Konkordanz) – so die Karte von Ostpreußen im Maßstab 1:300 000, herausgegeben von der Buchhandlung Horst Zander – von größerem Nutzen.

In Polen selbst sind Straßenkarten im Maßstab von 1:200 000 in Buchhandlungen, gelegentlich auch an größeren Tankstellen erhältlich.

Empfehlenswert ist die jüngst erschienene Karte ›Große Masurische Seen, Historische Ortsnamen aus dem Jahre 1933‹ (1:100 000, PPWK Warszawa, Wrocław) sowie auch die einstigen Generalstabskarten, beispielsweise von Ostróda und dem Oberländischen Kanal (1:100 000; herausgegeben von zarząd topograficzny Sztabu Gen. WP).

Die Stadtpläne von Danzig, Olsztyn etc. sind heutzutage vor Ort problemlos zu bekommen, auch zweisprachig, bzw. mit Register der historischen deutschen Straßennamen.

Literaturtipps

Klaus Bednarz: Fernes nahes Land. Begegnungen in Ostpreußen.
Stefan Chwin: Der Tod in Danzig.
Marion Gräfin Dönhoff: Kindheit in Ostpreußen.
Marion Gräfin Dönhoff: Namen, die keiner mehr nennt.
Marion Gräfin Dönhoff: Polen und Deutsche. Die schwierige Versöhnung.
Ralph Giordano: Ostpreußen ade. Reise durch ein melancholisches Land.
Günter Grass: Die Blechtrommel.
Martin Hellmann: Daten der polnischen Geschichte.
Paweł Huelle: Weiser Davidek.
Ewa Kobylińska/Andreas Lavatty/ Rüdiger Stephan: Deutsch und Polen – 100 Schlüsselbegriffe.
Christian Graf von Krockow: Begegnungen mit Ostpreußen.
Hans Graf Lehndorff: Ostpreußisches Tagebuch. Aufzeichnungen eines Arztes aus den Jahren 1945 und 1947.
Hans Graf Lehndorff: Menschen, Pferde, weites Land.
Siegfried Lenz: Heimatmuseum.
Siegfried Lenz: So zärtlich war Suleyken.
Czesław Miłosz: Das versklavte Denken.
Reisen in Europa: Masuren mit der Ostseeküste, Danzig und Königsberg (Bildband).
Gotthold Rhode: Kleine Geschichte Polens.
Arno Surminski: Die Reise nach Nikolaiken.
Dieter Zimmerling: Der deutsche Ritter-Orden.
Lisa von Zitzewitz: 5mal Polen.

Notruf und Notfälle

Polizeinotruf: 997
Feuerwehr: 998
Krankenwagen: 999
Pannenhilfe: 981

Radiosuchruf im Radioprogramm ›Lato z radiem‹ (›Sommer mit dem Radio‹, Juni–Sept., etwa 9–11 Uhr): Tel. 022/845 92 77.

Öffnungszeiten

Es gibt in Polen kein Ladenschlussgesetz, so dass die Läden selbst entscheiden, wann es für sie rentabel ist, offen zu halten. So hat in jeder Stadt mindestens ein Laden 24 Stunden am Tag geöffnet, einige andere bis 20 oder 21 Uhr. Die gängigen Öffnungszeiten für die Lebensmittelgeschäfte sind 7–19 Uhr, andere kleine Läden,

Reiseinfos von A bis Z

wie Buchhandlungen, Industriewarenläden etc. öffnen später (11 Uhr) und schließen bereits um 18 Uhr, dafür sind Mittagspausen so gut wie unbekannt.

Die Behörden schließen schon um 15 Uhr, arbeiten aber ebenfalls gewöhnlich ohne Mittagspause, auch etliche Museen schließen relativ früh.

Post/Telefon

Die **Postämter** arbeiten 8–19 Uhr; in Danzig ist die Post an der ul. Długa Mo–Sa bis 20 Uhr geöffnet. Briefmarken bekommt man nur in Postämtern: 2 zł. für einen Brief oder eine Karte nach Deutschland. Die Sendungen benötigen eine knappe Woche.

Das **Telefonieren,** das bei Aus- und Inländern gleichermaßen noch vor kurzem oft zu Nervenzusammenbrüchen führte, ist einfacher geworden. Da die Gespräche aus den Hotelzimmern teurer sind, ist es sinnvoll, die neuen blauen Kartentelefone zu benutzen. Bei den Postämtern, gelegentlich auch an Hotel-Rezeptionen, kaufen Sie die Karten *(karta telefoniczna)* für 50 oder 100 Einheiten und reißen eine Ecke ab (wichtig!), bevor Sie sie in den Apparat stecken und wählen. Neben den blauen Automaten tauchen immer häufiger silberne Telefonautomate auf, für die man eine Chipkarte braucht.

Verglichen mit westeuropäischen Ländern ist das Telefonieren in Polen recht teuer, da erst 2003 und vorerst sehr zaghaft das Monopol der staatlichen Telefonfirma (TP) durchbrochen wurde. Am besten lässt man sich von Deutschland, Österreich oder der Schweiz über einen der vielen billigen Anbieter zurückrufen.

Die für das beschriebene Gebiet wichtigsten Vorwahlnummern innerhalb des Landes lauten (Polen 0048/…): Warschau 022, Danzig samt Sopot und Gdynia 058 und Olsztyn 089.

Deutschland (0049 + Ortsvorwahl ohne Null) erreicht man meist beim ersten oder zweiten Versuch (Österreich 0043/…, Schweiz 0041/…).

Sicherheit, Polizei

Trotz der häufig vertretenen gegenteiligen Meinung ist Polen kein gefährliches Land. In der Statistik der Gewaltdelikte rangiert es weit hinter den meisten westeuropäischen Ländern. So ist die Wahrscheinlichkeit, tatsächlich angegriffen zu werden, sehr klein. Man muss aber gewisse Regeln einhalten: wenn man abends von einem guten Hotel aus (sei es Novotel in Danzig oder Mrongovia in Mrągowo/Sensburg) spazierengeht, lässt man Wertsachen, vielleicht auch die Handtaschen, im Hotel, wo sich immer ein Safe befindet. Dunkle Gegenden in der Nähe solcher Hotels, die Bahnhofsgegenden sowie die Orte, wo Touristen in Massen auftreten, locken freilich die Kriminellen an, und Taschendiebstähle kommen häufig vor.

Das schwarze Bild Polens ist durch den Autodiebstahl entstanden. Sowohl in Deutschland, wo die ›Danziger Mafia‹ Autos klaut, oder in Polen selbst ist das Problem tatsächlich aktuell. Meistens werden kleine Fiat-Polski (126p) wegen der Ersatzteile, außerdem VW-Golfs sowie große Karossen à la BMW oder Mercedes gestohlen.

Vermutlich locken ausländische Nummernschilder die Diebe eher an als inländische, wohl aufgrund der Annahme, die Wagen seien in einem technisch besseren Zustand und der Ausländer werde länger brauchen, um die Polizei zu alarmieren. Der Zeitfaktor ist beim Autoklau nämlich ganz zentral, da das Diebesgut inzwischen nie mehr im Land bleibt, sondern so schnell wie möglich mit falschen Papieren die polnische Ostgrenze passiert.

Folgende Vorsichtsmaßnahmen verringern das Diebstahlrisiko aber wesentlich: Lassen Sie in einer größeren Stadt nie das Auto unbeaufsichtigt über Nacht stehen und lassen Sie darin keine wertvollen Sachen (auch kein Autoradio und keine undefinierbaren Taschen!), die die Gier der Diebe wecken könnten. Die ländliche Gegend Masurens ist sicherer als beispielsweise Danzig, allerdings wurde auch schon von Autoknackerbanden auf ›Gasttourneen‹ berichtet.

Souvenirs

Bernstein in allen Varianten ist das häufigste Mitbringsel aus Danzig, wo sich viele Läden (an der ul. Mariacka oder am Mottlaukai neben dem Grünen Tor) darauf spezialisiert haben. An Straßenständen kann Bernstein preiswerter sein, vorausgesetzt es ist welcher: Plastikimitate sind in jedem Fall zu teuer. Kunsterzeugnisse bieten etliche Galerien mit Kunstwerken in sehr verschiedenen Geschmacksrichtungen an.

Polen als Paradies für Antiquitäten ist passé, sie sind inzwischen teuer, nicht von bester Qualität und ihre Ausfuhr (wie die aller vor 1945 produzierter Gegenstände) sowieso verboten. Der Schmuggel aus den ex-sowjetischen Gebieten von Samowaren, Ikonen etc. ebbt ab, außerdem waren viele dieser Antiquitäten gefälscht. Wenn Sie trotzdem etwas erstanden haben, ist die Erlaubnis des Woiwodschaftskonservatoren (sie wird u. a. im Danziger Nationalmuseum ausgestellt) für die Ausfuhr notwendig.

Dies gilt auch für die alten deutschen Bücher, die man in den Antiquariaten kaufen kann. Ein schönes Geschenk sind Bildbände über die Naturlandschaft in Masuren oder über Kunstdenkmäler (der Band ›Danzig, wie es war‹ mit hervorragenden Archivbildern ist empfehlenswert), die allerdings längst nicht mehr so günstig zu kaufen sind wie einst.

Wenn Sie Musikfan sind, ist es gut zu wissen, dass Musikkassetten und CDs, inzwischen offiziell aufgenommen und lizenziert, etwa um die Hälfte preiswerter sind als in Deutschland. Dabei steht Ihnen auch die breite Palette der polnischen Musik zur Verfügung, von der Klassik (Chopin, Szymanowski) über die Moderne Musik (Lutosławski, Penderecki, Górecki) bis hin zum berühmten polnischen Jazz (Urbaniak, Namysłowski, Makowicz, Stańko).

Unter den handfesteren Mitbringseln gibt es hervorragende Bonbons (›Krówki‹, ›Kuhbonbons‹, mit einer Kuh auf dem Einwickelpapier, in unterschiedlichen Sorten erhältlich; Pflaumen in Schokolade, śliwki w czekoladzie, und sezamki – Sesamkekse) und Spirituosen, z. B. ist der ›Chopin‹-Wodka ein schönes Mitbringsel.

Toiletten

Mit dem Einzug der Marktwirtschaft hat sich die tragische Situation auf den polnischen Toiletten deutlich verbessert. So erkennt, eigentlich ›erriecht‹ man die öffentliche Toilette in Olsztyn unter der Burg nicht mehr, heute hilft dort eine nette Toilettenfrau, eine babcia klozetowa, etwas übertrieben beim Händewaschen. Diese Damen gehören zum Alltag, und die Arbeit im stillen Örtchen ist ihr einziges Einkommen, daher tolerieren Sie bitte die Tatsache, dass Sie auch in den Restaurants, wo Sie zu Gast sind, zur Kasse gebeten werden (in der Regel 1 zł.). Interessant ist die Symbolik an den Toilettentüren: der Kreis heißt ›Damen‹, das Dreieck steht immer für ›Herren‹, üblich auch ›damski‹ bzw. ›męski‹.

Trampen

Viele fahren in Polen per Anhalter. Es war weltweit das einzige Land mit einer gesetzlichen Regelung für das Trampen. Man bezahlte einen kleinen Beitrag für den sog. ›Autostop‹-Verband, worauf man versichert wurde und eine Anzahl von Coupons bekam, die man dem jeweiligen Fahrer aushändigte. Nach der Wende scheint diese Regelung aber langsam auszusterben.

Beim Trampen halten die Polen meist nicht den Daumen in die erwünschte Fahrtrichtung ausgestreckt (wobei diese Art als westeuropäisch auch bekannt ist), sondern den ganzen Arm quer zur Straße; dazu kommt oft noch eine flatternde Bewegung der Hand, als ob sie nicht fahren, sondern fliegen wollten. Wegen der landesweiten Gastfreundlichkeit kommen Sie schnell voran (und ihr Kostenbeitrag wird meist abgelehnt), wenn Sie sich als Ausländer zu erkennen geben.

Trinkgeld

Es herrschen in dieser Hinsicht ähnliche Sitten wie in Deutschland. Bei guter Bedienung rundet man gerne den Betrag nach oben auf. Auch bei Taxifahrten ist es üblich, auf die Groschen zu verzichten. In den Hotelzimmern lässt man am besten eine Münze für das Zimmermädchen zurück, sie gehören zu der am wenigsten verdienenden Berufsgruppe im Hotel.

Unterkunft

Im Reiseteil werden bei den jeweiligen Hotels Preise angegeben. Es handelt sich um den Übernachtungspreis für ein Doppelzimmer in der Hauptsaison (Juli-August), bei besseren Hotels inklusiv Frühstück. Wenn zwei Preise angegeben sind, bietet das Hotel mehrere Zimmerkategorien unterschiedlicher Qualität an. Gelegentlich steigen die Preise an den Wochenenden, häufig von einer Saison zur nächsten, bei Besitzerwechsel und nach einer Sanierung des Gebäudes. Die Preise haben nichts mit der landesspezifischen Kategorisierung nach ›Sternen‹ zu tun. Das Sternsystem ist ohnehin etwas

Reiseinfos von A bis Z

unübersichtlich, da sich manches Hotel nach eigenem Gutdünken und aus steuerlichen Gründen auf- oder abgewertet hat.

Hotels, Betriebsheime und Privatzimmer

In Masuren sind die Übernachtungsmöglichkeiten dicht gesät. Trotzdem kann es in der Saison schwierig sein, ein optimales Zimmer zu finden. Reservieren Sie daher rechtzeitig. Die breite Palette reicht von Vier-Sterne-Hotels bis zu einfachen Pensionen. Die Etablissements erster Kategorie (s. Danzig, Malbork, Elbląg, Mrągowo und Mikołajki) gehören meist zu ›Orbis‹ (z. T. von der Hotelgruppe ›Mercure‹ aufgekauft, das im kommunistischen Polen eine Monopolstellung innehatte; inzwischen gesellen sich immer häufiger private Besitzer oder internationale Hotelke)tten dazu. Preiswerter sind natürlich einfachere Hotels, Pensionen und Motels. Die oft sehr schön gelegenen ehemaligen Betriebsheime müssen sich seit der Wende selbst erhalten und vermieten die zur Verfügung stehenden Zimmer auch an ›betriebsfremde‹ Reisende. Ferienhäuser vermittelt die **Zentrale für Landurlaub,** Heerstr. 73, 53111 Bonn, Tel. 02 28/63 12 85, Fax 7 66 91 99.

Über die Touristeninformationen oder spezielle Zimmervermittlungen (biura zakwaterowania) kann man auch Privatzimmer bekommen, für die man mit etwa 15 € pro Person rechnen muss. Oft werden solche Zimmer am Straßenrand angezeigt (pokoje wolne, bzw. Zimmer frei); im Zweifelsfalle sind die Taxifahrer eine gute Informationsquelle.

Jugendherbergen, Wanderheime

Nur in den touristisch wichtigeren Orten gibt es ganzjährig geöffnete Jugendherbergen. Der große Rest wird provisorisch in den Grundschulen eingerichtet, d. h. sie funktionieren nur, wenn die Schüler Ferien haben (Ende Juni bis 1. Sept.).

Eine Liste der Jugendherbergen bekommen Sie in jeder Herberge, wo, falls zu Hause vergessen, auch Jugendherbergsausweise, die zu 25 % Preisermäßigung berechtigen, ausgestellt werden können. Am sichersten bekommen Sie alles in der Zentrale: **IYHF,** ul. Chocimska 28, 00075 Warszawa, Tel. 022/49 81 54, Fax 49 83 54.

Eine vergleichbare Kette von Herbergen unterhält der **Polnische Wanderverein** (PTTK, Hauptsitz: ul. Senatorska 11, 00075 Warszawa, Tel. 022/826 25 06, oder ul. Staromiejska 1, 10950 Olsztyn, Tel. 089/27 34 42). Die Bedingungen in solchen Heimen sind aber oft recht spartanisch.

Campingplätze

Mehr als ein Viertel der 250 polnischen Campingplätze liegt im Nordosten des Landes. Sie sind in der Regel von Mitte/Ende Mai bis Mitte/Ende September geöffnet. Ein genaueres Verzeichnis ist beim Polnischen Fremdenverkehrsamt (Berlin; s. Informationsstellen) zu bekommen. Auch eine in Buchhandlungen erhältliche Karte ›Campingi w Polsce‹ gibt einen aktuellen Überblick.

Für nähere Einzelheiten: **Polska Federacja Campingu i Caravaningu,** ul. Grochowska 331, 03838 Warszawa, Tel./Fax 022/810 60 50.

Reiseinfos von A bis Z

Zeitungen/Zeitschriften

Deutsche Zeitungen und Zeitschriften brauchen zwei Tage, um das masurische Seengebiet zu erreichen (fragen Sie in besseren Hotels). Auf Deutsch erscheint im Sommer die Beilage zur ›Gazeta Wyborcza‹, Ausgabe Olsztyn, wo man u. a. Tips für Kultur- und Sportaktivitäten finden kann. ›Warsaw Voice‹, eine wöchentlich auf Englisch erscheinende Zeitschrift, bietet einen guten Überblick über die jeweiligen Kulturveranstaltungen und politischen Ereignisse im Lande.

Zoll

Mit dem Beitritt Polens in die EU im Mai 2004 gelten die gleichen Zollbestimmungen was Alkohol betrifft wie überall in der EU. Deutschland bemüht sich auch in den Jahren 2005–08, die Begrenzung der zollfreien Zigaretteneinfuhr auf 200 Zigaretten pro Person über 18 Jahre aufrechtzuerhalten. Die Einfuhr von Waffen ist verboten. Im Zweifelsfalle fragen Sie vorsichtshalber, ob eine Zollerklärung notwendig ist. Aus Polen dürfen Sie ohne eine besondere Erlaubnis keine Gegenstände ausführen, die vor dem Jahr 1945 hergestellt wurden (s. Souvenirs).

Die Ein- und Ausfuhr von Devisen in Höhe von mehr als 5000 € ist deklarationspflichtig.

Seit Sommer 1999 wird ausländischen Touristen an der Grenze auf Wunsch die Mehrwertsteuer erstattet, die sie beim Einkauf bezahlt haben. Deshalb sollten Sie Ihre Einkaufsquittungen unbedingt aufbewahren.

SPRACHFÜHRER

Zwar verständigt man sich in Polen häufig auf Englisch, und in den Touristengebieten, wo es viel Deutsche gibt, auch auf Deutsch, aber hier und dort müssten Sie ein paar Worte Polnisch sprechen können. Außerdem wird ein Wörtchen in der Landessprache gerne gesehen und hilft, das erste Eis zu brechen bzw. erhöht die Hilfsbereitschaft der Menschen.

Polnisch ist mit seinen sieben grammatikalischen Fällen gewiss nicht leicht zu erlernen. Die Aussprache ist aber weniger kompliziert, als dies auf den ersten Blick erscheint, da die Mehrheit der berüchtigten Zischlaute auch im Deutschen existieren. So wird sz wie sch ausgesprochen und cz wie tsch (Tschechien), allerdings oft miteinander kombiniert (Szczecin wird Schtschezin ausgesprochen). Rz bzw. ż ist j wie in ›Jargon‹ oder ›Journal‹. Es kommen noch dz (etwa ds), dż (dsch wie ›Dschungel‹) und dź (dsch, aber weicher ausgesprochen) hinzu. Zu den Zischlauten gesellen sich die weich ausgesprochenen Konsonanten: ś, ć, ź oder ń, wie in ›Anja‹. Ó ist nur ein etwas anders geschriebenes u. Zuletzt gibt es das ł, das wie das englische w auszusprechen ist (›water‹) sowie die Nasalvokale – ą und ę –, bei denen wiederum das Französische zu Hilfe genommen werden muss (›Bonbon‹, ›Caen‹ und ›vin‹, ›Teint‹).

Begrüßungsformeln

Guten Tag	Dzień dobry
(auch als Guten Morgen)	
Guten Abend	Dobry wieczór
Gute Nacht	Dobranoc
Hallo! Tschüss!	Cześć
(als Begrüßung und zum Abschied)	
Wie geht es	Jak się masz?
Dir (Ihnen)?	Jak się Pan/ Pani ma?
sehr gut	bardzo dobrze
Auf Wiedersehen	Do widzenia

Allgemeines

Morgen/Abend	rano/wieczorem
danke (sehr)	dziękuje (bardzo)
bitte	proszę
Entschuldigung	przepraszam
Das macht nichts	Nie szkodzi
Sprechen Sie Deutsch (Englisch)?	Czy mówi Pan/ Pani po niemiecku (po angielsku)?
Ich verstehe nicht	Nie rozumiem
Ich spreche leider kein Polnisch.	Niestety nie mówię po polsku.
Wie bitte?	słucham
(auch wenn man ein Telefongespräch entgegennimmt)	
ja/nein	tak/nie
Wie heißt das?	Jak to się nazywa?
Herr/Frau	pan/pani
wer/was	kto/co
wo/wohin/woher	gdzie/dokąd /skąd
wie/wieviel	jak/ile
wann/warum	kiedy/dlaczego

Sprachführer

rechts/links/geradeaus	na prawo/na lewo/prosto
Eingang/Ausgang	wejście/wyjście
geöffnet/geschlossen	otwarte/zamknięte
verboten	wzbronione; zabronione
Achtung	uwaga
Ende	koniec

Unterkunft

Haben Sie Zimmer frei?	Czy ma Pan/Pani wolne pokoje?
Einzel-/Doppelzimmer	pokój jednoosobowy/dwuosobowy
mit/ohne Bad	z/bez łazienki
teuer/billig	drogo/tanio
Wieviel kostet (das Zimmer pro Nacht)?	Ile kosztuje (pokój na jedną dobę)?

Im Restaurant

Frühstück/Mittagessen/Abendessen	śniadanie/obiad/kolacja
Ich möchte zahlen	Proszę o rachunek
Vorspeise/Hauptspeise/Nachspeise	przekąska/drugie danie/deser
Suppe/Fleischgerichte	zupa/danie mięsne
Geflügel/Fisch/Gemüse	drób/ryba/warzywa
Eis/Getränke	lody/napoje
Wasser/Kaffee/Tee	woda/kawa/herbata
Restaurant/Laden	restauracja/sklep
Brot/Butter/Salz/Zucker	chleb/masło/sól/cukier

Unterwegs

Flugzeug/Flughafen	samolot/lotnisko
Zug/Bahnhof	pociąg/dworzec kolejowy
Bus/Straßenbahn/	autobus/tramwaj/
Haltestelle	przystanek
Auto/Taxi	samochód/taksówka
(bewachter) Parkplatz	(strzeżony) parking
Bitte zum Bahnhof	proszę na dworzec
Fahrkarte (normal, ermäßigt)	bilet (normalny, ulgowy)
erste/zweite Klasse	pierwsza/druga klasa
hin und zurück	tam i z powrotem
Wo ist hier eine Touristeninformation?	Gdzie jest informacja turystyczna?
Wie komme ich nach	Jak dojadę do...
Haben Sie einen Stadtplan?	Czy ma Pan/Pani plan miasta
Museum/Ausstellung	muzeum/wystawa
Kirche/Burg/Schloss	kościół/zamek/pałac
Toilette	WC (sprich wuze)
Straße/Platz/Marktplatz	ulica/plac/rynek
Stadt/Dorf	miasto/wieś
See/Strand	jezioro/plaża
Wo ist eine Bank (Wechselstube)?	Gdzie jest bank (kantor)?
Ich möchte Geld wechseln	Chciałbym/chciałabym (m/f) wymienić pieniądze
Akzeptieren Sie Kreditkarten?	Czy honorowane są karty kredytowe?

Sprachführer

Im Krankheits-, Notfall

Ich brauche	Potrzebuję
einen Arzt	lekarza
Zahnarzt/	dentysta/
Krankenhaus	szpital
Wo ist die	Gdzie jest
Apotheke?	apteka?
Medikament	lekarstwo
Wir hatten	Mieliśmy wypa-
einen Unfall	dek
Mein Auto ist	Mój samochód
aufgebrochen	został okradziony
worden	(ukradziony)
(gestohlen worden)	
Ich bin bestohlen	Zostałem
worden	okradziony/
	zostałam
	okradziona (m/f)
Bitte rufen Sie die	Proszę wezwać
Polizei	policję
deutsche, öster-	ambasada nie-
reichische,	miecka, aus-
schweizerische	triacka, szwaj-
Botschaft	carska

Zeitbegriffe

heute	dzisiaj
gestern	wczoraj
morgen	jutro
Montag	poniedziałek
Dienstag	wtorek
Mittwoch	środa
Donnerstag	czwartek
Freitag	piątek
Samstag	sobota
Sonntag	niedziela

Zahlen

eins	jeden
zwei	dwa
drei	trzy
vier	cztery
fünf	pięć
sechs	sześć
sieben	siedem
acht	osiem
neun	dziewięć
zehn	dziesięć
elf	jedenaście
zwölf	dwanaście
dreizehn	trzynaście
vierzehn	czternaście
fünfzehn	pietnaście
sechzehn	szesnaście
siebzehn	siedemnaście
achtzehn	osiemnaście
neunzehn	dziewiętnaście
zwanzig	dwadzieścia
einundzwanzig	dwadzieścia jeden
zweiundzwanzig	dwadzieścia
dreißig	trzydzieści
vierzig	czterdzieści
fünfzig	piędziesiąt
sechzig	sześćdziesiąt
siebzig	siedemdziesiąt
achtzig	osiemdziesiąt
neunzig	dziewięćdziesiąt
hundert	sto
zweihundert	dwieście
tausend	tysiąc

Kulinarisches Lexikon

zupy	Suppen
barszcz	Borsch (Rote-Bete-Suppe)
z pasztecikiem	mit Pastete
z uszkami	mit Fleischtaschen
chłodnik	Kaltschale auf der Basis von Roter Bete (s. S. 43)
żurek	Sauermehlsuppe
kapuśniak	Sauerkrautsuppe

Sprachführer

zupa ogórkowa	Gurkensuppe	kaczka pieczona	Entenbraten
zupa pomidorowa	Tomatensuppe	gęś pieczona	Gänsebraten
zupa grzybowa	Pilzsuppe	królik	Kaninchen
zupa grochowa	Erbsensuppe	pieczeń z dzika	Wildschweinbraten
zupa jarzynowa	Gemüsesuppe		
rosół z	Brühe mit	pieczeń z zająca	Hasenbraten
kołdunami	Fleischtaschen	ryby	Fische
krupnik	Gerstensuppe	flądra	Scholle
Flaki	Kuttelsuppe	karp	Karpfen
potrawy mą-	Teigwaren und	łosoś	Lachs
czne i z jarzyn	Gemüsegerichte	okoń	Barsch
przekąska	Vorspeise	lin	Schleie
bigos	Sauerkraut mit gedünsteten Fleisch (s. S. 42)	pstrąg	Forelle
		sielawa	Kleine Maräne
		śledź	Hering
gołąbki	Kohlrouladen	szczupak	Hecht
pierogi	gefüllte Teigtaschen	sandacz	Zander
		węgorz	Aal
z mięsem	mit Fleisch	dodatki	Beilagen
z grzybami i kapusta	mit Sauerkraut und Pilzen	kasza gryczana	Buchweizengrütze
		ziemniaki z wody	Salzkartoffeln
ruskie	›russische‹ (mit Schichtkäse und Zwiebel)	ziemniaki smażone	Bratkartoffeln
		frytki	Pommes Frites
		ryż	Reis
Główne danie	Hauptgericht	pieczarki	Champignons
potrawy mięsne	Fleischgerichte	borowiki, prawdziwki	Steinpilze
wieprzowina	Schweinefleisch		
wołowin	Rindfleisch	kurki	Pfifferlinge
baranina	Hammel	buraczki	Rote Bete
befsztyk	Beefsteak	kapusta	Kohl
kotlet schabowy	Wiener Schnitzel	sałatka	Salat
cielęcina	Kalbfleisch	marchewka	Mohrrüben
gulasz	Gulasch		
kiełbasa smażona	Bratwurst	desery	Nachspeise
stek	Steak	lody	Eis
szaszłyk	Schaschlik	kompot	Kompott
sztuka mięsa	gekochtes Rindfleisch	budyń	Pudding
		galaretka	Götterspeise mit
wątróbka	Leber	ze śmietaną	Schlagsahne
drób	Geflügel	owoce	Früchte
dziczyzna	Wild	krem	Creme
kurczak	Hühnchen		

REGISTER

Adalbert, hl. (Wojciech) 18, 24, 58, 176
Aigner, Christian 151
Albrecht, Markgraf von Brandenburg-Ansbach, Hochmeister des Deutschen Ordens und Herzog in Preußen 19, 109, 122, 127, 158
Alle s. Łyna
Allenstein s. Olsztyn
Alt-Rosenthal s. Stara Różanka
Angerapp s. Węgorapa
Angerburg s. Węgorzewo
Arklity 83
Auersberg s. Turowo
August II. der Starke, König von Polen und Kurfürst von Sachsen 58, 143
Augustów 35, 155, **158**
Augustów-Heide (Puszcza Augustowska) 15, **161**
Augustów-Kanal 155, 158, **159**

Bachanowo 153
Bagrationovsk (Preussisch Eylau) 98
Baisen, Johann von (Jan Bażyński) 66
Baltischer Höhenrücken 14
Banie Mazurskie (Benkheim) 122
Barciany (Barten) 112
Barczewo (Wartenburg) 94
Barten s. Barciany
Bartenstein s. Bartoszyce
Bartoszyce (Bartenstein) 98
Bathory, Andreas 94
Bednarz, Klaus 37, 141
Behring, Emil von 145
Beldahn-See s. Bełdany

Bełdany (Beldahn-See), jez. 52, 133, 141
Benkheim s. Banie Mazurskie
Biała Olecka 82
Białogard (Belgard) 127
Białowieża-Nationalpark 132
Białowieski-Nationalpark 17, 119
Białystok 13
Biebrza 13, 147, 160
Biebrza-Sümpfe 15, 16, 17, 147
Biebrzański Nationalpark 13, 17, 53, **146f.**
Blocke, Abraham van den 175
Blocke, Izaak van den 170
Blocke, Willem van den 165
Blücher, Gebhard Leberecht Fürst 77
Bobrowo (Bieberstein) 116
Bodt, Jean de 73, 76, 82, 112
Bolesław Chrobry, der Tapfere, König von Polen 18
Bolesławiec (Bunzlau) 161
Borkener Wald (Puszcza Borecka) 15, 49, 52, **119f.**
Borki (Borken) 120
Boyen, Hermann von 104
Brand, Józef 152
Brandt, Hans 97, 170
Braniewo (Braunsberg) 31, 34, 48, **71f.,** 99
Braunsberg s. Braniewo
Brożówka, jez. 119
Buchwalde s. Buczyniec
Buczyniec (Buchwalde) 64, 65
Budzisko 154
Buzek, Jerzy 128

Cadinen s. Kadyny
Całuny Nowe (Kußfeld) 64

Register

Chodowiecki, Daniel 178
Chwin, Stefan 37
Cisowa Góra 153
Collas, John von 82, 112
Colonna-Waleski, Alexandre Graf 77
Corazzi, Antonio 151
Crossen s. Krosno
Czarna Hańcza 52, 153, **156**
Czerwony Dwór (Rothebude) 120
Czos (Schoß-See), jez. 127

Danzig s. Gdańsk
Dargin (Dargeinen-See), jez. 117, 118
Dawidy (Davids) 73
Deutsch Eylau s. Iława
Deutscher Orden 18, 24, 25, 28, 34, 35, 48, 58, 63, 74, 86, 92, 112, 153, 176, 187
Dietrichswalde s. Gietrzwałd
Dobre Miasto (Guttstadt) 48, **95**
Dobskie (Doben-See), jez. 17, 52, 104
Dohna-Schlobitten, Heinrich Graf von 82
Dönhoff, Marion Gräfin von 36, **37,** 113
Dönhoffstädt s. Drogosze
Dorotowo 89
Dowspuda 158
Drausen-See s. Druzno
Drewenz-See s. Drwęckie
Drogosze (Dönhoffstädt) 82, **112f.**
Druzno (Drausen-See), jez. 58, 65
Drwęckie (Drewenz-See), jez. 51, 74
Duś (Duß-See), jez. 137
Düringer, Hans 175
Działdowo (Soldau) 93

Eckertsdorf s. Wojnowo
Elbing s. Elbląg
Elbląg (Elbing) 13, 18, 19, 20, 34, 48, **58ff.**
– Dominikanerkirche 62
– Elbinger Museum 63
– Markttor 62
– Nikolaikirche 57, 59
– Renaissance-Haus 62
– Spitalgebäude des Hl. Geistes 62
Ermland 13, 14, 19, 20, 28, 31, 32, 34, 59, **80ff.**
Ełk (Lyck) 13, 16, 35, 49, **144f.**
Ertly, Georg 108, 109

Fahrenheit, Daniel Gabriel 178
Farenheid, Friedrich Heinrich Graf von 122
Finck von Finckenstein, Albrecht Konrad 77
Finckenstein s. Kamieniec
Frauenburg s. Frombork
Friedrich II., Kaiser 18
Friedrich II, der Große, König von Preußen 20
Friedrich Wilhelm I. (Kurfürst Friedrich III. von Brandenburg), König in Preußen 20, 70, 98, 143f.
Friedrich Wilhelm IV., König von Preußen 172
Frische Nehrung (Mierzeja Wiślana) 65, 71
Frisches Haff (Zalew Wiślany) 65ff.
Frombork (Frauenburg) 12, 48, 66, **67ff.,** 99

Galinder 138, 145
Garbo, Greta 77
Gawrych Ruda 155
Gałczyński, Konstanty Ildefons 142
Gdańsk (Danzig) 12, 13, 19, 20, 21, 32, 35, 41, 48, 60, **164ff.**
– Altstädtisches Rathaus (Ratusz Staromiejski) 179

Register

- Artushof (Dwór Artusa) 169
- Brigittenkirche (kościół św. Brygidy) 179
- Denkmal für die gefallenen Werftarbeiter 178, **180f.**
- Deutschordensburg, ehem. 176
- Dominikanerkirche (kościół dominikanów św. Mikołaja) 177
- Frauengasse (ul. Mariacka) 174
- Gebäude der St.-Georgs-Bruderschaft (Dwór Bractwa Św. Jerzego) 167
- Goldenes Haus (Złota Kamienica) 172
- Goldenes Tor (Złota Brama) 165
- Große Mühle (Wielki Młyn) 179
- Großes Zeughaus (Wielka Zbrojownia) 165
- Grünes Tor (Zielona Brama) 172
- Hohes Tor (Brama Wyżynna) 165
- Holzmarkt (Targ Drzewny) 178
- Katharinenkirche (kościół św. Katarzyny) 178
- Kaufhalle (Hala Targowa) 177
- Kohlenmarkt (Targ Węglowy) 164
- Krantor (Żuraw) 176
- Langer Markt (Długi Targ) 167
- Lenin-Werft 180
- Marienkirche (kościół Mariacki) 32, **174f.**
- Mottlau-Kai 173
- Nationalmuseum (Muzeum Narodowe) 175
- Neptunbrunnen 169
- Oliwa (Oliva) 183f.
- Pod Łososiem 176
- Postgebäude 174
- Rathaus (Ratusz Głównego Miasta) 163, **170f.**
- Seefestung Weichselmünde 174
- Stockturm und Peinkammer (Wieża Więzienna i Katownia) 165
- Uphagen-Haus (Dom Uphagena) 167, **168**
- Westerplatte 21, 174
- Zisterzienserkirche in Oliwa (Oliva) s. Oliwa

Gdynia 13
Gepiden 18
Geserich-See s. Jeziorak
Gierłóż (Görlitz) 106
Gietrzwałd (Dietrichswalde) 89
Giżycko (Lötzen) 13, 48, 51, 52, **103ff.**
Giordano, Ralph 37
Gizewiusz, Herman M. G. 114
Gładysze (Schlodien) 73
Głogów (Glogau) 61
Gniezno (Gnesen) 18, 28
Gołdap (Goldap) 52, **120f.**
Gołdapska Góra (Goldaper Berg) 120
Gołdopiwo (Goldapgar-See), jez. 119
Góra Dylewska (Kernsdorfer Höhen) 13
Góra Szeska (Seesker Höhen) 120
Goten 18
Grabowe Grądy 153
Grass, Günter 12, **36,** 174, 184
Gregor IX., Papst 18
Gregorovius, Ferdinand 93
Große Masurische Seenplatte (Wielkie Jeziora Mazurskie) 14, **102ff.**
Großgarten s. Pozezdrze
Grunwald (Grünfelde) 91
Gulbieniszki 153
Gustav Adolf, König von Schweden 70
Gutkowo 53
Guttstadt s. Dobre Miasto

Haffner, Jean Georg 183
Hasior, Władysław 97

213

Register

Hańcza, jez. 153
Hedwig von Anjou (Jadwiga Andegaweńska), Königin von Polen 19
Heiligelinde s. Święta Lipka
Heilsberg im Ermland s. Lidzbark Warmiński
Heinrich von Plauen, Hochmeister des Deutschen Ordens 19, 188
Hejdyk (Heidig) 142
Helwing, Georg Andreas 118
Herder, Johann Gottfried 35, **73f.**
Herzog, Werner 64
Hevelius, Johannes 178
Hindenburg, Paul von 90
Hitler, Adolf 25, 82, 106, 107, 185
Hohenstein s. Olsztynek
Hosius, Stanislaus (Kardinal) 72
Huelle, Paweł 37

Iława (Deutsch Eylau) 49, 51, 65, **75**

Jaczno (Januschau) 153
Jaczno, jez. 154
Jan III. Sobieski, König von Polen 31, 178
Jankowski, Henryk 179
Januszewo (Januschau) 121
Jaruzelski, Wojciech 21, 181
Jatwinger 152
Jeziorak (Geserich-See), jez. 13, 75
Johann II. Kasimir Wasa (Jan Kazimierz), König von Polen 156
Johannes Paul II., Papst 31
Johannisburg s. Pisz
Johannisburger Heide (Puszcza Piska) 14, 15, 17, 48, 110, **135ff.**
Judyty (Juditten) 98
Juno, jez. 127

Kadyny (Kadinen) 50, 65
Kadzidłowo (Einsiedeln) 141

Kahlberg s. Krynica Morska
Kaliningrad s. Königsberg
Kamieniec (Finckenstein) 75, **77,** 82, 83
Karnity 52, 82
Kartuzy 24
Karwica (Kurwien) 142
Karwiny (Karwinden) 73
Kaschuben 24, 28
Kasimir IV., der Jagiellone, Großfürst von Litauen und König von Polen 188
Kętrzyn (Rastenburg) 34, 48, **106**
Kętrzyński, Wojciech (Adalbert von Winkler) 106, 114
Kinski, Klaus 183
Kisajno (Kisain-See), jez. 103
Klecewo 82
Kluki 24
Koch, Erich 94
Kołobrzeg (Kolberg) 61
Konarski, Adam 70
Königsberg (Kaliningrad) 59, **68,** 154
Konrad I., Herzog von Masowien 18
Kopelew, Lew 81
Kopernikus, Nikolaus (Mikołaj Kopernik) **66f.,** 70, 86
Kościuszko, Tadeusz 111
Krasicki, Ignacy 35, 97
Krockow, Christian Graf von 37
Krosno (Crossen) 99
Kruklanki (Kruklanken) 104, 119
Kruty 52
Krutynia (Kruttinna) 13, 52, 129, 139
Krutyń (Kruttinnen) **139f.,** 141
Krutyńskie, jez. 139
Krynica Morska (Kahlberg) 71
Krzywiński, Andrzej 141
Krzyże (Kreuzofen) 142
Kulmerland 18
Kwaśniewski, Aleksander 127

Register

Lampackie (Lampasch-See), jez. 129
Lefebvre, François General 173
Lehndorff, Hans Graf von 37, 121
Lehndorff, Heinrich Graf von 82, 117
Lehndorff, Marie Eleonore Gräfin von 117
Lejdy (Legden) 116
Lenica, Jan 97
Lenz, Siegfried 9, 12, **34, 35f.,** 103, 115, **116,** 123, 145
Lenzen s. Łęcze
Lidzbark Warmiński (Heilsberg im Ermland) 12, 48, 66, **96f.,** 137 (Umschlagklappe vorn)
Liesken s. Liski
Lipsk 147
Liski (Liesken) 98
Lötzen s. Giżycko
Löwentin-See s. Niegocin
Lucknainen-See s. Łuknajno
Ludendorff, Erich 25, 90
Lwowiec (Löwenstein) 116
Lyck s. Ełk

Łańskie (Lansker-See), jez. 86
Łaźno (Haschner-See), jez. 120
Łęcze (Lenzen) 66
Łężany 82
Łuknajno (Lucknainen-See), jez. 17, 133
Łupstych 53
Łyna (Alle) 13, 95

Malbork (Marienburg, Ort) 186
Malkovich, John 76
Mamry (Mauer-See), jez. 13, 54, 102, 118
Marconi, Enrico 152
Marienburg (Deutschordensburg) 12, 13, 19, 20, 32, 34, 41, 48, **186ff.**
Markowo (Reichertswalde) 74, 82

Masowien 28, 93, 140
Masowier 102
Masowische Tiefebene (Nizina Mazowiecka) 14
Masurische Seenplatte s. Große Masurische Seenplatte
Matejko, Jan 20, 25
Mauer-See s. Mamry
Mazowiecki, Tadeusz 21, 181
Mazury (Masuren; Ort) 120
Meister Bernhauser 62
Meister Matz 106
Meister Michael aus Augsburg 175
Mendelsohn, Erich 35, 85
Mickiewicz, Adam 42
Mierzeja Wiślana s. Frische Nehrung
Mikołajki (Nikolaiken) 16, 45, 48, 49, 51, 52, **130ff.**
Miller, Leszek 13
Miłosz, Czesław 181
Mohrungen s. Morąg
Mokre (Mucker-See), jez. 141
Mołtajny (Molteinen) 116
Momajny (Momehnen) 116
Morąg (Mohrungen) 73f.
Mosengel, Johann Josua 111
Mottlau (Motława) 173
Mrągowo (Sensburg) 13, 41, 48, 49, **127**
Mrongowiusz, Krzysztof 114
Müller-Stahl, Armin 76
Mutschmann, Krzysztof 129

Nakomiady 82
Napoleon Bonaparte 20, **77**
Narew 140, 160
Nason, Pieter 74
Neidenburg s. Nidzica
Netscher, Caspar 74
Nidzica (Neidenburg) 48, **92f.**
Nidzkie (Nieder-See), jez. 49, 103, 140, 1**42**

215

Register

Niedźwiedzi Róg 133
Niegocin (Löwentin-See), jez. 103
Nitrowski, Georg 70
Nogat 186
Nowicki, Maciej 35, 159
Nowogród Łomżyński 140
Nowowiejski, Feliks 94

Oberland 14, 92
Oberländische Seenplatte (Pojezierze Iławskie) 14, **58ff.**
Oberländischer Kanal (Kanał Elbląski) 64f.
Ogiński, Eugeniusz Graf 111
Okul-See s. Ukiel
Olecko (Treuburg) 122f.
Oliwa (Oliva) s. Gdańsk
Olsztyn (Allenstein) 13, 16, 24, 34, 48, 53, 66, **81ff.**
– Burg 23, 24, 78, **85f.**
– Evangelische Kirche 85
– Geburtshaus von Erich Mendelsohn 85
– Gotische Laube 85
– Herz-Jesu-Kirche 81
– Hohes Tor 81, 86
– Jakobikirche 85
– Museum für das Ermland und Masuren 85, **86**
– Neues Rathaus 81
– Planetarium 86
– Theater 81
– Totenkapelle 85
– Wohnhaus des Wärters des jüdischen Friedhofs 85
Olsztynek (Hohenstein) 25, 46, 48, **90**
Opbergen, Anthonis van 32, 165, 179
Opitz, Martin 35, 175
Orneta (Wormditt) 48, **99**
Ortelsburg s. Szczytno

Osowiec 147
Ostróda (Osterode) 49, 65, **74f.**
Ostrykół (Ostrokollen) 145
Oświn (Nordenburger-See), jez. 17

Pac, Michał Ludwik 158
Paniewo, jez. 160
Pasłęk (Preußisch Holland) 73
Pasłęka (Passarge) 13
Passarge (Pasłęka) 72
Pasym (Passenheim) 93
Peitschendorf s. Piecki
Peucker, Christopher 111
Piecki (Peitschendorf) 138
Piersławek 138
Pilwąg (Pillwung-See), jez. 120
Pisz (Johannisburg) 51, **143f.**
Pius II., Papst 96
Pluszne (Großer Plautziger-See), jez. 86
Podlachien 13
›Polnischer Korridor‹ 20
Pommerellen 13, 176
Popielno (Popiellnen) 16, 48, 132, 133, **134**
Popiełuszko, Jerzy 179
Pozezdrze (Possessern, Großgarten) 104, 116
Poznań (Posen) 49
Prądzyński, Ignacy 159
Pranie (Seehorst) 52
Preussisch Holland s. Pasłęk
Prosna 82
Prostki (Prostken) 146
Prußen (Pruzzen, Preußen) 18, 24, 28, **86**
Puńsk 154f.
Puszcza Augustowska s. Augustów-Heide
Puszcza Borecka s. Borkener Wald
Puszcza Piska s. Johannisburger Heide

Register

Puszcza Romincka   s. Rominter Heide
Putini, Pietro   155

Radosze (Freudenberg)   116
Rajgród   146
Rakowski, Mieczysław   117
Rapa (Kleinangerapp)   122
Rastenburg   s. Kętrzyn
Reichertswalde   s. Markowo
Reszel (Rössel)   34, 48, **111f.**
Ribbentrop, Joachim von   117
Riegl, Alois   60
Riga, Izaak   128
Rominter Heide (Puszcza Romincka)   121
Rosenberg   s. Susz
Rössel   s. Reszel
Rotes Moor (Czerwone Bagno)   53
Ruciane-Nida   48, 51, 52, **141f.**
Rutka   153
Rychnowo (Reichenau)   90, 91

Sawaden   s. Zawady
Schenk von Stauffenberg, Claus Graf von   108
Schenkendorff, Max von   188
Schinkel, Karl Friedrich   82, 96, 188
Schlodien   s. Gładysze
Schlöndorff, Volker   36, 76
Schlüter, Andreas   70
Schmid, Bernhard   188
Schopenhauer, Arthur   35, 178
Schultheis von Unfrieds, Joachim Ludwig   73
Schwenzait-See   s. Święcajny
Sejny   24, 49, **156f.**
Sejwy, jez.   154
Sensburg   s. Mrągowo
Siegfried von Feuchtwangen, Hochmeister des Deutschen Ordens   19
Siemiany (Schwalgendorf)   76
Sienkiewicz, Henryk   25
Sigismund August, Großfürst von Litauen und König von Polen   122, 158
Skandawa   83
Slawen   18, 24, 25, 28
Słobity   73, 82
Slowinzer   28
Smolniki   153
Śniardwy (Spirding-See), jez.   13, 52, 125, **130ff.**
Sopot (Zoppot)   13, **184ff.**
Sorkwity (Sorquitten)   32, 52, 82, **128ff.**
Sowirog   138
Speer, Albert   106
Spirding-See   s. Śniardwy
Spytkowo   15
Stańczyki (Staatshausen)   121
Stara Różanka (Alt-Rosenthal)   116
Stary Folwark   155
Stębark (Tannenberg)   25, **91f.**
Steinbrecht, Conrad   188
Steinort   s. Sztynort
Stoczek Klasztorny (Springborn)   30, 97
Stolberg-Wernigerode, Fam. 112
Stutthof   s. Sztutowo
Stutthof (Sztutowo)   71
Suchacz (Succase)   65
Sudauer   153
Sulejki (Suleiken)   122
Surminski, Arno   37, 103
Susz (Rosenberg)   76
Suwałki   13, 16, 49, **151f.**
Suwałki-Seenplatte (Pojezierze Suwalskie)   14
Suwalszczyzna   150
Święcajny (Schwenzait-See), jez.   118
Święta Lipka (Heiligelinde)   35, 48, 99, **108ff.**
Sypitki   146

Register

Sząbruk (Schönbrück) 89
Szczurkowo (Schönbruch) 116
Szczytno (Ortelsburg) 93
Szeska Góra (Seesker Höhen) 13
Szestno (Sehesten) 127
Sztynort (Steinort) 17, 37, 48, 52, **117f.**
Szurpiły, jez. 154
Szwajcaria 152
Szwałk (Schwalg) 120
Szwałk (Schwalg-See), jez. 120
Szymbark 76

Tannenberg s. Stębark
Tannenbergschlacht 19, 25, 91
Tataren 121, 150
Thorn s. Toruń
Thorvaldsen, Bertel 67
Tomaszkowo 89
Toruń (Thorn) 18, 19, 20, 32, 34, 49, 58
Tournier, Michel 76
Treuburg s. Olecko
Turowo (Auersberg) 145

Ukiel (Okul-See), jez. 53
Ukta 141

Vermollen, Ambrosius 177
Vries, Hans Vredemann de 32, 170

Walewska, Maria 77
Wałęsa, Lech 31, 181
Warmier 80
Wartenburg s. Barczewo
Watzenrode, Bischof Lukas von 66
Węgorzewo (Angerburg) 51, 103, **117f.,** 121
Weichsel (Wisła) 13, 14, 28, 160
Weizsäcker, Richard von 73
Wiartel 142

Wiechert, Ernst 35, 138
Wieliczki (Wielitzken) 145
Wielka Guzianka (Guschienen-See), jez. 51, 141
Wielkie Jeziora Mazurskie s. Große Masurische Seenplatte
Wierusz-Kowalski, Alfred 152
Wierzba (Spirding) 134
Wigry-Nationalpark 17, 49, 53, **155f.**
Wigry 49, 155, **156**
Wigry, jez. 13, 53, 155
Wilhelm II., deutscher Kaiser und König von Preußen 65, 121
Wilkasy 103
Winrich von Kniprode 19
Władysław (Ladislaus) III. Jagiełło, Großfürst von Litauen und König von Polen 19, 25
Wodziłki 153
Wojnowo (Eckertsdorf) 32, 48, 97, **136f.**
Wolfsschanze 106ff.
Wolisko 119
Wopławki 82
Wormditt s. Orneta
Woźnawieś 147
Wroni 52
Wulff, Johann 184
Wulpinskie (Wulping), jez. 89
Wyszyński, Stefan 30, 31, 98

Yorck von Wartenburg, Hans David Ludwig Graf 20

Zachwatowicz, Jan 60
Zalew Wiślany s. Frisches Haff
Železnodorožnyj (Gerdauen) 116
Zoppot s. Sopot

Żywkowo (Schewecken) 116

MASUREN-ATLAS

LEGENDE

1 : 650.000

0   20 km

E77	Schnellstraße mit Europastraßennr.	Burg, Schloss
22	Fernstraße mit Nummer	Kirche, Kapelle
	Hauptstraße	Ruine
	Durchgangsstraße	Sehenswürdigkeit
	Nebenstraße	Archäologische Stätte
	Fähre, Schifffahrtslinie	Leuchtturm
	Flughafen international	Nationalpark
	Flughafen national	Sperrgebiet

MASUREN

221